Monika Pinski

Privatrecht
4. Auflage

Monika Pinski

Privatrecht

- Lernbuch -

4. Auflage

G^aP-Verlag

Bibliografische Information Der Deutschen Bibliothek
Die Deutsche Bibliothek verzeichnet diese Publikation in der Deutschen Nationalbibliografie; detaillierte bibliografische Daten sind im Internet über
http://dnb.ddb.de abrufbar.

4. Auflage 2010
© 2010 GᵃP, Gesellschaft für angewandte Personalwissenschaften e. V.

Druck und Verarbeitung: AktivDruck& Verlag GmbH, Göttingen

ISBN 978-3-9811331-5-8

Privatrecht: Lernbuch
von Monika Pinski (mitbegründet von Susanne Achtermann)
Studienreihe Wissen & Können, Band 4
Herausgeber: Prof. Dr. Gerhard Ropeter

Bestellungen und Informationen:
GᵃP-Vertrieb Birkholz
Hühnerberg 18
29229 Celle

Telefon: 05086 - 95 56 36
Telefax: 05086 - 95 56 38

E-Mail: birkholz@gap-verlag.de
Internet: www.gap-verlag.de

Vorwort zur 1. Auflage

Das **Lernbuch Privatrecht** in der Reihe „Wissen & Können" geht neue didaktische Wege. Es verknüpft die Darbietung fachlicher Informationen mit Impulsen zur selbstständigen Konstruktion neuen Wissens durch die Lernenden. Der Wissenserwerb kann sich in Lerngruppen (in Lehrgang oder Studium) oder im Einzelstudium vollziehen.

Das Buch stellt die allgemeinen Grundlagen des Privatrechts dar, ohne dabei streng „wissenschaftlich" sein zu wollen – daher gibt es auch keinen Fußnotenapparat. Ebenso weist es keine hierarchische Gliederung auf, sondern eine themengebundene, abwechslungsreiche Folge von Informationen (Wissen), Übungen und Lernkontrollen (Können).

Die einzelnen Kapitel folgen der herkömmlichen Systematik des Privatrechts, sie sind in Lernschritte und Kapitelelemente aufgegliedert, die zumeist unabhängig voneinander bearbeitet werden können. So gibt es **Basistexte** zur Information, **Fälle** mit Aufgaben zur Bearbeitung von Kernproblemen des Privatrechts. **Übersichten** und **Definitionen** stellen Informationen anschaulich auf einen Blick dar. **Übungen** und **Wissenstests** geben Gelegenheit, erworbenes Wissen anzuwenden und zu überprüfen.

Bei der Auswahl der Lerninhalte war einerseits ihre Bedeutung für die praktische Berufstätigkeit, andererseits ihre thematische Relevanz für Prüfungen wegweisend. Ein besonderes Augenmerk wird auf privatrechtliches Handeln in der Verwaltung, insbesondere in der Kommunalverwaltung gelegt, ohne dass hier aber ein „Privatrecht der Verwaltung" dargeboten werden soll.
Ziel des Buches ist es, die Leser zu befähigen, sich die allgemeinen Grundlagen des Privatrechts möglichst selbsttätig zu erschließen, Normen zu analysieren und auf Sachverhalte anzuwenden. Damit verbunden ist die weitergehende Intention, selbstgesteuertes Lernen zu fördern. Das Lernbuch unterstützt und fördert die aktive Mitarbeit der Lernenden in der Lehrveranstaltung und will diese zugleich bereichern.

Für Dozenten ist es ein elegantes didaktisches Instrument zur lernwirksamen Gestaltung ihrer privatrechtlichen Lehrveranstaltungen. Durch die zahlreichen Basistexte, Fälle und Übungen haben sie die Möglichkeit, teilnehmerorientierte Lehr-Lern-Arrangements zu gestalten.

Das Buch richtet sich in erster Linie an Lernende in Verwaltungsschulen, Studieninstituten (Verwaltungsfachangestellte, Angestellte I und II, Assistentenanwärter), Berufsakademien, Berufsschulen und ähnlichen Einrichtungen. Durch zahlreiche weiterführende Informationen eignet es sich auch zur Verwendung an (Verwaltungs-) Fachhochschulen.

Zur besseren Lesbarkeit des Textes wurde durchgehend die männliche Form gebraucht. Sie schließt selbstverständlich die weibliche Form mit ein.

Wir wünschen allen Lesern viel Spaß und Erfolg beim Lernen mit diesem Buch.

Herausgeber und Redaktion

Hannover, im August 2004

Vorwort zur 2. Auflage

Das große Interesse, das die 1. Auflage des Lernbuches bei Lehrenden und Studierenden an Fachhochschulen, Studieninstituten und Berufsschulen gefunden hat, hat mich ermutigt, die 2. Auflage in einer umfassenden Neubearbeitung vorzulegen.

Die Überarbeitung bringt das Lernbuch auf den Stand von Gesetzgebung und Rechtsprechung vom 1. September 2005. Die grundsätzliche Konzeption der Erstauflage wurde beibehalten, vereinzelt erfolgten Modifizierungen der Übungen und Schaubilder.

Ich danke für zahlreiche Hinweise aus dem Kreis der Kollegen und Benutzer, die sich auf einzelne Unrichtigkeiten und Druckfehler bezogen. Dank gilt aber auch dem Herausgeber der Schriftenreihe und dem Lektorat für die verständnisvolle Betreuung des Werkes.

So hoffe ich, dass die vorliegende Neuauflage für den juristischen Nachwuchs eine Hilfe bei der Einarbeitung in das große Themenfeld des Privatrechts bietet. Kritik, Anregungen und Hinweise nehme ich gern entgegen. Zuschriften werden an Richterin Dr. Monika Pinski, Fortunastr. 25, 30451 Hannover, erbeten.

Die Verfasserin   Hannover, im Oktober 2005

Vorwort zur 3. Auflage

Seit dem Erscheinen der 2. Auflage haben sowohl das materielle Zivilrecht als auch das Zivilprozessrecht durch die unermüdliche Tätigkeit des Gesetzgebers eine Vielzahl von Änderungen erfahren. Die Novellierungen sowie die seither veröffentlichte Literatur und Rechtsprechung wurden verarbeitet und hatten vielfache Textänderungen zur Folge.

Die Verfasserin hat aber auch ihre aus der Tätigkeit als Richterin gewonnenen Erfahrungen und dabei besonders die Erkenntnisse aus der Überprüfung tatrichterlicher Urteile im Rahmen der Arbeit in einer Zivilkammer beim Landgericht Lüneburg verwertet. Das alles hat eine gründliche Durchsicht und teilweise Neufassung des Buches zur Folge gehabt, wobei die seit der 1. Auflage gewählte Struktur und Didaktik beibehalten worden ist.

Meine vornehmste Aufgabe besteht nach wie vor darin, eine Brücke zwischen Theorie und Praxis zu schlagen. Ich hoffe, dass auch die 3. Auflage, die das Lernbuch auf den Stand von Oktober 2007 bringt, hierzu einen kleinen, bescheidenen Beitrag leisten kann.

Die Verfasserin   Hannover, im November 2007

Vorwort zur 4. Auflage

Eine Vielzahl unaufschiebbarer Verfahren, die mich als Richterin beschäftigt haben, hat das Erscheinen der längst fälligen Neuauflage zwar etwas verzögert. Die Gunst der späten Geburt bringt aber auch Vorteile, denn die nunmehr vorliegende 4. Auflage konnte hierdurch insbesondere auch die zwischenzeitlichen Entwicklungen des Zivilrechts berücksichtigen und bringt das Lernbuch Privatrecht nunmehr auf den aktuellsten Stand. Nicht zuletzt habe ich, wie schon bei der Vorauflage, die einschlägige Rechtsprechung in den Fällen eingearbeitet. Insgesamt wurde das Lernbuch gründlich überarbeitet und in Teilen neu gefasst, wobei noch immer mein Wunsch ist, einerseits eine ausreichende Hilfe für die Prüfungsvorbereitung und andererseits eine (nicht nur erste) Orientierung in praktischen Zivilrechtsfragen zu geben.

Maßgeblichen Anteil an der Neubearbeitung haben diesmal vor allem die studentischen Leser der Vorauflage, die diese akribisch und kritisch durchgearbeitet und mir wertvolle Hinweise haben zukommen lassen. Hierfür an dieser Stelle einmal herzlichen Dank. Ein Augenzwinkern schließlich gilt meinen beiden wunderbaren Neffen und meiner großartigen Nichte: Nicht mehr lange und ihr seid Studenten – man sieht sich....

Die Verfasserin   Hannover, im März 2010

Inhaltsübersicht

Inhaltsübersicht

Inhaltsübersicht

Inhaltsübersicht

Verzeichnis der Fälle

Verzeichnis der Übersichten

Verzeichnis der Übersichten

Verzeichnis der Übersichten

Verzeichnis der Prüfungsschritte

Verzeichnis der Praxismuster

Abkürzungsverzeichnis

Halbs.	Halbsatz
HAZ	Hannoversche Allgemeine Zeitung
HGB	Handelsgesetzbuch
HIV	human immunodeficiency virus (engl.), Aidserreger
h. M.	herrschende Meinung
HWS	Halswirbelsäule
i. d. R.	in der Regel
i. e. S.	im engeren Sinne
i. H. v.	in Höhe von
i. V. m.	in Verbindung mit
KfZ	Kraftfahrzeug
KG	Kommanditgesellschaft
km	Kilometer
KSA	Kommunaler Schadensausgleich Westdeutscher Städte
KSchG	Kündigungsschutzgesetz
KV	Kaufvertrag
Lkw	Lastkraftwagen
Lt. SV	laut Sachverhalt
LuftVG	Luftverkehrsgesetz
m. a. W.	mit anderen Worten
MHD	Mindesthaltbarkeitsdatum
Mio.	Million(en)
MTV	Manteltarifvertrag
Nds.	Niedersächsisch(es)
Nds. GVBl.	Niedersächsisches Gesetz- und Verordnungsblatt
NGO	Niedersächsische Gemeindeordnung
Nr(n).	Nummer(n)
OBM	Oberbürgermeister/in
ÖR	Öffentliches Recht
o. g.	oben genannt (e), (er)
OHG	Offene Handelsgesellschaft
OWiG	Gesetz über Ordnungswidrigkeiten
PC	Personalcomputer
Pkw	Personenkraftwagen
PR	Privatrecht
ProdHaftG	Produkthaftungsgesetz
RG	Rechtsgrundlage(n)
S.	Satz (bei Normzitaten) oder Seite
s.	siehe
s. o.	siehe oben
sog.	sogenannte
StGB	Strafgesetzbuch

Abkürzungsverzeichnis

str.	strittig
StVG	Straßenverkehrsgesetz
t	Tonnen
TB	Tatbestand
TVöD	Tarifvertrag für den öffentlichen Dienst
u. a.	unter anderem
usw.	und so weiter
u. U.	unter Umständen
vgl.	vergleiche
v. H.	von Hundert
VG	Verwaltungsgericht
VW	Volkswagen
VwGO	Verwaltungsgerichtsordnung
VwVfG	Verwaltungsverfahrensgesetz
WEG	Wohnungseigentumgesetz
z. B.	zum Beispiel
z. T.	zum Teil
ZPO	Zivilprozessordnung
z. Zt.	zur Zeit

Literaturhinweise

Dieses Buch ist keine wissenschaftliche Abhandlung, sondern wurde für anwendungs-
bezogenes Lernen entwickelt. Daher enthält es keinen Fußnotenapparat. Das Literatur-
verzeichnis erhebt keinen Anspruch auf Vollständigkeit, sondern gibt Auskunft über die
Bücher, die mich beeinflusst haben, und über Literatur, die zur Ergänzung und Vertie-
fung anregen kann.

Verfasser	Titel
Sachbücher	
Bähr, Peter	Arbeitsbuch zum Bürgerlichen Recht, 2. Auflage, München 2002
Bähr, Peter	Grundzüge des Bürgerlichen Rechts, 11. Auflage, München 2008
Brox, Hans/ Walker, Wolf-Dietrich	Allgemeiner Teil des BGB, 33. Auflage, Köln u. a. 2009
Brox, Hans/ Walker, Wolf-Dietrich	Allgemeines Schuldrecht, 33. Auflage, München 2009
Brox, Hans/ Walker, Wolf-Dietrich	Besonderes Schuldrecht, 33. Auflage, München 2008
Fuchs, Maximilian	Deliktsrecht, 7. Auflage, Berlin u. a. 2009
Hemmer, Karl-Edmund	Familienrecht, 9. Auflage, Würzburg 2006
Hemmer, Karl-Edmund	Sachenrecht 1 (Besitz, Eigentümer-Besitzer-Verhältnis), 9. Auflage, Würzburg 2008
Hemmer, Karl-Edmund	Sachenrecht 2 (Eigentumserwerb, Anwartschaftsrecht, Pfand- recht), 8. Auflage, Würzburg 2009
Hemmer, Karl-Edmund	Sachenrecht 3 (Grundstückseigentum, Vormerkung, Grund- pfandrechte), 9. Auflage, Würzburg 2009
Katko, Peter	Bürgerliches Recht: Schnell erfasst, 6. Auflage, Berlin u. a. 2006

Literaturhinweise

Verfasser	Titel
Kuzmany, Dieter	Bürgerliches Recht in Fragen und Antworten: Multiple-choice-Verfahren, 2. Auflage, Stuttgart u. a. 1992
Larenz, Karl	Lehrbuch des Schuldrechts, 13. Auflage, München 1994
Leipold, Dieter	Erbrecht: Grundzüge mit Fällen und Kontrollfragen, 17. Auflage, Tübingen 2009
Medicus, Dieter	Grundwissen zum Bürgerlichen Recht: ein Basisbuch zu den Anspruchsgrundlagen, 8. Auflage, Köln u. a. 2008
Musielak, Hans-Joachim	Grundkurs BGB, 10. Auflage, München 2007
Nawratil, Heinz	BGB leicht gemacht: eine Einführung mit praktischen Fällen und Hinweisen, 30. Auflage, Berlin 2008
Preußer, Julia	BGB Basiswissen: Gesetze, Arbeitshilfen, Musterverträge auf CD-ROM Planegg 2002
Salje, Peter	Gutachten im bürgerlichen Recht: mit Lösungen und Lösungs-hinweisen zu 23 Klausuren und 9 Hausarbeiten, 3. Auflage, Köln u. a. 1999
Salje, Peter	Arbeitsbuch bürgerliches Recht: mit Fragen und Lösungen zum Selbststudium, Berlin u. a. 1993
Tempel, Otto	Mustertexte zum Zivilprozeß, Band 1, 6. Auflage, München 2006
Zankl, Wolfgang (Herausgeber)	Zivilrecht 24: Zivilrecht in Stichworten und Übersichten; incl. CD-Rom Wien 2006

Literaturhinweise

Verfasser	Titel
Kommentare	
Jauernig, Othmar	Bürgerliches Gesetzbuch, Kommentar, 13. Auflage, München 2009
Palandt, Otto (Herausgeber)	Bürgerliches Gesetzbuch, Kommentar, 68. Auflage, München 2009
Rebmann, Kurt/ Säcker, Franz Jürgen/ Rixecker, Roland (Herausgeber)	Münchner Kommentar zum Bürgerlichen Gesetzbuch, in mehreren Bänden, 5. Auflage, München 2009
Soergel, Hans Theodor (Herausgeber)	Bürgerliches Gesetzbuch, Kommentar, in 23 Bänden, 12./ 13. Auflage, Stuttgart u. a., Stand: 2007
von Staudinger, Julius (Herausgeber)	Kommentar zum Bürgerlichen Gesetzbuch, in mehreren Bänden, Neubearbeitung, Berlin, Stand: 2009

01 Unsere Stadt stellt sich vor

Die Stadt Welfenheim   BASISTEXT

Die in diesem Lernbuch beschriebenen Lebensvorgänge ereignen sich in der Stadt Welfenheim im Landkreis Weserberg in Niedersachsen. Die Stadt Welfenheim hat 50.513 Einwohner. Sie liegt inmitten einer reizvollen naturnahen Landschaft, ist aber durch Autobahnen verkehrsgünstig in alle Richtungen angebunden und hat eine gute Wirtschaftsstruktur. Die Politik schafft Raum für Kinder und Jugendliche. Die Stadt ist kunterbunt in Kunst und Kultur und bietet ausreichend Freizeitaktivitäten.

Die Verwaltung hat an sich den Anspruch gestellt, ein modernes Dienstleistungszentrum zu sein und sich das folgende Leitbild gegeben: **„Welfenheim ... wo der Bürger König ist."** Um die Verwaltung den Erfordernissen der Zukunft anzupassen, verfügt die Stadt Welfenheim über eine Kosten- und Leistungsrechnung. Sie steuert ihre Finanzen über einen Produkthaushalt. Eine Projektgruppe hat ein Personalentwicklungskonzept erstellt, das nunmehr umgesetzt wird.

Die Stadt Welfenheim ist Mitglied im kommunalen Arbeitgeberverband Niedersachsen und über die Verbandssatzung an die Tarifverträge des öffentlichen Dienstes gebunden. Der TVöD findet in der Stadt Welfenheim Anwendung.

Die Stadt Welfenheim hat eine Städtepartnerschaft mit der Stadt Haldenhausen, Mecklenburg-Vorpommern.

 **ÜBERSICHT 1**   **Organisationsstruktur der Stadt Welfenheim**

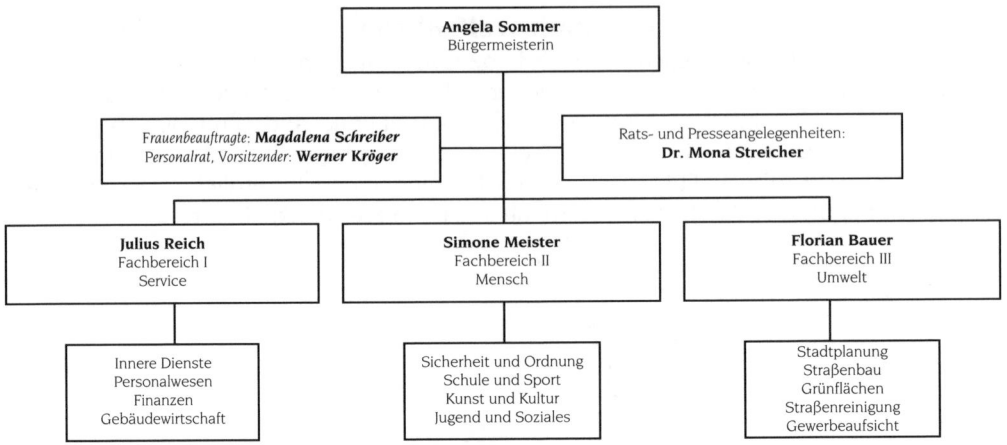

„Morgens um halb zehn in Welfenheim ..."

Die folgenden Grundbeispiele geben Arbeitssituationen von Mitarbeitern in der Verwaltung der Stadt Welfenheim wieder.

1. Heino Schrader ist als Angestellter an der Kasse des Kommunalen Kinos tätig. Heute hat er bereits 14 Eintrittskarten zur Premiere des Films „Terminator 38" verkauft.

2. Hildegard Röttger erteilt als Mitarbeiterin des Teams „Sicherheit und Ordnung" dem Eisverkäufer Antonelli die Genehmigung, am ersten Wochenende im Juli des Jahres einen Eiswagen in der Fußgängerzone von Welfenheim, direkt am Stadtbrunnen, aufzustellen.

3. Anneliese Schubert ist Leiterin der Personalabteilung. Sie legt Herrn Edmund Keller einen Arbeitsvertrag zur Unterschrift vor. Keller soll ab 01.06. als Registraturkraft im Fachbereich I, Innere Dienste, tätig sein.

4. In Raum 303 unterzeichnet gerade Dr. Ferdinand Meier, zuständiger Mitarbeiter in der Liegenschaftsverwaltung, einen Pachtvertrag mit dem Gastwirt Stanke über den Betrieb des Rathauskellers.

5. Herr Weigel, ein Kollege von Dr. Meier in der Liegenschaftsabteilung, erhält einen Anruf des Geschäftsführers Friese von der Immobilienfirma „Intermaison GmbH". Friese bietet der Stadt Welfenheim ein vierstöckiges Bürohaus in der Leibnizstraße 8 zum Kauf an. Dorthin soll das Team „Sicherheit und Ordnung" verlegt werden. Weigel und Friese vereinbaren einen Termin beim Notar, um dort den Vertrag abzuschließen.

6. Werner Landeck erteilt als zuständiger Mitarbeiter der Abteilung „Gebäude-wirtschaft" dem Inhaber der Firma „Heizungsbau Wiechert" den Auftrag, die defekte Heizung in der zweiten Etage des Rathauses zu reparieren.

7. Der Teamleiter des Teams „Schule und Sport", Jürgen Besse, verweist den Bürger Gerhard Garbode des Hauses, nachdem dieser in der Eingangshalle des Rathauses andere Personen angepöbelt, angerempelt und beleidigt hat.

8. Frank Kaiser, Sachbearbeiter im Team „Gewerbeaufsicht", untersagt dem Gebrauchtwagenhändler Ebermann schriftlich die weitere Ausübung seines Gewer-bes wegen dessen Unzuverlässigkeit; Ebermann hat mehrfach „frisierte" Wagen verkauft.

9. Karl Krause, Sachbearbeiter im Team „Innere Dienste", fährt zur Büroausstatter-firma „Nöttelbach und Co.", um sich nach Büromöbeln für die neuen Räume des Ordnungsamtes umzusehen.

ÜBUNG 1

1. Benennen Sie die im Text angesprochenen Maßnahmen der Behörde.
2. Entscheiden Sie, ob die jeweilige Maßnahme auf dem Gebiet des öffentlichen Rechts oder auf dem Gebiet des Privatrechts ergeht.

Beispiele	Maßnahmen	Öffentliches Recht? Privatrecht?
1		
2		
3		
4		
5		
6		
7		
8		
9		

ÜBUNG 2

Listen Sie nachfolgend einige Maßnahmen Ihrer zuständigen Verwaltungsbehörde auf, mit denen Sie in der letzten Zeit in Berührung gekommen sind.

BASISTEXT   **Privatrechtliches Verwaltungshandeln**

Die Verwaltungsbehörden handeln regelmäßig **öffentlich-rechtlich**, z. B. durch den Erlass von Verwaltungsakten, Rechtsverordnungen und Satzungen, durch den Abschluss öffentlich-rechtlicher Verträge oder durch schlichtes Verwaltungshandeln. Das öffentliche Recht ist dadurch gekennzeichnet, dass zum Bürger eher ein Verhältnis von **Über-/ Unterordnung** besteht.

Im Gegensatz dazu herrscht auf dem Gebiet des Privatrechts das Prinzip der **Gleichordnung** vor. Da ein hoheitliches Tätigwerden oftmals nicht die richtige, d. h. passende Handlungsform darstellt, kommen die Verwaltungsbehörden häufiger mit dem Privatrecht in Berührung, als man zunächst vermutet. So beschaffen sie Sachgüter und stellen Personal ein oder verkaufen, vermieten und verpachten Immobilien und Grundstücke.

In den genannten Fällen handeln die Verwaltungsbehörden ebenso privatrechtlich wie jeder andere auch. Sie schließen Kauf-, Arbeits- oder Pachtverträge. Diese Form privatrechtlichen Handelns nennt man auch **fiskalische Hilfsgeschäfte**, da diese Rechtsgeschäfte dazu dienen, Material zu beschaffen, um die eigentlichen Aufgaben erfüllen zu können. Eine zweite Form privatrechtlichen Handelns stellt das sog. **erwerbswirschaftliche Handeln** dar. Das ist z. B. der Fall, wenn eine Gemeinde neben dem Friedhof einen kleinen Blumenladen betreibt, in dem Besucher Blumensträuße aus der städtischen Gärtnerei kaufen können.

Eine dritte Möglichkeit der Verwaltung, privatrechtlich tätig zu werden, besteht in der Anwendung des sog. **Verwaltungsprivatrechts**. Verwaltungsprivatrecht bedeutet, dass **Verwaltungsaufgaben** der Daseinsvorsorge oder -fürsorge **in Formen des Privatrechts** erledigt werden.

Beispiele:
> Errichtung von Krankenhäusern, Kultureinrichtungen, Sportanlagen; Bereitstellung von Wasser und Energie in privatrechtlicher Form.

Das **Verwaltungsprivatrecht** kommt dann in Betracht, wenn für bestimmte Aufgaben der Verwaltung Regelungen fehlen, die zwingend ein Handeln auf öffentlich-rechtlichem Gebiet vorschreiben. Dann ist die Verwaltung ermächtigt, ihre Aufgabenerfüllung auf Grund öffentlich-rechtlicher **oder** privatrechtlicher Regelungen zu erbringen.
Die Verwaltung hat hier also eine sog. **Wahlfreiheit** im Hinblick auf die Organisationsform der Einrichtung und auf die Ausgestaltung des Leistungs- und Benutzungsverhältnisses.

Eine Besonderheit liegt jedoch darin, dass sich die Verwaltung nicht wie sonst, wenn sie privatrechtlich handelt, von ihren öffentlich-rechtlichen Bindungen frei machen kann. So besteht z. B. die Grundrechtsbindung weiter, auch sind die Zuständigkeitsvorschriften und allgemeinen Grundsätze des Verwaltungshandelns weiterhin beachtlich.

Beispiel:
> Die Stadt Welfenheim betreibt ihre öffentlichen Verkehrsmittel in eigener Regie durch die ÖVW: „Öffentliche Verkehrsbetriebe Welfenheim".

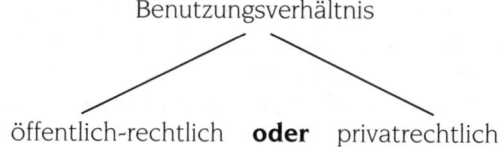

Öffentliche Verkehrsbetriebe Welfenheim (ÖVW)
= Stadt Welfenheim

Benutzungsverhältnis

öffentlich-rechtlich **oder** privatrechtlich

Alternativ-Beispiel:
> Die Stadt Welfenheim errichtet für den Betrieb der öffentlichen Verkehrsmittel die „Verkehrsbetriebe Welfenheim AG", bei der sie alleiniger Aktionär ist:

Verkehrsbetriebe Welfenheim AG
= Eigenständige privatrechtliche Rechtsperson

Benutzungsverhältnis

nur
privatrechtlich

5

Unter den Handlungsformen der Verwaltung befindet sich schließlich eine Mischform des öffentlich-rechtlichen und privatrechtlichen Handelns. In bestimmten Situationen, in denen vom Bürger Leistungen von der Verwaltung begehrt werden, entscheidet die Verwaltung in einem ersten Verfahrensschritt über das „Ob" der Leistung, d. h. über die Gewährung der Leistung, durch Verwaltungsakt. Dabei handelt die Verwaltung stets **öffentlich-rechtlich**. Die Einzelheiten der Leistung, das sog. „Wie" der Leistung, werden in einem zweiten Verfahrensschritt geregelt. Dabei handelt die Verwaltung dann **öffentlich-rechtlich** <u>oder</u> aber auch **privatrechtlich**.

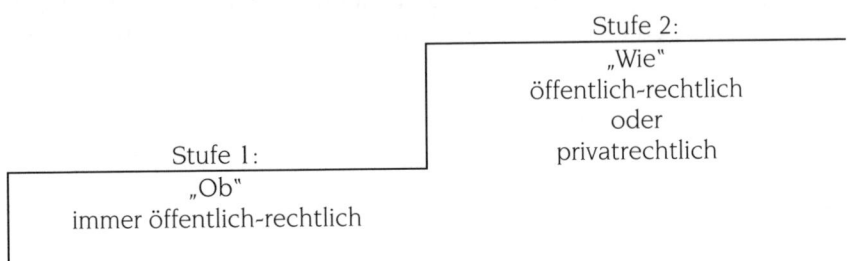

Stufe 2:
„Wie"
öffentlich-rechtlich
oder
privatrechtlich

Stufe 1:
„Ob"
immer öffentlich-rechtlich

Beispiel:
Der Festsaal im Rathaus der Stadt Welfenheim wird den Bürgern und gemeinnützigen Vereinigungen zu kulturellen Zwecken zur Verfügung gestellt. Der Verein „Heimatfreunde Welfenheim e. V." möchte zu seinem 50-jährigen Bestehen am 1. März einen Empfang im Festsaal veranstalten. Die Stadt Welfenheim gewährt dem Verein durch Erlass eines Verwaltungsakts die Erlaubnis, den Festsaal wunschgemäß zu nutzen.
Außerdem schließt sie mit dem Verein einen Mietvertrag ab, durch den sie sich verpflichtet, den Festsaal am 1. März von 10 Uhr bis um 18 Uhr zur Verfügung zu stellen, wofür der Heimatverein eine Miete in Höhe von 200,- EUR zu entrichten und den Raum nach der Festveranstaltung besenrein zurückzulassen hat.

FALL 1   **Aus alt mach' neu**
Hans Schmidt führt einen Bauernhof am Stadtrand von Welfenheim. Die Stadt Welfenheim hat im Haushaltsplan zinsverbilligte Darlehen zur Restaurierung von Fachwerkbauernhöfen bereitgestellt. Darüber hinaus hat sie zum Zweck der Verteilung der Förderungsmittel Verwaltungsvorschriften erlassen, die die Vergabe im Einzelnen regeln. Schmidt beantragt ein Darlehen in Höhe von 15.000,- EUR. Die Stadt lehnt die Bewilligung des Darlehens ab, weil sein Stallgebäude teilweise Steinmauern habe.

Aufgabe: Begründen und entscheiden Sie, ob Hans Schmidt im Fall eines Rechtsstreits Klage vor einem Verwaltungsgericht oder einem Zivilgericht erheben muss.

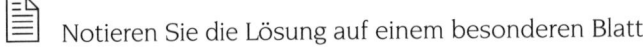

Notieren Sie die Lösung auf einem besonderen Blatt.

ABWANDELUNG DES FALLES 1

Die Stadt Welfenheim hat Hans Schmidt das beantragte Darlehen durch Verwaltungsakt gewährt.

Im Zuge der Bewilligung hat die Stadt Welfenheim mit Schmidt einen Darlehensvertrag geschlossen, in dem u. a. die Höhe der Verzinsung und die übrigen Rückzahlungsbedingungen geregelt sind. Schmidt stellt nach einigen Monaten die Rückzahlung ein.

Aufgabe: Entscheiden Sie, ob die Stadt Welfenheim im Fall eines Rechtsstreits Klage vor einem Verwaltungsgericht oder einem Zivilgericht erheben muss.

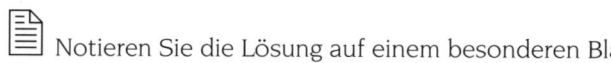 Notieren Sie die Lösung auf einem besonderen Blatt.

Um die Abgrenzung zwischen öffentlichem Recht und Privatrecht bemühen sich insbesondere drei Theorien. Über die bereits angesprochene **Subordinationstheorie** (Gleichordnung bzw. Über-/ Unterordnung) hinaus, sind dies die auf das mit der jeweiligen Norm verfolgte (öffentliche oder private) Interesse abstellende **Interessentheorie** sowie die **(modifizierte) Subjektstheorie**, die danach fragt, ob Adressat der zuzuordnenden Rechtsvorschrift zumindest auch ein Träger öffentlicher Gewalt ist.

Hierzu erfahren Sie im Lernbuch Verwaltungsrecht mehr. Im Folgenden geht es also um das **Privatrecht**.

02 Grundlagen

BASISTEXT **Das Bürgerliche Gesetzbuch**

Das Privatrecht lässt sich aufteilen in das **Bürgerliche Recht** und in das **Sonderprivatrecht**. Das Bürgerliche Recht gilt für jedermann (sog. „Jedermannsrecht") und findet seine Grundlage in der „Bibel" des Privatrechts, dem **Bürgerlichen Gesetzbuch** (BGB). Das **Sonderprivatrecht** dagegen beinhaltet besondere rechtliche Regelungen für spezielle Interessenlagen. Hier lässt sich eine Fülle von speziellen Gesetzen finden, die jeweils eine besondere Personengruppe erfassen und auf diese zugeschnitten sind.

Beispiel:
> Das Aktiengesetz regelt die Rechte der Aktionäre, das Handelsrecht ist ein Sonderprivatrecht der Kaufleute, das Mutterschutzgesetz enthält Schutzbestimmungen für Mütter.

Das Bürgerliche Gesetzbuch (BGB) ist in fünf unterschiedliche Bücher eingeteilt.

> 1: Allgemeiner Teil
> 2: Schuldrecht
> 3: Sachenrecht
> 4: Familienrecht
> 5: Erbrecht.

Diese Einteilung lässt vor allem eines erkennen: Im BGB sind die allgemeinen Regelungen <u>vor</u> den besonderen aufgeführt. Das bedeutet, dass das 1. Buch „Allgemeiner Teil" grundlegende Bestimmungen enthält, die immer dann eingreifen, wenn die folgenden vier Bücher keine speziellen Regelungen vorsehen. Diese Systematik, das Gemeinsame mehrerer Regelungen nach vorn zu setzen, also „vor die Klammer zu ziehen", wird als **Ausklammerungsmethode** bezeichnet.

Beispiel:
> § 433 BGB setzt das Zustandekommen eines Kaufvertrags voraus. Die Frage, wie Verträge zustande kommen, ist nicht im zweiten Buch des BGB geregelt.
> Da dies auch in anderen Büchern des BGB vorausgesetzt wird, z. B. beim Ehevertrag (viertes Buch des BGB, § 1408 BGB) oder beim Erwerb von Grundstücksrechten (drittes Buch des BGB, § 873 BGB) sind die Vorschriften über das Zustandekommen des Vertrags vor die Klammer gezogen, und zwar im ersten Buch des BGB, in den §§ 145 ff. BGB.

Das Prinzip, vom Allgemeinen zum Besonderen zu gelangen, wird auch in jedem der fünf Bücher selbst vorgenommen, d. h. auch hier kommen erst allgemeine Regelungen und dann immer speziellere.

Beispiel:

Im zweiten Buch des BGB werden in Abschnitt 8 (§§ 433-853 BGB) einzelne Schuldverhältnisse dargestellt. Die Gemeinsamkeiten dieser Schuldverhältnisse sind nach
vorn gezogen, z. B. ist in Abschnitt 4 (§§ 241-432 BGB) das Erlöschen von Schuldverhältnissen, das alle Schuldverhältnisse gleichermaßen betrifft, geregelt.

ÜBUNG 3

Entscheiden Sie anhand der folgenden Inhaltsbeschreibungen, um welches Buch des
BGB es sich jeweils handelt.

Beschreibung	Buch Nr. und Titel
1. Es werden die Beziehungen einer Person zu einer Sache geregelt. Schwerpunkt der Vorschriften sind u. a. Besitz, Eigentum, Hypotheken, Grundschulden und Pfandrechte.	
2. Hierin befinden sich die Bestimmungen, die für alle Gebiete des Bürgerlichen Rechts wesentlich sind, z. B. solche über Rechtsgeschäfte.	
3. Die rechtlichen Folgen des Ablebens eines Menschen sind dort dargelegt.	
4. Es geht hier um eine Ordnung der Rechtsverhältnisse, auf Grund derer eine Person von einer anderen eine Leistung fordern kann. Diese Rechtsbeziehungen können auf Vertrag oder Gesetz beruhen.	
5. Beziehungen zwischen Familienangehörigen, z. B. Verwandten, Ehepartnern, Eltern und Kindern werden rechtlich festgelegt.	

ÜBUNG 4

Vervollständigen Sie folgenden Lückentext.

Das Bürgerliche Gesetzbuch (BGB) trat .... in Kraft und stellt das erste einheitliche Gesetzeswerk für das frühere Deutsche Reich zum Bürgerlichen Recht dar. Der Begriff „Bürgerliches Recht" wurde der .... Sprache entliehen: „Ius civile" war das Recht des .... im römischen Staat. Es legte fest, welche rechtlichen Positionen die Menschen inne hatten, die in einem Staat miteinander lebten. Diese Funktion hat das Bürgerliche Recht noch heute. Das BGB enthält u. a. etliche Elemente des römischen Rechts.

Beispiele:
- Das römische Recht hat als erstes Rechtssystem den Grundsatz entwickelt, dass ein Vertrag durch bloße Übereinstimmung der .... von zwei Personen zustande kommt (Konsens).

- Die Unterscheidung zwischen unterschiedlichen Vertragstypen, u. a. Kauf, Miete, Darlehen, Pacht, Leihe entstammt dem römischen Recht.

- Das römische Recht hat als erstes Rechtssystem zwischen Besitz und .... unterschieden. Auch § 985 BGB ist dem römischen Recht nach-gebildet, wonach der .... vom .... die Herausgabe der Sache verlangen kann.

Das BGB betrachtet den .... als Individuum, das seine Lebensverhältnisse in freier Selbstbestimmung regeln kann. Insofern steht das BGB in Kongruenz mit der Werteordnung des Grundgesetzes und der .... Manchmal kann die Vertragsfreiheit zu unbilligen Ergebnissen führen, wenn sich zwei Vertragspartner gegenüberstehen, die nicht gleich stark sind. Zu diesem Zweck gibt es Regelungen innerhalb und außerhalb des BGB, die den .... , auch den Unwissenden, schützen sollen.

Beispiele:
- Die Regelungen über die .... und beschränkte Geschäftsfähigkeit schützen das Kind und den Jugendlichen im Geschäftsleben.

- Die Regelungen über die .... (AGB) gem. § 305 bis § 310 BGB dienen dazu, die missbräuchliche Verwendung von Allgemeinen Ge-schäftsbedingungen zu verhindern, beispielsweise in den Fällen, in denen der Ver-wender von AGB die geschäftliche Unerfahrenheit von Kunden, die Mengen von Kleingedrucktem in kurzer Zeit nicht lesen können und daher unüberlegt Verträge unterschreiben, zu seinen Gunsten nutzt.

„Wer will von wem was warum woraus?" **BASISTEXT**

Die Problemstellungen im materiellen Recht des BGB, die auf Sie zukommen werden, können sehr vielfältig sein. In der Regel läuft die Fragestellung jedoch darauf hinaus: **Wer will von wem was warum woraus**?

- Wer will: Es geht um Anspruchsteller und
- Von wem: Anspruchsgegner.
- Was: Es geht um den Anspruch,
            z. B. auf Zahlung, Schadensersatz, Herausgabe, Unterlassung.
- Warum: Es geht um den Grund des Anspruchs,
            z. B. einen abgeschlossenen Kaufvertrag
- Woraus: Es geht um die gesetzliche Grundlage, die Anspruchsgrundlage.

„**W**er will von **W**em **W**as **W**arum **W**oraus" sind die fünf berühmten „W" des BGB.

Um diese Frage in der Praxis oder in einer Klausur möglichst „sehr gut" zu beantworten, müssen Sie die Prüfungsschritte der Fallbearbeitung im Privatrecht beherrschen und berücksichtigen.

Prüfungsschritte der Fallbearbeitung im Privatrecht **ÜBERSICHT 2**

1. Schritt:	Anspruch entstanden?
2. Schritt:	Anspruch nachträglich untergegangen?
3. Schritt:	Anspruch durchsetzbar?

Damit also prüfen Sie zunächst, ob eine Anspruchsgrundlage (eine Norm des BGB) den gewünschten Anspruch im zu lösenden Fall begründet. Beispiele sind § 433 Abs. 1, § 611 Abs. 1, § 823 Abs. 1 oder § 985 BGB. Zur Klärung der Frage, welche Anspruchsgrundlage einschlägig sein könnte, gibt Ihnen Kapitel 9 ein Anspruchsmuster an die Hand. Im 1. Schritt prüfen Sie auch, ob eine sog. **rechtshindernde Einwendung** der Entstehung eines Anspruchs entgegensteht. Z. B. ist bei dem Versprechen einer unmöglichen Leistung ein Anspruch **von Anfang an** gar nicht erst entstanden, § 275 Abs. 1 BGB.

Ist ein Anspruch entstanden, prüfen Sie in einem zweiten Schritt, ob dieser Anspruch **nachträglich** wieder untergegangen ist, etwa durch Kündigung oder Anfechtung (sog. rechtsvernichtende Einwendungen).

Im 3. Schritt klären Sie die Frage, ob der – noch bestehende – Anspruch **durchsetzbar**, d. h. vor Gericht einklagbar ist, was etwa bei zwischenzeitlich eingetretener Verjährung nicht mehr der Fall ist.

Im Rahmen der schriftlichen Abfassung Ihres Gutachtens wiederum müssen Sie die **Grundsätze der Rechtsanwendung** beachten. Kurz gesagt: Achten Sie auf die Einhaltung vom **Gutachtenstil**, d. h. prüfen Sie von der Anspruchsgrundlage ausgehend die Voraussetzungen nacheinander durch und stellen Sie erst am Ende Ihrer Ausführungen das Ergebnis fest (Anspruch ja/nein).

 **ÜBERSICHT 3** **Subsumtionsschritte beim Gutachtenstil**

Schritt 1: Tatbestandsmerkmal nennen Schritt 2: Tatbestandsmerkmal definieren Schritt 3: Sachverhalt auf Tatbestandsmerkmal anwenden/ vergleichen Schritt 4: Ergebnis festhalten

 **ÜBUNG 5**

Benennen Sie für jeden Subsumtionsschritt einschlägige Formulierungen, die am Beginn des Satzes stehen.

Lösung: Schritt 1: Schritt 2: Schritt 3: Schritt 4:

„Anspruch **E**ntstanden, **E**rloschen, **E**inreden, **E**rgebnis" sind die vier „E" jeder rechtlichen Prüfung eines privatrechtlichen Anspruchs und damit der rote Faden der Fallbearbeitung. Wenn Sie sich daran erinnern, dass die Fragestellung mit den fünf „W": „**W**er will von **w**em **w**as **w**arum **w**oraus" beginnt, dann fahren Sie symmetrisch fort mit „Anspruch **e**ntstanden, **e**rloschen, **e**inredebehaftet und **E**rgebnis" – vier mal „E".

Mit diesem systematischen Vorgehen können Sie fast jedes Rechtsproblem aus dem BGB bewältigen.

ÜBUNG 6

Beurteilen Sie folgende Originalauszüge aus Klausuren unter gutachtlichen Gesichtspunkten. Machen Sie ggfs. einen anderen Formulierungsvorschlag.

1. „A könnte gegen B einen Anspruch aus § 119 BGB haben. Dann müsste zunächst eine wirksame Anfechtungserklärung vorliegen."

2. „E könnte gegen B einen Anspruch aus § 985 BGB haben, wenn B Besitzer der goldenen Uhr und E deren Eigentümer ist."

3. „V hat gegen K einen Anspruch auf Zahlung des Kaufpreises aus § 433 Abs. 2 BGB, wenn sich K und V über den Kauf des Autos geeinigt haben und keine Gründe gegen die Wirksamkeit des Kaufvertrages sprechen. Hierzu sagt der Sachverhalt: Als K am Morgen des 13.12.2004 den Wagen beim V im Schaufenster stehen sieht, betritt er voller Entzücken die Verkaufsräume und sagt: „Den nehme ich."

4. „Zunächst ist Voraussetzung, dass A das Eigentum des B beschädigt hat. Gemäß § 903 BGB kann der Eigentümer mit seiner Sache nach Belieben verfahren und Dritte von jeder Einwirkung ausschließen. Zu einem vergleichbaren Ergebnis kommt Art. 14 Grundgesetz, wonach das Eigentum gewährleistet ist, sein Gebrauch aber gleichzeitig dem Wohle der Allgemeinheit dienen soll. Berücksichtigt man zusätzlich die ideengeschichtliche Entwicklung des Eigentums, so wird deutlich, dass zu allen Zeiten ..."

5. „V und K haben sich über den Verkauf des Grundstücks an K geeinigt. Denn der K hat vor dem zuständigen Notar die Erklärung abgegeben ..."

6. „Y könnte gegen A einen Anspruch aus § 823 Abs. 1 BGB haben. Hierzu heißt es im Gesetz: Wer vorsätzlich oder fahrlässig das Leben, den Körper, die Gesundheit, die Freiheit, das Eigentum, oder ein sonstiges Recht eines anderen widerrechtlich verletzt, ist dem anderen zum Ersatz des daraus entstehenden Schadens verpflichtet."

7. „Der Anspruch könnte aus § 985 BGB bestehen. Wie dem Sachverhalt zu entnehmen ist, hat B den Besitz am 09.02.2002 erworben "

8. „Die Prüfung des Anspruchs erfordert sicherlich zunächst eine Auslegung der Willenserklärung des A. Dabei sind selbstverständlich alle Auslegungsgrundsätze zu beachten, wobei auf gar keinen Fall die ergänzende Vertragsauslegung vergessen werden darf. Unbedingt ist darauf zu achten, dass ..."

 Notieren Sie die Lösung auf einem besonderen Blatt.

03 Begründung vertraglicher Schuldverhältnisse

BASISTEXT   **Arten von Schuldverhältnissen**

Das Recht der Schuldverhältnisse ist im zweiten Buch des BGB geregelt. Diese Rechtsbeziehung geht nur die daran beteiligten Personen etwas an, es handelt sich hier also um ein **relatives Recht**.

Schuldrecht

regelt die **Rechtsbeziehungen** einer **Person** zu einer anderen **Person**.

Das Schuldrecht gliedert sich in zwei große Bereiche:

Das **Allgemeine Schuldrecht** gilt für Schuldverhältnisse aller Art.

Beispiele:
- Art, Inhalt und Umfang einer Schadensersatzpflicht sind für alle Schuldverhältnisse in §§ 249 ff. BGB geregelt.

- Das Erlöschen von Schuldverhältnissen ist in §§ 362 ff. BGB normiert. Diese Vorschriften gelten für alle Schuldverhältnisse, z. B. für Forderungen aus einem Kauf-, Dienst- oder Werkvertrag.

Das **Besondere Schuldrecht** beschäftigt sich mit den besonders häufig vorkommenden Verträgen und den gesetzlichen Schuldverhältnissen.

Beispiele:
- Die konkreten Leistungspflichten u. a. beim Kauf-, Dienst- oder Werkvertrag sind ausdrücklich im Besonderen Schuldrecht festgelegt.

- Die Voraussetzungen und die Rechtsfolgen für die Begehung einer unerlaubten Handlung, einer ungerechtfertigten Bereicherung oder einer Geschäftsführung ohne Auftrag werden im Besonderen Schuldrecht ausdrücklich dargestellt.

Das **Wesen des Schuldverhältnisses** ergibt sich aus § 241 Abs. 1 S. 1 BGB.

Schuldverhältnis

ist ein **Rechtsverhältnis**, das eine Person, den **Gläubiger**, berechtigt, von einer anderen Person, dem **Schuldner**, eine Leistung zu fordern.

§ 241 Abs. 1 S. 1 BGB enthält zwar keine ausdrückliche Definition des Begriffs „Schuldverhältnis", diese Vorschrift erklärt jedoch, was eine Partei von der anderen Partei bei einem Schuldverhältnis verlangen kann. Die forderungsberechtigte Person ist der **Gläubiger**, die verpflichtete Person ist der **Schuldner**. Die Leistung, die der Gläubiger vom Schuldner fordern darf, kann in einem Tun oder gem. § 241 Abs.1 S. 2 BGB auch in einem Unterlassen bestehen. Dieses Recht des Gläubigers gegenüber dem Schuldner ist ein **Anspruch** (§ 194 Abs. 1 BGB).

Neben diesen Leistungspflichten aus einem Schuldverhältnis resultieren aus der Personenverbindung weitere Pflichten: sog. **Schutz- oder Rücksichtspflichten**, vgl. § 241 Abs. 2 BGB.

Schutzpflicht

ist die **Verpflichtung**, sich bei der Abwicklung des Schuldverhältnisses so zu verhalten, dass der andere Teil, der Vertragspartner, **keinen Schaden** an Körper, Leben, Eigentum oder sonstigen Rechtsgütern erleidet.

Rechtsgeschäftliche und gesetzliche Schuldverhältnisse   ÜBERSICHT 4

Schuldverhältnisse	
entstehen durch	
Rechtsgeschäft z. B. Vertrag (§ 311 Abs. 1 BGB) Aufnahme von Vertragsverhandlungen (§ 311 Abs. 2 BGB)	**Gesetz** z. B. Unerlaubte Handlung (§§ 823 ff. BGB) Ungerechtfertigte Bereicherung (§§ 812 ff. BGB) Geschäftsführung ohne Auftrag (§§ 677 ff. BGB)

BASISTEXT — Rechtsgeschäftliche Schuldverhältnisse

Rechtsgeschäftliche Schuldverhältnisse werden i. d. R. durch Vertrag begründet (§ 311 Abs. 1 BGB) und deshalb auch **vertragliche Schuldverhältnisse** genannt.

Vertragliche Schuldverhältnisse

sind **Rechtsbeziehungen**, deren Inhalt **durch Vertrag** begründet und ausgestaltet wird.

Rechtsgeschäftliche Schuldverhältnisse sind z. B. der Kaufvertrag, Werkvertrag, Dienstvertrag, Leihvertrag, Mietvertrag oder Schenkungsvertrag. Ist ein solcher Vertrag geschlossen, entstehen daraus Ansprüche des Gläubigers gegenüber dem Schuldner.
Ausnahmsweise kann ein rechtsgeschäftliches Schuldverhältnis auch durch ein einseitiges Rechtsgeschäft entstehen, z. B. durch Auslobung gem. § 657 BGB oder Vermächtnis gem. § 2174 BGB.

ÜBUNG 7

Die Begriffe Gläubiger, Schuldner und Forderung aus einem Schuldverhältnis sollen verdeutlicht werden. Ergänzen Sie in den folgenden Beispielen die Tabelle.

Beispiel 1:
Friederike Strolz veräußert ihrem Nachbarn Florian Meier ein Buch für 5,00 EUR. Welche Pflichten aus dem Schuldverhältnis haben a) Friederike und b) Florian?

a) Vertrag:
Pflichten der Friederike aus dem Kaufvertrag:

Rechtsgrundlage:

Gläubiger:

Schuldner:

b) Vertrag:
Pflichten des Florian aus dem Kaufvertrag:

Rechtsgrundlage:

Gläubiger:

Schuldner:

Beispiel 2:

Florian überlässt daraufhin Friederike sein Auto für 20,00 EUR pro Tag. Friederike möchte das Auto für einen zehntägigen Ausflug nutzen. Welche Pflichten aus dem Schuldverhältnis haben a) Florian und b) Friederike?

a) Vertrag:
Pflichten des Florian aus dem Vertrag:

Rechtsgrundlage:

Gläubiger:

Schuldner:

b) Vertrag:
Pflichten der Friederike aus dem Vertrag:

Rechtsgrundlage:

Gläubiger:

Schuldner:

Beispiel 3:

Der Vater von Friederike, Johannes Strolz, ist Klempner. Er und Florian Meier haben sich dahingehend geeinigt, dass Johannes ein schadhaftes Wasserrohr in Florians Wohnung für 30,00 EUR reparieren soll. Welche Pflichten aus dem Schuldverhältnis haben a) Johannes und b) Florian?

a) Vertrag:
Pflichten des Johannes aus dem Vertrag:

Rechtsgrundlage:

Gläubiger:

Schuldner:

b) Vertrag:
Pflichten des Florian aus dem Vertrag:

Rechtsgrundlage:

Gläubiger:

Schuldner:

BASISTEXT   Gesetzliche Schuldverhältnisse

Im Gegensatz zu rechtsgeschäftlichen Schuldverhältnissen entstehen **gesetzliche Schuldverhältnisse** unabhängig vom Willen der Beteiligten allein dadurch, dass ein **gesetzlicher Tatbestand** erfüllt wird.

Gesetzliche Schuldverhältnisse

sind **Rechtsbeziehungen**, die **durch Gesetz** begründet und ausgestaltet werden.

Beispiel:
> Florian Meier spielt mit Freunden im Garten Fußball. Dabei zerschießt er versehentlich eine Fensterscheibe des Nachbarhauses. Sein Handeln erfüllt den Tatbestand des § 823 Abs. 1 BGB. Es entsteht (automatisch) ein gesetzliches Schuldverhältnis. Auf Grund dieses Schuldverhältnisses ist Florian verpflichtet, seinem Nachbarn Schadensersatz zu leisten, ohne dass sie einen Vertrag geschlossen haben.

FALL 2   Frauen auf Rädern

Anja Berger und Ihre Freundin Tina Schmidt, beide 20 Jahre alt, fahren auf ihren Fahrrädern zum Sportplatz. Als sie an einem Eisstand vorbeikommen, wird Anja abgelenkt, fährt versehentlich auf das Fahrrad von Tina auf und zerbeult dabei das hintere Schutzblech. Tina entstehen Reparaturkosten in Höhe von 30,- EUR.

Aufgabe: Hat Tina gegen Anja einen Anspruch auf Ersatz der Reparaturkosten?

 Notieren Sie die Lösung auf einem besonderen Blatt.

ÜBUNG 8

Entscheiden Sie, ob es sich bei folgenden Sachverhalten um ein rechtsgeschäftliches (vertragliches) oder um ein gesetzliches Schuldverhältnis handelt. Benennen Sie das Schuldverhältnis und geben Sie die einschlägige Norm an.

Beispiel	Lösung
1. Hartmut Schmidt beauftragt den Klempner Johannes Strolz, den Wasserhahn seiner Badewanne zu reparieren.	Vertragliches Schuldverhältnis Werkvertrag § 631 BGB
2. Hildegard Röttger kauft Tina Schmidts Tischtennisschläger für 15,- EUR.	

Beispiel	Lösung
3. Hartmut Schmidt stößt versehentlich Sven Claasens Telefon vom Tisch. Es wird beschädigt. Abwandlung: Schmidt wurde von Claasen beauftragt, das Wohnzimmer zu streichen. Beim Streichen stößt Schmidt das Telefon des Claasen vom Tisch.	
4. Florian Meier tauscht mit seinem Freund Winni Briefmarken.	
5. Anja Berger hat sich den Knöchel verletzt, als sie mit dem Fuß gegen einen Bordstein geriet. Eine vorbeifahrende Autofahrerin fährt sie zum Arzt und stellt ihr die daraus entstandenen Kosten in Rechnung.	
6. Die sechsjährige Marie kauft sich ein kleines Radio für 20,- EUR, die sie den Eltern stibitzt hat. Am nächsten Tag erscheinen die empörten Eltern, die von dem Händler den Kaufpreis herausverlangen.	
7. Der Inhaber eines Fitness-Studios Sven Claasen stellt die ungelernte Arbeitskraft Amelie Körber als Reinigungshilfe ein.	
8. Amelie Körber hat keine Einweisung in ihre Aufgaben erhalten und nimmt eine falsche Reinigungsflüssigkeit für Marmorböden. Der Bodenbelag ist zu glatt. Ein Kunde des Fitness-Studios stürzt, verletzt sich und verlangt (a) vom Fitness-Studio und (b) von Amelie Körber Schadensersatz.	

 **ÜBERSICHT 5**　　　　　　**Arten von Rechtsgeschäften**

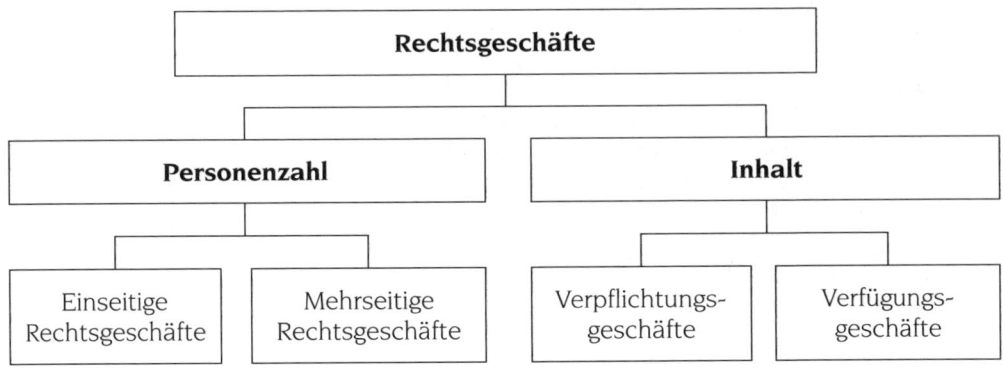

 **ÜBUNG 9**　　　**Einseitige und mehrseitige Rechtsgeschäfte**
Vervollständigen Sie folgenden Lückentext.

Einseitige .... sind solche Rechtsgeschäfte, bei denen die Willenserklärung nur einer Person erforderlich ist, um die Rechtswirkung oder den
........................herbeizuführen.
Die einseitigen Rechtsgeschäfte lassen sich unterteilen in .... und nicht
empfangsbedürftige Rechtsgeschäfte. Empfangsbedürftige einseitige Rechtsgeschäfte
liegen dann vor, wenn die Willenserklärung einer bestimmten Person gegenüber abgegeben werden muss, damit das Rechtsgeschäft wirksam wird. Dies ist der Fall bei dem
Antrag, der Annahme, der Anfechtung, der .... , der Kündigung und dem
Rücktritt.

Nicht empfangsbedürftige Rechtsgeschäfte, d. h. nicht empfangsbedürftige ....
.... liegen vor, wenn es für die .... des Rechtsgeschäfts ausreichend ist, dass der Erklärende seinen Willen äußert, so z. B. bei der ....
und der Errichtung eines Testaments.
Da diese Willenserklärungen im Gegensatz zu den empfangsbedürftigen einseitigen
Willenserklärungen nicht gegenüber einer bestimmten Person, dem ....,
abgegeben werden müssen, nennt man sie auch .... einseitige Willenserklärungen. Mit der Abgabe der Erklärung werden sie wirksam.
Rechtsgeschäfte, die durch übereinstimmende wechselseitige Erklärungen mehrerer –
mindestens zweier – Personen zustande kommen, sind ....,
z. B. ....

Verträge i. S. d. BGB sind demnach Rechtsgeschäfte, die durch übereinstimmende wechselseitige Erklärungen mehrerer Personen zustande kommen. Der Vertrag ist die .... des Rechtsgeschäfts im bürgerlichen Recht.

Bei den zweiseitigen Rechtsgeschäften ist zu unterscheiden, ob nur ein Vertragspartner zu einer bestimmten .... verpflichtet ist (= einseitig verpflichtender Vertrag) oder beide Partner sich verpflichtet haben, eine bestimmte Leistung zu erbringen (=..).

Auch bei den zweiseitig verpflichtenden Verträgen gibt es noch einen Unterschied. Hier ist zu trennen zwischen vollkommen zweiseitig verpflichtenden (sog. ....)
und unvollkommen zweiseitig verpflichtenden Verträgen.

Bei einem gegenseitigen Vertrag verpflichtet sich die eine Partei dem Vertragspartner gegenüber nur deshalb, weil und damit sich der andere auch ihm gegenüber verpflichten soll. Solche Verträge heißen auch ....

Beispiel:

> Kauft Tina Schmidt von Hildegard Röttger ein Lehrbuch für 20,- EUR, dann verpflichtet sie sich, den Kaufpreis gem. .... zu zahlen, damit Hildegard ihr das Buch übergibt.
>
> Hildegard verpflichtet sich gem. § 433 Abs. 1 S. 1 BGB, Tina das Buch .... und das Eigentum hieran zu verschaffen, um den Kaufpreis zu erhalten.

Es gibt aber auch Verträge, bei denen sich beide Parteien zwar zu einer Leistung verpflichten, aber diese Pflichten nicht in einem exakten Gegenseitigkeitsverhältnis stehen. Man nennt diese Verträge ....

Beispiel:

> Leiht Hildegard Tina ein Lehrbuch, so hat sie die Pflicht, Tina das Lehrbuch .... zu überlassen. Tina hat eine gleichermaßen schwerwiegende Leistung aus § 598 BGB nicht zu erfüllen. Zwar muss sie gem. .... das Buch zurückgeben, aber die Verpflichtungen der beiden sind keine gegenseitigen Pflichten, denn Tina hat das Buch von Hildegard nicht entliehen, um es ihr zurückzugeben, sondern, um es unentgeltlich zu nutzen.

ÜBUNG 10

Ergänzen Sie die folgende Übersicht um diese Begriffe:

Anfechtung/Antrag/Bürgschaft/Dienstvertrag/Empfangsbedürftige/
Einseitig verpflichtende Verträge/Kaufvertrag/Leihvertrag/Schenkung/Vollmacht/
Werkvertrag/Zweiseitige Rechtsgeschäfte

Rechtsgeschäfte

Einseitige Rechtsgeschäfte | ...

... Rechtsgeschäfte | Nicht empfangsbedürftige Rechtsgeschäfte | ... | Zweiseitig verpflichtende Verträge

Vollkommen zweiseitige (=gegenseitige) Verträge | Unvollkommen zweiseitige Verträge

Beispiele:
...
...
... | Beispiele:

Auslobung, Errichtung eines Testaments | Beispiele:
...
... | Beispiele:
...
... | Beispiel:
...

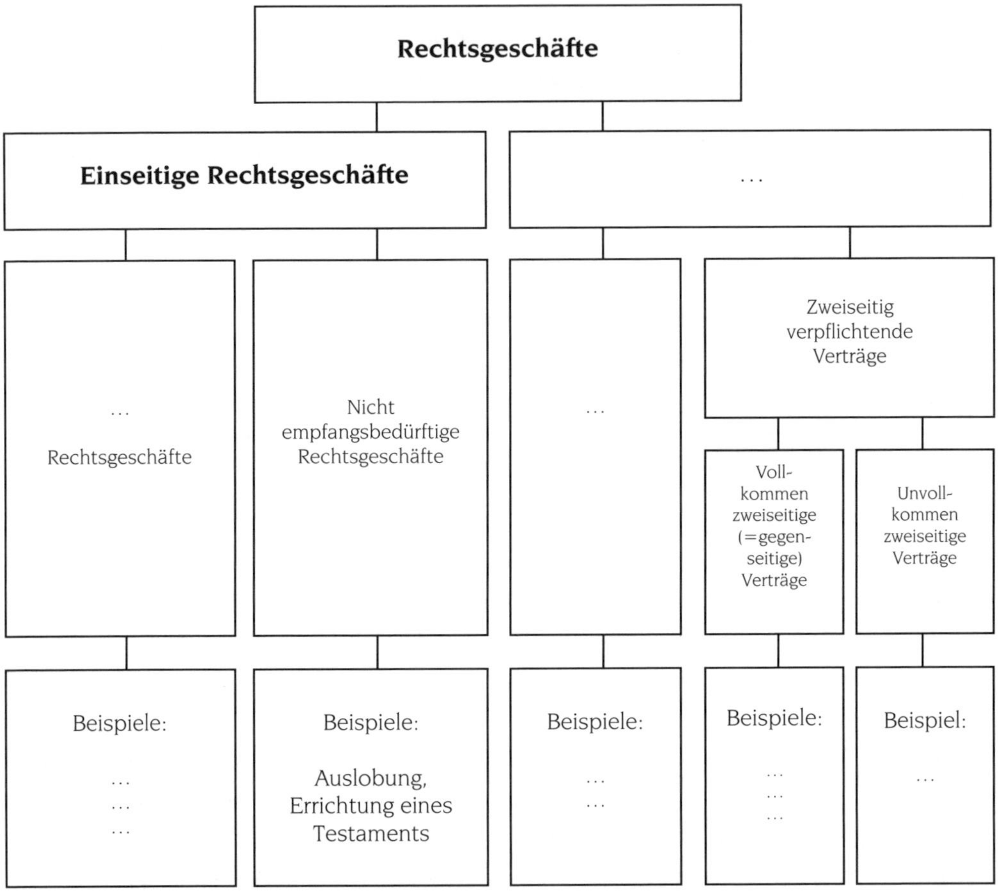

ÜBUNG 11

Stellen Sie fest, um was für ein Rechtsgeschäft es sich jeweils handelt. Gliedern Sie Ihre Antworten entsprechend dem vorgegebenen Beispiel.

Beispiel	Antwort
Hans Schmidt kauft von Heino Schrader ein Diktiergerät für 40,00 EUR.	a. Kaufvertrag, §§ 433 ff. BGB b. Zweiseitiges Rechtsgeschäft c. Zweiseitig verpflichtender Vertr. d. Gegenseitiger Vertrag
1. Hartmut Schmidt stellt Anneliese Schubert unentgeltlich seinen Pkw für eine Einkaufsfahrt zur Verfügung.	a. b. c. d.
2. Florian Meier schreibt an Johannes Strolz: „Ich biete Dir mein Fahrrad für 25,00 EUR zum Kauf an." Strolz schreibt zurück, er sei mit dem tollen Angebot einverstanden. Zwei Tage später bemerkt Meier, dass er sich verschrieben hat, er wollte 250,00 EUR schreiben. Sofort ruft er Strolz an, erklärt ihm den Irrtum und möchte das Kaufgeschäft rückgängig machen.	a. b. c. d.
3. Der Verleger Jan Beerbaum bestimmt seinen Neffen Johannes Strolz zum alleinigen Erben. Das Testament bewahrt er in seiner Nachttischschublade auf.	a. b. c. d.
4. Bettina Paasche kauft sich einen Pullover. Zu Hause bemerkt sie, dass der Pullover schadhaft ist. Sie möchte den Kaufpreis zurück erhalten und den Pullover zurückgeben.	a. b. c. d.
5. Tina Goldmann braucht einen maßangefertigten Schrank für ihr Wohnzimmer. Sie beauftragt den Tischler Wilfried Scheibe mit dem Bau des Schranks. Das Material hierfür hat sie mitgebracht.	a. b. c. d.
6. Friederike schenkt Tina zum Geburtstag einen Blumenstrauß.	a. b. c. d.

BASISTEXT   **Verpflichtungs- und Verfügungsgeschäft**

Hat jemand eine Sache gekauft, sagt er oftmals umgangssprachlich, jetzt „gehöre" sie ihm. Der Abschluss eines Kaufvertrages – auch anderer Verträge – und seine Erfüllung erscheinen im Alltag als einheitlicher Vorgang und werden auch so angesehen.

Das Privatrecht unterscheidet jedoch zwischen **Verpflichtungsgeschäft** und **Verfügungsgeschäft**. Der Abschluss z. B. des Kaufvertrages und die Übereignung der Kaufsache sind voneinander zu trennen (**Abstraktionsprinzip**).

Abstraktionsprinzip

bedeutet die rechtliche **Trennung von schuldrechtlichem Verpflichtungsgeschäft** und **sachenrechtlichem Verfügungsgeschäft.**

Beispiel:
Ein Siebenjähriger kann Eigentümer des „gekauften" Teddys werden, sich aber nicht wirksam in dem zugrunde liegenden Kaufvertrag zur Zahlung des Teddys verpflichten.

Verpflichtungsgeschäft

ist ein **Rechtsgeschäft**, durch das die **Verpflichtung des Schuldners** zu einer Leistung begründet wird.

Beispiel:
Kaufvertrag, Mietvertrag, Leihvertrag.

Verfügungsgeschäft

ist ein **Rechtsgeschäft**, durch das **ein Recht unmittelbar** begründet, geändert, übertragen oder aufgehoben und damit das Verpflichtungsgeschäft umgesetzt wird.

Beispiel:
Übereignung gem. § 929 BGB, Abtretung gem. § 398 BGB.

ÜBUNG 12

Erschließen Sie sich die Bedeutung von Verpflichtungs- und Verfügungsgeschäft, indem Sie herausarbeiten, ob die Aussagen zutreffen.

Beispiel	Antwort
1. Florian Schmidt ist mit Abschluss des Kaufvertrages Eigentümer des Fahrrades geworden.	
2. Hildegard Röttger ist mit Abschluss des Kaufvertrages Eigentümerin der 250,- EUR geworden.	
3. Durch den zwischen Hildegard und Florian geschlossenen Kaufvertrag besteht lediglich die Verpflichtung für Hildegard, Florian das Fahrrad zu übergeben und ihr das Eigentum daran zu verschaffen. Für Florian besteht die Verpflichtung, an Hildegard den Kaufpreis zu zahlen und das Fahrrad abzunehmen. Da Pflichten begründet werden, ist dies ein Verpflichtungsgeschäft.	
4. Florian wird erst Eigentümer des Fahrrades, wenn es ihm von Hildegard gem. § 929 BGB übereignet wird. Das ist die Erfüllung des Kaufvertrages, das Verfügungsgeschäft.	
5. Hildegard wird erst Eigentümerin der 250,- EUR, wenn ihr der Betrag von Florian gem. § 929 BGB übereignet wird. Das ist die Erfüllung des Kaufvertrages, das Verfügungsgeschäft.	
6. Der Abschluss und die Erfüllung eines Kaufvertrages sind ein einziges Rechtsgeschäft.	
7. Der Abschluss und die Erfüllung eines Kaufvertrages sind verschiedene Rechtsgeschäfte, wenngleich sie in der Praxis oft einen einheitlichen Vorgang bilden.	

Heimliches Geschäft   FALL 3

Sarah Beerbaum ist achtzehn Jahre alt und verkauft fünf ihrer CDs für 50,- EUR an ihre elfjährige Cousine Elke Körber. Die CDs werden sogleich übergeben. Weder Sarahs noch Elkes Eltern wissen etwas von dem „Geschäft".

Aufgabe: Prüfen Sie, ob Elke das Eigentum an den CDs erworben hat.

 Notieren Sie die Lösung auf einem besonderen Blatt.

BASISTEXT   **Vertragstypen und Vertragsfreiheit**

Im Privatrecht gilt der Grundsatz der **Vertragsfreiheit**: Jeder kann entscheiden, ob, wann, mit wem und mit welchem Inhalt er sich vertraglich binden will. Dies ergibt sich aus § 311 Abs. 1 BGB. Die im zweiten Buch des BGB geregelten Verträge, wie z. B. der Kauf-, Miet- oder Werkvertrag sind lediglich Vertragstypen, d. h. Beispiele für mögliche Vertragsgestaltungen.

Aus dem Grundsatz der **Gestaltungsfreiheit** folgt, dass die Vertragsparteien ihren Vertrag auch ganz anders gestalten können als die ausdrücklich im BGB genannten Verträge. In diesem Fall liegt ein sog. **atypischer Vertrag** vor.

Atypischer Vertrag

ist ein **Rechtsgeschäft**, dessen maßgeblicher Inhalt **keinem der gesetzlich geregelten Verträge** entspricht.

Beispiel:
Hans Schmidt ist Eigentümer eines Grundstücks in Welfenheim. Es gestattet der Stadt Welfenheim, auf seinem Grundstück Leitungsmasten aufzustellen und schließt einen entsprechenden Vertrag ab.

Oftmals werden Verträge geschlossen, die Bestandteile mehrerer gesetzlich geregelter Vertragstypen miteinander verbinden (Typenkombination). Das wiederum ist dann ein **gemischter Vertrag**.

Gemischter Vertrag

ist ein Vertrag, bei dem **Bestandteile verschiedener Vertragstypen** derart verbunden sind, dass sie nur in ihrer Gesamtheit ein sinnvolles Ganzes ergeben.

Beispiel:
Hans Schmidt besucht das Speiserestaurant „Welfenheimer Park", nimmt an einem Tisch Platz und bestellt bei der Serviererin eine Kartoffelsuppe. Zwischen dem Inhaber des Speiserestaurants und Schmidt ist ein Bewirtungsvertrag abgeschlossen worden. Dieser Vertragstyp ist nicht ausdrücklich im BGB geregelt.

ÜBUNG 13

Überlegen Sie, welche Vertragstypen des BGB in dem obigen Beispiel vereinigt sind.

 Notieren Sie die Lösung auf einem besonderen Blatt.

Manchmal ist es schwierig, festzustellen, welcher Vertrag zwischen den Parteien geschlossen wurde. Besonders wichtig ist es dann, den Inhalt des Vertrages genau zu bestimmen, um sich z. B. über die Pflichten der Parteien Klarheit zu verschaffen.

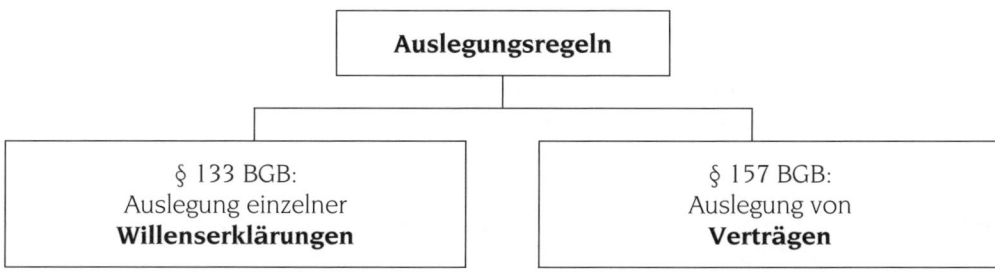

```
                    ┌─────────────────────┐
                    │   Auslegungsregeln   │
                    └─────────────────────┘
           ┌──────────────────────┴──────────────────────┐
┌──────────────────────────┐         ┌──────────────────────────┐
│      § 133 BGB:          │         │      § 157 BGB:          │
│   Auslegung einzelner    │         │     Auslegung von        │
│   Willenserklärungen     │         │       Verträgen          │
└──────────────────────────┘         └──────────────────────────┘
```

Insbesondere § 133 BGB stellt eine wichtige Vorschrift dar, die auch in anderen Rechtsgebieten analog herangezogen wird: Z. B. legt man gem. § 133 BGB analog aus, ob ein Bürger mit einem Vorbringen einen förmlichen Widerspruch einlegen wollte oder nicht.

Neben diesen allgemeinen Vorschriften über die Auslegung beinhaltet das BGB weitere Regelungen, in denen durch den Gesetzgeber festgelegt ist, wie bestimmte Erklärungen normalerweise auszulegen sind, z. B. § 926 Abs. 1 S. 2 BGB.

Grundsätzlich kann der Vertragsinhalt nach Belieben der Parteien frei vereinbart werden, es sei denn, das Vereinbarte wäre unzulässig. Verträge, die z. B. gegen die guten Sitten oder gegen ein gesetzliches Verbot verstoßen, dürfen nicht geschlossen werden.

ÜBUNG 14

Suchen Sie aus dem BGB Situationen heraus, bei denen das Gesetz die allgemeine Vertragsfreiheit eingrenzt, z. B. weil ungleiche Kräfteverhältnisse bestehen. Notieren Sie die Norm und die angeordnete Rechtsfolge.

 Notieren Sie die Lösung auf einem besonderen Blatt.

Das Schuldverhältnis als Grundlage rechtlicher Beziehungen **BASISTEXT**
Wenn jemand bestimmte Güter benötigt, so bieten sich grundsätzlich zwei verschiedene Möglichkeiten an: Entweder teilt der Staat jedem Einzelnen Nahrung, Kleidung, Wohnung, Arbeitsplatz usw. zu oder aber der Einzelne beschafft sich die gewünschten Güter selbst. Die erste Möglichkeit widerspricht unserer Verfassung, die zweite Möglichkeit kann zu ungerechten Ergebnissen führen, wenn der Einzelne seinen Willen rücksichtslos durchsetzt.

Daher kommt es nach dem Bürgerlichen Gesetzbuch für einen Leistungsaustausch nicht nur auf den Willen **einer** Person an, sondern diese ist auf den entsprechenden Willen einer anderen Person angewiesen: Nur wenn **beide** Personen sich einigen, „Sich-Vertragen", kommt es zu einem **Vertrag**. Ein Vertrag wiederum führt zu einem Geflecht von gegenseitigen Rechten und Pflichten, dem sog. Schuldverhältnis. Einzelheiten hierzu haben Sie bereits oben erfahren.

Das zweite Buch des BGB, das Schuld-Recht, regelt in den §§ 241–853 BGB, wann man mit **Recht** einer anderen Person etwas **schuldet**.

BASISTEXT   Vertragspartner

Natürliche Personen

Eine Rechtsbeziehung setzt zunächst den Träger eines Rechts, ein **Rechtssubjekt**, voraus. Das BGB bezeichnet das Rechtssubjekt als Person; es kennt **natürliche und juristische Personen**. Natürliche Person ist jeder Mensch. Davon geht das BGB in § 1 BGB als selbstverständlich aus.

Natürliche Personen kann man weiter einteilen in die Gruppe der **Verbraucher** und **Unternehmer**. Hieraus ergeben sich u. U. unterschiedliche Rechte und Pflichten im Rechtsverkehr.

Verbraucher

ist jede natürliche Person, die ein Rechtsgeschäft zu einem Zweck abschließt, der **weder** ihrer **gewerblichen noch** ihrer **selbstständigen beruflichen Tätigkeit** zugerechnet werden kann, § 13 BGB.

Beispiel:
Kauft Lisa Müller jeden Morgen bei der Bäckerei Streicher zwei Rosinenbrötchen, handelt sie als Verbraucherin.

Unternehmer

ist eine natürliche oder juristische Person oder eine rechtsfähige Personengesellschaft, die bei Abschluss eines Rechtsgeschäfts in **Ausübung ihrer gewerblichen** oder **selbstständigen beruflichen Tätigkeit** handelt, § 14 BGB.

Beispiel:
Beschafft sich der Inhaber der Bäckerei Streicher bei dem Großhändler einen Zentner Mehl, handelt er als Unternehmer.

Natürliche Personen sind stets **rechtsfähig**.

> ### Rechtsfähigkeit
> ist die Fähigkeit, **Träger von Rechten und Pflichten** zu sein.

Diese Fähigkeit kommt jedem Menschen zu, ein bestimmtes Alter oder eine bestimmte Intelligenz ist dafür nicht erforderlich.
Die Rechtsfähigkeit des Menschen beginnt mit der Vollendung der Geburt (§ 1 BGB) und endet mit seinem Tod (vgl. § 1922 Abs. 1 BGB). Ob und wann der Tod eines Menschen eingetreten ist, muss mit Hilfe der medizinischen Wissenschaft beantwortet werden. Üblich ist, auf den Gehirntod abzustellen, welcher vorliegt, wenn Hirnströme nicht mehr feststellbar sind.

Die Rechtsfähigkeit ist von der **Handlungsfähigkeit** zu unterscheiden.

> ### Handlungsfähigkeit
> ist die Fähigkeit, **rechtlich bedeutsame Handlungen** vorzunehmen.

Unter diesen Begriff fällt einmal die **Geschäftsfähigkeit**, also die Fähigkeit, wirksame Rechtsgeschäfte vorzunehmen und selbstständig Rechte und Pflichten begründen zu können (vgl. §§ 104 ff. BGB) und zum anderen die **Deliktsfähigkeit**, d. h. die Fähigkeit, für die Konsequenzen einer zum Schadensersatz verpflichtenden unerlaubten Handlung (§§ 823 ff. BGB) einzustehen. Weiterhin gehören hierzu Ehe- und Testierfähigkeit.

Zusammenfassend ergibt sich folgende Systematik:

Fähigkeiten zur Teilnahme am Rechtsverkehr   ÜBERSICHT 6

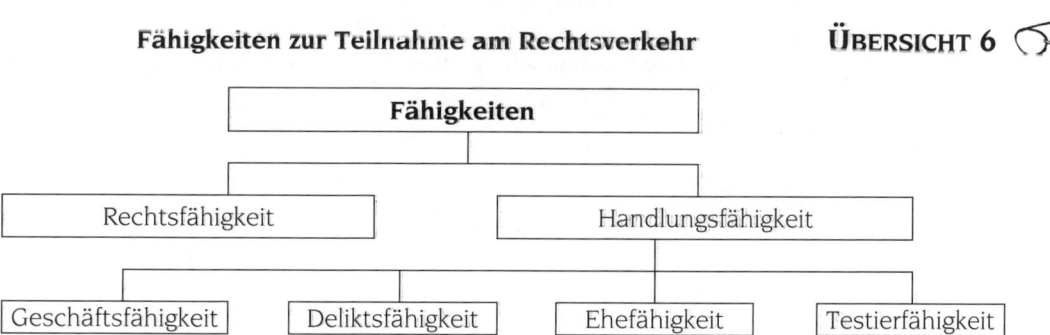

ÜBUNG 15

Erschließen Sie sich Bedeutung und Inhalt der Rechtsfähigkeit durch Lösung der folgenden Aufgaben. Kreuzen Sie die jeweils richtige Aussage an.

1. Rechtsfähigkeit bedeutet
   a. die Fähigkeit, Träger von Rechten und Pflichten sein zu können. ☐
   b. die Fähigkeit, wirksame Rechtsgeschäfte vornehmen zu können. ☐
   c. die Fähigkeit, in einem Prozess als Partei aufzutreten. ☐
   d. die Fähigkeit, rechtliche Zusammenhänge erkennen zu können. ☐
   e. die Fähigkeit, für eine strafbare Handlung bestraft werden zu können. ☐
   f. die Fähigkeit, im Prozess Recht zu bekommen. ☐

2. Rechtsfähig sind
   a. nur natürliche Personen. ☐
   b. nur juristische Personen. ☐
   c. natürliche und juristische Personen. ☐
   d. natürliche und juristische Personen. Letztere aber nur, wenn ihnen die Rechtsfähigkeit verliehen wurde. ☐

3. Die Rechtsfähigkeit einer natürlichen Person endet
   a. durch freiwilligen Verzicht. ☐
   b. durch richterliche Aberkennung. ☐
   c. durch Tod. ☐
   d. durch Eintritt einer Geisteskrankheit. ☐
   e. automatisch mit Ablauf des Zeitraums, für den sie zuerkannt wurde. ☐

4. Anna Müller, die keine Angehörigen mehr hat, setzt ihren Dackel Max als Alleineben ein. Ist er nach Annas Tod Erbe?
   a. Nein, denn Max ist nicht rechtsfähig. ☐
   b. Ja. Max ist zwar nicht rechtsfähig, er kann aber trotzdem Erbe werden, weil der Erbanfall automatisch erfolgt. ☐
   c. Ja. Anna hat ihm mit ihrer testamentarischen Erklärung Rechtsfähigkeit zuerkannt, was nach dem Grundsatz der Vertragsfreiheit möglich ist. ☐

Deliktsfähigkeit BASISTEXT

Wie bereits erwähnt, ist die Rechtsfähigkeit zur sog. **Deliktsfähigkeit** abzugrenzen.

Deliktsfähigkeit

ist die Fähigkeit, für eine **unerlaubte Handlung** i. S. d. §§ 823 ff. BGB selbst **verantwortlich** zu sein, d. h. selber die Konsequenzen hieraus (Schadensersatz leisten) tragen zu können bzw. zu müssen.

Die Deliktsfähigkeit ist in §§ 827 f. BGB geregelt. Danach ist zu unterscheiden:

Deliktsunfähig sind alle Personen vor Vollendung des siebenten Lebensjahres (§ 828 Abs. 1 BGB), sowie diejenigen, die sich im Zustand der Bewusstlosigkeit oder in einem die freie Willensbestimmung ausschließenden Zustand krankhafter Störung der Geistestätigkeit befinden (§ 827 S. 1 BGB).

Beschränkt deliktsfähig sind die Personen, die das siebente, aber nicht das 18. Lebensjahr vollendet haben. Ihnen wird die unerlaubte Handlung nur zugerechnet, wenn sie bei Begehung der schädigenden Handlung die zur Erkenntnis der Verantwortlichkeit erforderliche **Einsicht** hatten (§ 828 Abs. 3 BGB). Eine Besonderheit besteht für Minderjährige im Alter zwischen sieben und zehn Jahren, wenn sie einen Unfall im Straßenverkehr bewirken: Hier ordnet § 828 Abs. 2 S. 1 BGB an, dass sie in diesem Fall „nicht verantwortlich" sind, d. h. aber überhaupt nicht haften – dieses Privileg gilt allerdings nicht, wenn der Minderjährige die Verletzung vorsätzlich herbeigeführt hat, § 828 Abs. 2 S. 2 BGB.

Voll deliktsfähig sind alle übrigen Personen.

ÜBUNG 16

Kreuzen Sie die jeweils richtige Aussage an.

1. Der fünfjährige Peter spielt auf dem Balkon der elterlichen Wohnung. Als er den Hausmeister Bernhard Scharf sieht, der ihn tags zuvor geärgert hat, wirft er diesem aus Rache einen Blumentopf auf den Kopf.

   Peter
   a. haftet voll, weil er mit Absicht gehandelt hat. ☐
   b. haftet nur dann, wenn er die nötige Einsicht in die Gefährlichkeit
      seines Tuns hat. ☐
   c. haftet nicht. ☐

2. Zur gleichen Zeit veranstaltet sein zwölfjähriger Bruder Adam mit seiner Stein-
    schleuder auf der Straße ein Zielschießen auf das Fallrohr der Dachrinne.
    Dabei zerstört er unachtsam die Fensterscheibe eines benachbarten Ladens,
    nachdem er sie zuvor zweimal nur knapp „verfehlt" hat.
    Adam
    a. haftet voll.   ☐
    b. haftet nicht, weil er noch minderjährig ist.   ☐
    c. haftet, aber als Minderjähriger nur höchstens bis zur Hälfte des Schadens.   ☐
    d. haftet nicht, weil er nicht vorsätzlich gehandelt hat.   ☐

3. Der dritte Bruder dieser wohlgeratenen Familie, der neunjährige Nico, fährt mit
    seinem Geländefahrrad „volle Kanne" im Stadtpark hin und her und verletzt
    dabei die 75-jährige Heide Kruchinger. Kurz vorher ist er von einem Polizeibe-
    amten verwarnt worden.
    Nicos Eltern
    a. haften auf keinen Fall, weil Nico ja wusste, dass er verbotswidrig handelte.   ☐
    b. haften nur, wenn sie die Aufsichtspflicht verletzt haben.   ☐
    c. haften nur, wenn Nico den Schaden nicht selbst bezahlen kann.   ☐
    d. haften auf jeden Fall.   ☐

4. Wieder ist Nico mit seinem Fahrrad unterwegs. Als er in der Luisenstraße den
    Polizeibeamten wieder erkennt, der ihn tags zuvor verwarnt hatte, fährt er mit
    seinem Fahrrad ebenso kurzerhand wie todesmutig so nah an dessen Auto, das
    gerade Schritttempo fährt, vorbei, dass der Seitenspiegel abbricht.
    Nico ist
    a. voll deliktsfähig, da er absichtlich handelte.   ☐
    b. deliktsunfähig, da sich der Unfall im Straßenverkehr ereignete.   ☐
    c. beschränkt deliktsfähig und insoweit haftbar zu machen.   ☐

5. Vater Eberhard ist über seine Söhne verärgert und trinkt auf dem Münchener
    Oktoberfest sieben Maß Bier. Plötzlich übermannt ihn die Wut und er haut voll-
    trunken dem friedlich dasitzenden Helmut den Bierkrug auf den Kopf.
    Eberhard
    a. haftet nicht, weil er unzurechnungsfähig ist.   ☐
    b. haftet, weil er seine Trunkenheit selbst verschuldet hat.   ☐
    c. haftet nur dann, wenn er gewusst hat oder zumindest voraussehen
        konnte, dass er in betrunkenem Zustand aggressiv werden würde.   ☐

Geschäftsfähigkeit BASISTEXT

Wie gesehen, hat die Zuerkennung von Rechts- und Deliktsfähigkeit nur wenige Voraussetzungen. Im Gegensatz hierzu kann die Fähigkeit, Rechtsgeschäfte **wirksam** vorzunehmen, nur solchen Personen zugebilligt werden, von denen anzunehmen ist, dass sie das dafür erforderliche **Einsichts- und Urteilsvermögen** besitzen. Um junge bzw. kranke Menschen zu schützen, die ihren Willen nicht fehlerfrei bilden können, sehen die §§ 104 ff. BGB ein abgestuftes System vor.

Es lassen sich drei Stufen unterscheiden:

Das Gesetz sagt nicht positiv, wer geschäftsfähig ist, sondern bestimmt nur, wem die volle Geschäftsfähigkeit <u>fehlt</u>. Dabei macht es die fehlende Geschäftsfähigkeit von festen Altersstufen und einer bestimmten Störung der geistigen Gesundheit abhängig:

Geschäftsunfähigkeit

Geschäftsunfähig ist, wer nicht das siebente Lebensjahr vollendet hat (vgl. § 104 Nr. 1 BGB) oder sich in einem Zustand **dauernder** Störung der Geistestätigkeit befindet (vgl. § 104 Nr. 2 BGB).

Beschränkte Geschäftsfähigkeit

Beschränkt geschäftsfähig ist jeder Minderjährige, der das siebente Lebensjahr vollendet hat und nicht geschäftsunfähig ist, § 106 BGB. **Minderjährig** ist dabei, wer das achtzehnte Lebensjahr noch nicht vollendet hat, § 2 BGB im Umkehrschluss.

Geschäftsfähigkeit

Geschäftsfähig ist jeder Volljährige, der weder geschäftsunfähig noch beschränkt geschäftsfähig ist. **Volljährig** ist dabei, wer das achtzehnte Lebensjahr vollendet hat, § 2 BGB.

Geschäftsunfähige können keine wirksamen Rechtsgeschäfte vornehmen. Die Willenserklärung eines Geschäftsunfähigen ist **nichtig** (§ 105 Abs. 1 BGB; Ausnahme: § 105a BGB), für ihn handelt sein gesetzlicher Vertreter. Dies sind für Kinder in der Regel beide Eltern gemeinschaftlich (§ 1629 Abs. 1 BGB), für geisteskranke Volljährige deren Betreuer (§ 1902 BGB).

Nichtig ist auch eine Willenserklärung, die im Zustande der Bewusstlosigkeit oder **vorübergehenden** Störung der Geistestätigkeit abgegeben wird (§ 105 Abs. 2 BGB). Hierunter können etwa Volltrunkenheit, epileptische Anfälle und sonstige vorübergehende Bewusstseinstrübungen (z. B. Schizophrenie, manische Depressionen) fallen. Beachten Sie aber: Nichtig ist nur die in diesem Zustand abgegebene Willenserklärung, der (vorübergehend) „Gestörte" wird nicht etwa geschäftsunfähig!

Der **beschränkt Geschäftsfähige** kann wirksame Rechtsgeschäfte grundsätzlich nur dann vornehmen, wenn er durch sie **lediglich einen rechtlichen Vorteil** erlangt. Bringt ihm das Geschäft demgegenüber (auch) einen rechtlichen Nachteil, so ist die Einwilligung des gesetzlichen Vertreters zur Wirksamkeit des Geschäfts erforderlich (§ 107 BGB). Ob ein lediglich rechtlicher Vorteil vorliegt, ist allein nach der rechtlichen Wirkung, nicht aber nach dem wirtschaftlichen Erfolg des Geschäfts zu entscheiden.

> ### Lediglich rechtlich vorteilhafte Rechtsgeschäfte
>
> Lediglich rechtlich vorteilhaft sind **Rechtsgeschäfte**, mit denen **keinerlei rechtsgeschäftliche Verpflichtungen** verbunden sind.

Verpflichtungsgeschäfte sind lediglich rechtlich vorteilhaft, wenn der beschränkt Geschäftsfähige keine rechtsgeschäftlichen Verpflichtungen übernimmt.

Beispiel:
> Oma Heidi schenkt dem achtjährigen Jan einen Plüschteddy. Jan ist dadurch zu keinerlei Gegenleistung verpflichtet und der Schenkungsvertrag (vgl. § 516 BGB) zwischen den Beiden ist ohne weiteres wirksam.

Verfügungsgeschäfte sind rechtlich vorteilhaft, wenn zu Gunsten des beschränkt Geschäftsfähigen ein Recht übertragen, aufgehoben, verändert oder belastet wird.

Beispiel:
> Das Eigentum an dem Teddy konnte Jan gem. § 929 S. 1 BGB durch eine Einigung mit Oma Heidi und Übergabe des Teddys erlangen, ohne dass seine Eltern sich bei diesem Verfügungsgeschäft beteiligen mussten; auch hier muss er nämlich keine Gegenleistung erbringen.

Abgesehen von diesen Ausnahmen bedarf der beschränkt Geschäftsfähige jedoch zu jeder Willenserklärung der (vorherigen) Zustimmung seines gesetzlichen Vertreters, der sog. **Einwilligung**.

Einwilligung

ist die **vorherige Zustimmung** zu einem Rechtsgeschäft (vgl. § 183 Abs. 1 BGB).

Hat der beschränkt Geschäftsfähige die Einwilligung des gesetzlichen Vertreters zum Abschluss eines Vertrages erhalten, so ist die von ihm abgegebene Willenserklärung wirksam. Es ist möglich, sie nur für ein **bestimmtes einzelnes Rechtsgeschäft** zu erteilen. Hierbei ist zu berücksichtigen, dass der Umfang der Einwilligung durchaus unterschiedlich sein kann.

Beispiel:

Die Eltern geben ihrem minderjährigen Sohn Jan das Geld zum Kauf einer CD. Hierin liegt die Einwilligung zum CD-Kauf gegenüber Jan, so dass dieser selbst mit dem Händler einen wirksamen Kaufvertrag abschließen kann.

Der gesetzliche Vertreter kann aber auch eine **generelle Einwilligung** zu einem begrenzten Kreis von Rechtsgeschäften erteilen. Häufig erfolgt dies durch die Gabe von Taschengeld, über das der Minderjährige grundsätzlich frei verfügen kann. Daher gilt nach dem sog. **Taschengeldparagraph** (§ 110 BGB) ein Vertrag als von Anfang an wirksam, wenn der beschränkt Geschäftsfähige seine vertragsmäßige Leistung mit Mitteln bewirkt, die ihm zu diesem Zweck oder zu freier Verfügung (als sog. Taschengeld) überlassen worden sind.

§ 110 BGB verlangt jedoch, dass der beschränkt Geschäftsfähige die vertragsmäßige Leistung tatsächlich **bewirkt**; das aber heißt, die Leistung muss voll (d. h. also ohne Ratenzahlung) erbracht worden sein.

Beispiel:

Mittwoch ist immer ein guter Tag für Jan, denn da gibt es Taschengeld, z. Zt. 1,50 EUR pro Woche. Sogleich kauft er sich davon ein Rubbellos für 1,00 EUR – und gewinnt 100,00 EUR! Der Kaufvertrag über das Los ist nach § 110 BGB wirksam, da das Geschäft durch die Überlassung des Geldes zur freien Verfügung gedeckt ist. Kauft sich Jan hingegen mit dem Losgewinn von 100,00 EUR sodann einen Game-Boy, so wird dieser Kauf von der Einwilligung der Eltern nicht mehr gedeckt.

Die **Wirksamkeit** eines ohne Einwilligung geschlossenen Vertrages hängt von der nachträglichen Bewilligung des gesetzlichen Vertreters, der sog. Genehmigung, ab (§ 108 Abs. 1 BGB).

Genehmigung

ist die **nachträgliche Zustimmung** zu einem Rechtsgeschäft (vgl. § 184 Abs. 1 BGB).

Bis zur Erteilung oder Verweigerung der Genehmigung tritt zunächst ein Schwebezustand ein; der Vertrag ist, so sagt der Jurist, **schwebend unwirksam**. Diesen Zustand können grds. nur die Eltern in die eine oder andere Richtung hin beenden. Wird allerdings der beschränkt Geschäftsfähige geschäftsfähig (Hauptfall: Er wird 18 Jahre alt), während ein von ihm abgeschlossener Vertrag noch schwebend unwirksam ist, so tritt **seine** Genehmigung an die Stelle der Genehmigung des gesetzlichen Vertreters (§ 108 Abs. 3 BGB).

Der Vertragsgegner hat ein Interesse daran zu wissen, ob der schwebend unwirksame Vertrag gelten soll oder nicht. Deshalb gibt § 108 Abs. 2 BGB ihm die Möglichkeit, sich hierüber Klarheit zu verschaffen. Der Vertragsgegner kann den Vertreter zur **Erklärung über die Genehmigung auffordern**. Dann kann die Genehmigung nur noch dem Vertragspartner gegenüber erfolgen und eine evtl. bereits vor der Aufforderung dem beschränkt Geschäftsfähigen gegenüber erklärte Genehmigung oder Verweigerung wird unwirksam.

Solange der Vertrag zwischen dem beschränkt Geschäftsfähigen und seinem Partner schwebend unwirksam ist, bleibt die endgültige Bindung des beschränkt Geschäftsfähigen bis zur Entscheidung seines gesetzlichen Vertreters offen. Deshalb hat der Vertragspartner ein Interesse, seinerseits nicht an den Vertrag gebunden zu sein, bis der Vertrag auch für den beschränkt Geschäftsfähigen bindend ist. Daher gewährt § 109 BGB ihm ein **Widerrufsrecht**.

Beispiel:
Jan kauft sich ein Skateboard, das er durch Raten finanzieren möchte. Der Verkäufer kann die Eltern auffordern, die Zustimmung zu diesem – schwebend unwirksamen - Vertrag zu erteilen. Diese haben jetzt zwei Wochen Zeit, eine Erklärung abzugeben. Der Verkäufer kann jedoch auch den Kaufvertrag über das Board widerrufen und ist dann nicht mehr gebunden.

Ermächtigt schließlich der gesetzliche Vertreter mit Genehmigung des Vormundschaftsgerichts den beschränkt Geschäftsfähigen zum **selbstständigen Betrieb eines Erwerbsgeschäfts**, so ist dieser für solche Rechtsgeschäfte unbeschränkt geschäftsfähig, welche der Geschäftsbetrieb mit sich bringt (§ 112 Abs. 1 S. 1 BGB).

Der beschränkt Geschäftsfähige bedarf dann insoweit nicht mehr der Zustimmung seines gesetzlichen Vertreters.

Beispiel:
> Die Eltern haben der 17-jährigen Tochter Marlene gestattet, eine Boutique für Kindermoden zu betreiben. Sie darf dann etwa die neue Sommerkollektion vom Händler ankaufen, eine Mitarbeiterin einstellen und einen Firmenwagen kaufen.

Wird der beschränkt Geschäftsfähige von seinem gesetzlichen Vertreter ermächtigt, in Dienst oder Arbeit zu treten, so ist er für solche Rechtsgeschäfte unbeschränkt geschäftsfähig, welche die **Eingehung oder Aufhebung eines Dienst- oder Arbeitsverhältnisses** der gestatteten Art oder die Erfüllung für sich aus einem solchen Verhältnis ergebenden Verpflichtungen betreffen (§ 113 Abs. 1 S. 1 BGB).

Beispiel:
> Der 15-jährigen Tochter Anna haben die Eltern gestattet, eine Lehre als Friseurin aufzunehmen. Anna darf dann ohne Mitwirkung der Eltern die Monatsfahrkarte für die Fahrt zum Friseursalon kaufen.

Berufsausbildungsvertrag BASISTEXT

Eine Besonderheit im Hinblick auf Dienst- und Arbeitsverhältnisse stellt der sog. **Berufsausbildungsvertrag** dar.

Berufsausbildungsvertrag

ist ein **Vertrag zwischen Ausbildendem und Auszubildendem**, durch den sich der Ausbildende zum **Ausbilden** in einem bestimmten Ausbildungsberuf und der Auszubildende zum **Lernen** in diesem Beruf verpflichtet.

Der Abschluss des Berufsausbildungsvertrages richtet sich, soweit das Berufsbildungsgesetz nichts anderes vorsieht, nach den für den Arbeitsvertrag geltenden Rechtsvorschriften (§ 10 Abs. 2 BBiG). Diese wiederum ergeben sich im Wesentlichen aus §§ 611 ff. BGB. Danach kommt der Berufsausbildungsvertrag durch die Abgabe zweier übereinstimmender Willenserklärungen zustande. Ein Minderjähriger bedarf zum Abschluss eines Berufsausbildungsvertrages der **Zustimmung seines gesetzlichen Vertreters**.
Der Berufsausbildungsvertrag ist nach dem BBiG an keine Form gebunden. In der Praxis werden Berufsausbildungsverträge jedoch **schriftlich** geschlossen, was die meisten Tarifverträge für Auszubildende auch vorsehen.

Der wesentliche Inhalt des Berufsausbildungsvertrages ergibt sich aus § 11 Abs. 1 BBiG. Danach muss mindestens enthalten sein:

1. Art, sachliche und zeitliche Gliederung sowie Ziel der Berufsausbildung, insbesondere die Berufstätigkeit, für die ausgebildet werden soll,

2. Beginn und Dauer der Berufsausbildung,

3. Ausbildungsmaßnahmen außerhalb der Ausbildungsstätte,

4. Dauer der regelmäßigen täglichen Ausbildungszeit,

5. Dauer der Probezeit,

6. Zahlung und Höhe der Vergütung,

7. Dauer des Urlaubs,

8. Voraussetzungen, unter denen der Berufsausbildungsvertrag gekündigt werden kann und

9. ein in allgemeiner Form gehaltener Hinweis auf die Tarifverträge, Betriebs- oder Dienstvereinbarungen, die auf das Berufsausbildungsverhältnis anzuwenden sind.

Nach § 25 BBiG ist eine Vereinbarung nichtig, die zu Ungunsten des Auszubildenden von den Vorschriften des Teils 2 des BBiG (§4 bis § 70, Berufsbildung) abweicht.

Beispiele :
1. In einem Berufsausbildungsvertrag wird vereinbart, dass der Auszubildende für die Aufwendungen des Ausbildenden für Ausbildungsmittel eine Entschädigung bezahlen muss (nichtig gem. § 25, § 14 Abs. 1 Nr. 3 BBiG).

2. Ferner wird vereinbart, dass der Auszubildende am Ende der Ausbildungszeit kein Zeugnis erhält (nichtig gem. § 25, § 16 Abs. 1 S. 1 BBiG).

3. Nichtig ist auch eine Vereinbarung, die eine längere Probezeit als vier Monate vorsieht (§ 20 S. 2 BBiG), wenn sie sich zu Ungunsten des Auszubildenden auswirkt.

4. Beispiele weiterer nichtiger Vertragsbestimmungen:
   - *„Ausbildungsmittel werden nicht zur Verfügung gestellt."*
   - *„Für die Zeit des Berufsschulunterrichts ist Urlaub, ggfs. auch unbezahlter Urlaub in Anspruch zu nehmen."*
   - *„Die Ausbildungsvergütung wird nach Ablauf des Kalenderjahres für die zurückliegende Zeit fällig."*
   - *„Nach Beendigung der Probezeit ist eine Kündigung durch den Auszubildenden ausgeschlossen."*

Überprüfen Sie doch Ihren eigenen Ausbildungsvertrag einmal daraufhin, ob dieser einwandfrei ist!

ÜBUNG 17

Tragen Sie in dem folgenden Zeitstrahl Ihre persönlichen Daten ein, indem Sie den Erwerb folgender Fähigkeiten mit Angabe des Tages vermerken:

Deliktsfähigkeit (D), Ehefähigkeit (E), Geschäftsfähigkeit (G),
Rechtsfähigkeit (R), Strafmündigkeit (S), Testierfähigkeit (T), Volljährigkeit (V)

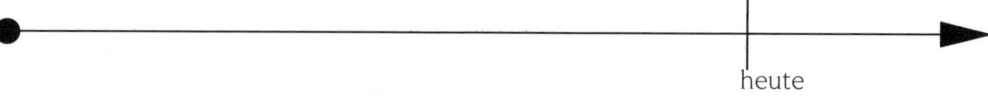

heute

ÜBUNG 18

Prüfen Sie, ob die folgenden Verträge wirksam abgeschlossen worden sind.

Beispiel	Lösung
1. Der 16-jährige Marc kauft sich vom Taschengeld die DVD „Dumm und Dümmer". Eine besondere Abrede haben die Eltern nicht getroffen.	
2. Zugleich kauft er sich Zigaretten, obwohl ihm die Eltern das Rauchen verboten haben.	
3. Von seinem Taschengeld hat sich Marc schließlich noch 200,- EUR erspart und kauft sich mit vorheriger Zustimmung der Eltern ein Fahrrad für 250,- EUR. Den restlichen Kaufpreis will er vom künftigen Taschengeld bezahlen.	
4. Opa Bernhard schenkt Marc 20,- EUR, damit er sich eine bestimmte CD kaufen kann.	
5. Marc kauft sich mit dem Geld von Opa Bernhard (siehe 4) die CD.	
6. Eine Woche später erhält Marc von seinen Eltern die Erlaubnis, für einige Wochen in München zu arbeiten. Daraufhin kauft er sich für die erste Arbeitswoche eine Wochenkarte von der Bundesbahn für 140,- EUR.	

FALL 4   Der Möchtegern-Schumi

Der 17-jährige Marc kauft ohne Wissen seiner Eltern bei dem Schrotthändler Braun einen uralten VW-Käfer, dessen Kaufpreis er in Höhe von 1.000,- EUR von seinem Taschengeld in fünf Raten zu 200,- EUR abstottern will. Nach Zahlung der ersten Rate übergibt Braun dem Marc den Wagen; daraufhin fährt Marc sofort mit seiner achtzehnjährigen Freundin Lisa in den Urlaub, wobei Lisa den Wagen steuert. Wegen aller dieser Vorfälle sind die Eltern empört und verlangen von Braun, dass er den Wagen zurücknimmt.

Aufgaben:
1. Kann Marc (vertreten durch seine Eltern) von Braun die Rückzahlung der gezahlten Rate in Höhe von 200,- EUR verlangen?
2. Hat Braun einen Anspruch auf Rückgabe des Wagens?
3. Hat es Einfluss auf die Entscheidung, wenn Marc noch während seines Urlaubs volljährig geworden ist?

 Notieren Sie die Lösung auf einem besonderen Blatt.

BASISTEXT   Juristische Personen

Bedeutung juristischer Personen

Am Rechtsverkehr nehmen nicht nur einzelne Menschen, sondern auch Vereinigungen von Menschen teil. Die Vorschriften über natürliche Personen passen hier nicht immer. Will beispielsweise ein Gesangsverein mit 150 Mitgliedern in der Stadthalle ein Konzert veranstalten, so ist es nicht praktikabel, dass alle 150 Personen zusammen die erforderlichen Verträge schließen. Hier muss es möglich sein, dass einige Personen <u>für</u> die Gruppe handeln. Aus den einzelnen Verträgen soll ferner auch nicht jedes einzelne Mitglied sondern nur die Gruppe als solche berechtigt sein. Erst recht will der Einzelne nicht Schuldner des gesamten Mietzinses sein. Außerdem soll die Existenz des Vereins nicht davon abhängig sein, ob neue Mitglieder eintreten oder bisherige Mitglieder aus dem Verein ausscheiden.

Um diesen Interessen Rechnung zu tragen, sieht das Gesetz die Möglichkeit vor, dass eine Personenvereinigung unter bestimmten Voraussetzungen selbst Rechtssubjekt wird. Dann ist diese Vereinigung – wie der einzelne Mensch – **Person im Rechtssinne.** Man bezeichnet sie – im Gegensatz zur natürlichen Person – als **juristische Person**. Sie ist rechtsfähig, kann also Träger von Rechten und Pflichten sein.

Juristische Personen

sind die von der Rechtsordnung als selbstständige Rechtsträger anerkannten **Personenvereinigungen** oder **Vermögensmassen**.

Beispiele:
Personenvereinigung ist eine Gemeinde, eine AG oder ein Verein.
Vermögensmasse ist eine Stiftung.

Zu unterscheiden sind juristische Personen des **Privatrechts** und solche **des öffentlichen Rechts**. Bei den juristischen Personen des Privatrechts unterscheidet das BGB zwischen **Vereinen** und **Stiftungen**.

Verein

ist

- ein auf Dauer angelegter **Zusammenschluss von Personen**,
- zur Verwirklichung eines **gemeinsamen Zweckes**,
- mit mindestens zwei Organen, **Vorstand** (§ 26 BGB) und **Mitgliederversammlung** (§ 32 BGB) ausgestattet und
- vom **Mitgliederwechsel unabhängig**.

Als juristische Personen des öffentlichen Rechts sind **Körperschaften, Anstalten** und **Stiftungen** bekannt. Die Körperschaften des öffentlichen Rechts (z. B. Staat, Gemeinde, Kirche) sind Personenvereinigungen und insoweit Vereinen vergleichbar. Die Anstalten (z. B. Bundesagentur für Arbeit, Stadtsparkasse, Rundfunkanstalt) und die Stiftungen des öffentlichen Rechts (z. B. Stiftung preußischer Kulturbesitz) sind keine Personenvereinigungen, sondern Vermögensmassen und ähneln den Stiftungen des Privatrechts.

Da juristische Personen als solche nicht handeln und damit im Rechtsverkehr nicht auftreten können, müssen sie durch natürliche Personen „vertreten" werden.

Dies erfolgt bei den verschiedenen juristischen Personen in unterschiedlicher Weise. Ein Verein wird etwa durch den **Vorstand**, der aus einer oder mehreren natürlichen Personen besteht, vertreten.

Die Vertretung der Kommunen wiederum unterteilt sich in eine **repräsentative** und in eine **Außenvertretung** (vgl. § 63 NGO). Beide Arten obliegen dem Bürgermeister. Doch während dem Bürgermeister die repräsentative Vertretung als Amtsinhaber obliegt, nimmt er die Außenvertretung der Gemeinde als Organ wahr. Er kann sie deshalb kraft seiner Organisationsbefugnis gem. § 62 Abs. 2 NGO delegieren; daher unterzeichnet etwa der Mitarbeiter einer Behörde einen Brief mit „Im Auftrage, Meier (Stadtamtmann)".

Die Außenvertretung ist nicht einschränkbar und unabhängig von der Geschäftsführungsbefugnis. Das bedeutet, dass für die Wirksamkeit der Erklärung des Bürgermeisters nicht entscheidend ist, ob er intern und sachlich zuständig ist und ob im Fall der Zuständigkeit eines anderen Organs (z. B. Rat oder Verwaltungsausschuss) dieser einen entsprechenden Beschluss gefasst hat. Ein **Missbrauch der Vertretungsmacht** kann jedoch disziplinarisch geahndet werden und schadenersatzpflichtig machen (§ 86 NBG).

Gem. § 63 Abs. 2 NGO sind schließlich Erklärungen, durch die die Gemeinde verpflichtet werden soll, nur rechtsverbindlich, wenn sie vom Bürgermeister handschriftlich unterzeichnet sind; dies gilt jedoch nicht für die sog. **Geschäfte der laufenden Verwaltung** (§ 63 Abs. 4 NGO). Entgegen dem Wortlaut handelt es sich hierbei aber nicht um Formerfordernisse, bei deren Nichtbeachtung die Erklärung gem. § 125 BGB nichtig wäre.

Vielmehr stellt dies eine Vertretungsregelung zum Schutz der Gemeinde dar, mit der Folge, dass die zunächst auftretende schwebende Unwirksamkeit durch das nachfolgende Einverständnis des zuständigen Organs geheilt werden kann.

ÜBUNG 19

Vervollständigen Sie folgenden Lückentext.

Die juristischen Personen im Bürgerlichen Gesetzbuch

Die juristische Person ist ein Zusammenschluss von natürlichen Personen, die

.... und .... besitzt. Man unterscheidet zwischen juristischen Personen des .... und des .... Das BGB umfasst nur

den .... und die .... In Sondergesetzen wird das Recht

anderer juristischer Personen des Privatrechts geregelt, z. B. der ....

.... oder der .... Bei den Vereinen unterscheidet man zwischen .... und Idealvereinen. Die ersteren erlangen die Rechtsfähigkeit

durch .... (§ 22 BGB), die letzteren durch Eintragung in das

.... (§ 21 BGB).

Vertragsgegenstände

Sie wissen nun, **wer** beim Abschluss eines Vertrages beteiligt ist: natürliche und juristische Personen, die sog. **Rechtssubjekte.**
Rechtsbeziehungen lassen sich aber nicht nur zwischen Rechtssubjekten, sondern auch zwischen Rechtssubjekten und sog. **Rechtsobjekten** finden.

Rechtsobjekte

sind alle **Güter**, auf die sich die **rechtliche Herrschaftsmacht eines Rechtssubjekts** erstrecken kann.

Gegenstand rechtlicher Herrschaftsmacht können Sachen (z. B. ein Grundstück oder ein Auto) und Rechte (z. B. das Recht an der Marke Coca-Cola) sein.

Rechtssubjekte und Rechtsobjekte ÜBERSICHT 7

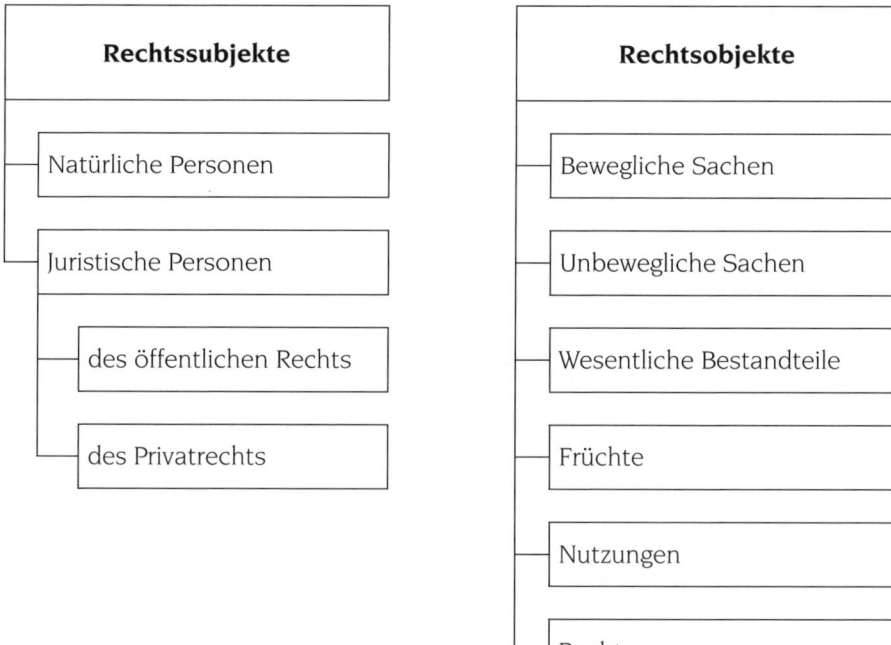

Rechtssubjekte	Rechtsobjekte
Natürliche Personen	Bewegliche Sachen
Juristische Personen	Unbewegliche Sachen
des öffentlichen Rechts	Wesentliche Bestandteile
des Privatrechts	Früchte
	Nutzungen
	Rechte

Sachen

Sachen als Gegenstand rechtlicher Beziehungen   BASISTEXT

Was unter einer **Sache** zu verstehen ist, wird im Allgemeinen Teil des BGB in den §§ 90 ff. BGB bestimmt.

Im Wesentlichen lassen sich Sachen unter folgenden Aspekten unterscheiden:

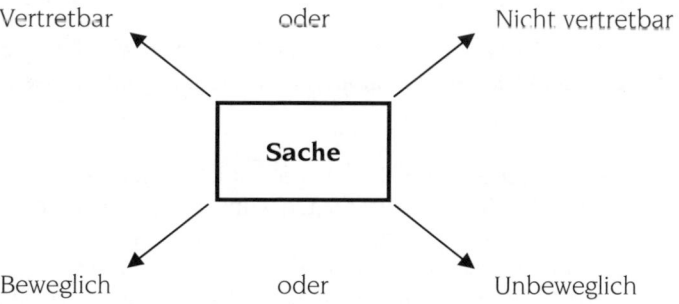

Nach § 90 BGB sind Sachen im Sinne des Gesetzes nur **körperliche Gegenstände.** Körperlichkeit i. S. d. § 90 BGB bedeutet die räumliche Abgrenzbarkeit der Gegenstände. Sie ist vorhanden, wenn der Gegenstand eine eigene körperliche Grenze hat oder durch ein Behältnis umschlossen ist.

Beispiele:
Apfelsaft in einer Flasche, Blätter in einem Buch.
Gegenbeispiel:
Freie Luft, fließendes Wasser, Licht, ein Gesellschaftsanteil.

Bei den körperlichen Gegenständen unterscheidet man im Einzelnen bewegliche und unbewegliche Sachen sowie vertretbare und nicht vertretbare Sachen.

Bewegliche Sachen

sind alle **körperlichen Gegenstände**, die **nicht Grundstücke** sind.

Beispiel:
Auto, Smoking, Buch, Computer.

Unbewegliche Sachen

sind die durch die Vermessung abgegrenzten **Teile der Erdoberfläche**, die im Grundbuch als **selbstständige Grundstücke** eingetragen sind.

Beispiel:
Das Grundstück des Bauern Maik Immel in der Stadt Garbsen, Gemarkung Berenbostel, Flur 9, Flurstück 9/76, eingetragen im Grundbuch von Berenbostel, Band 2, Blatt 283. Das Grundbuch wird beim Amtsgericht Neustadt am Rübenberge geführt.

Die Unterscheidung zwischen beweglichen und unbeweglichen Sachen ist vor allem deswegen wichtig, weil das Eigentum daran auf unterschiedliche Weise übertragen wird.

Beispiele:
- Maria verkauft Gabriele ein altes Schachspiel, drückt es ihr in die Hand und verabschiedet sich mit den Worten: „Ich wünsche Dir viel Freude damit." Gabriele ist Eigentümerin des Schachspiels geworden, da Maria und Gabriele sich dahingehend einig geworden sind, dass das Eigentum an dem Schachspiel von Maria auf Gabriele übergehen soll und Maria das Schachspiel an Gabriele übergeben hat (§ 929 S. 1 BGB).

- Maria verkauft Gabriele ein Grundstück.

  Hier reicht es nicht aus, dass sich beide Seiten formlos über die Übertragung des Eigentums einigen, vielmehr muss die Einigung (Auflassung) bei gleichzeitiger Anwesenheit beider Personen vor dem Notar erklärt werden (§ 873 Abs. 1, § 925 Abs. 1 BGB). Wird die Form nicht beachtet, ist die Einigung über die Eigentums-übertragung gem. § 125 S. 1 BGB nichtig.

  Außerdem muss die Rechtsänderung in das Grundbuch eingetragen werden (§ 873 Abs. 1 BGB).

Vertretbare Sachen

sind **bewegliche Sachen**, die im Verkehr nach **Zahl**, **Maß** oder **Gewicht** bestimmt zu werden pflegen. Nicht vertretbar sind alle anderen Sachen (§ 91 BGB).

Beispiel:

Ein Kilo Tomaten, ein Dutzend Weinbergschnecken und 20 Ballen Stoff sind vertretbare Sachen; ein Originalgemälde wie auch ein Maßanzug nicht vertretbare Sachen.

Grundsätzlich wird immer nur an einer einzelnen Sache ein Recht erworben.

Beispiele:

- Christoph übergibt Matthias nach Abschluss eines Kaufvertrages seinen Motorroller.
- Maryse leiht sich von Friederike einen Kugelschreiber.

Manchmal ist fraglich, ob **mehrere** voneinander getrennte **Sachen** eine einzige Sache im Rechtssinne sind oder ob die Bestandteile einer grundsätzlich einheitlichen Sache mehrere Sachen im Rechtssinne darstellen.

Beispiel:

Friederike kauft eine Tüte mit 60 Erdnüssen.

Die Frage, ob hier eine einzige Sache im Rechtssinne vorliegt, ist nach der **Verkehrsanschauung** zu beurteilen. Eine Tüte mit 60 Nüssen ist nach der Verkehrsanschauung nur eine einzige Sache im Rechtssinne und besteht nicht aus 61 (60 Nüsse und eine Tüte) unterschiedlichen Sachen.

Die andere Frage, ob die Bestandteile einer grundsätzlich einheitlichen Sache mehrere Sachen im Rechtssinne darstellen, richtet sich nach § 93 BGB. Aus § 93 BGB ergibt sich sinngemäß, dass zwei Sachen im Rechtssinne vorliegen, wenn bei der Trennung dieser Sachen weder der eine noch der andere Teil zerstört oder verändert würde.

Beispiel:
Ein Pkw mit Autoradio besteht aus zwei Sachen im Rechtssinne.

In §§ 94 f. BGB sind die **wesentlichen Bestandteile** oder **Scheinbestandteile** von Grundstücken und Gebäuden geregelt.

Beispiele:
- Christophs Bungalow ist wesentlicher Bestandteil seines Grundstücks (§ 94 Abs. 1 S. 1 BGB).
- Die Türen in Christophs Bungalow sind wesentlicher Bestandteil des Gebäudes und damit wesentlicher Bestandteil des Grundstücks (§ 94 Abs. 2, 1 BGB).
- Christophs Wohnwagen, der auf dem Campingplatz steht, ist nicht Bestandteil jenes Grundstücks (§ 95 Abs. 1 S. 1 BGB).

Kennen sollten Sie ferner **Früchte** und **Nutzungen** einer Sache.

Früchte einer Sache

sind die **Erzeugnisse der Sache** und die **sonstige Ausbeute**, welche aus der Sache **ihrer Bestimmung gemäß gewonnen** wird.

Beispiele:
Apfel vom Baum (§ 99 Abs. 1 BGB), Ernte des Pächters (§ 99 Abs. 2 BGB), Miete an den Hauseigentümer (§ 99 Abs. 3 BGB).

Nutzungen

sind die **Früchte einer Sache** oder **eines Rechts**, sowie die **Vorteile**, die der Gebrauch der Sache oder eines Rechtes gewährt.

Beispiele:
Mieteinnahmen durch die Vermietung eines Geschäftshauses,
gewonnene Preisgelder eines Rennpferdes,
ersparte Aufwendungen durch Nutzung eines fremden Pkw.

Abschließend wollen wir kurz auf den Unterschied von **Gattungssachen** und **Stücksachen** eingehen. Nicht immer kommt es dem Gläubiger einer zu liefernden Sache darauf an, gerade eine ganz bestimmte Einzelsache zu erhalten. In vielen Fällen genügt es ihm, dass ihm überhaupt Exemplare oder eine Menge einer bestimmten Art geleistet werden.

Bei derartigen **Gattungssachen** bzw. **Gattungsschulden** kann der Schuldner auswählen, welches Einzelstück aus der vorhandenen oder noch zu beschaffenden Menge von Stücken der Gattung er liefern will, das Stück muss nur von „mittlerer Art und Güte" sein (§ 243 Abs. 1 BGB).

Gattungssache

ist eine **Sache von mittlerer Art und Güte**, die der Schuldner aus einer vorhandenen oder noch zu beschaffenden Gattungsmenge aussucht.

Beispiele:
Kauf von Gegenständen nach Katalog oder Preisliste,
Kauf eines Serienwagens, Typ „VW Beetle".

Kommt es dem Gläubiger hingegen auf eine ganz konkrete, individualisierbare Sache an, handelt es sich um eine Stücksache.

Stücksache

ist eine Sache, die in ihrer **Individualität genau bestimmt** ist.

Beispiele:
Kauf des Rennpferdes „Wüstenblume", Lieferung des Papa-Mobils.

ÜBUNG 20

Kreuzen Sie bei der jeweiligen Aufgabe <u>alle</u> richtigen Aussagen an.

1. Eine Sache ist
   a. ein Hund. ☐
   b. eine Forderung. ☐
   c. ein Theaterstück. ☐
   d. Bier in einem Faß. ☐
   e. ein Grundstück. ☐

2. Eine vertretbare Sache ist
   a. ein für Maik Immel gefertigter Maßanzug. ☐
   b. ein 5,- Euroschein. ☐
   c. ein Konfektionskleid. ☐
   d. ein Kinoplakat. ☐
   e. ein Bild von Picasso. ☐

3. Wesentliche Bestandteile sind bei
   a. einem Grundstück: das darauf stehende Wohnhaus. ☐
   b. einem Haus: die unter Putz verlegten Elektrokabel. ☐
   c. einem Haus: die Zimmertüren. ☐
   d. einem Auto: die Reifen. ☐
   e. einem Haus: ein Namensschild. ☐

4. In welchem der folgenden Fälle ist die geschuldete Leistung eine Gattungsschuld?
   a. Der Mietwagenunternehmer Jörg Moser vermietet an Harry Giesler in München einen Mietwagen, Typ Smart, abzuholen am Flughafen in Hamburg. ☐
   b. Die Frau von Jörg Moser, Andrea Moser, kauft ein wegen eines kleinen Webfehlers verbilligtes Kleid. ☐
   c. In einer Buchhandlung nimmt Andrea das letzte Exemplar des Buches „Und ewig rauscht das Meer" aus dem Regal und kauft es. ☐
   d. In einem Delikatessengeschäft kauft Andrea ein Kilo Tomaten, Handelsklasse I. ☐

Rechte

Rechtsbeziehungen der Vertragsparteien können sich schließlich auf Rechte beziehen. Auch Rechte lassen sich in bestimmte Kategorien einteilen.

Persönlichkeitsrechte

sind solche Rechte, die dem einzelnen **Menschen als Persönlichkeit** zustehen.

Insoweit werden in § 823 Abs. 1 BGB Leben, Körper, Gesundheit und Freiheit genannt. Persönlichkeitsrechte können nur in begrenztem Maße Gegenstand von Verträgen sein.

Beispiele:
Ein „Werkvertrag", den ein Lebensmüder abschließt, mit dem Ziel, sich gegen Entgelt töten zu lassen, ist nicht möglich.
Hingegen beinhaltet jeder Behandlungsvertrag mit einem Arzt, dass dieser in die körperliche Integrität eingreifen darf; insoweit ist der Körper Vertragsgegenstand.

Herrschaftsrechte

räumen dem Inhaber eine **absolute und unmittelbare Herrschaftsmacht** über einen bestimmten Gegenstand ein.

Die Herrschaftsrechte an Sachen bezeichnet man als **dingliche Rechte**; sie sind vorwiegend im dritten Buch des BGB (Sachenrecht) geregelt, wobei das umfassendste Herrschaftsrecht das Eigentum ist.

Schließlich kann man Rechte unterteilen in **absolute** Rechte und **relative** Rechte.

Absolute Rechte

sind solche **Rechte**, die sich **gegen jedermann** richten: Jedermann – mit Ausnahme des Rechtsinhabers – ist von der Herrschaft über das Gut ausgeschlossen.

Beispiel:
Der Eigentümer einer Sache kann von jedem verlangen, dass die Sache nicht beschädigt wird.

Relative Rechte

sind solche Rechte, die sich **gegen bestimmte einzelne Personen** richten; nur diese sind gegenüber dem Rechtsinhaber zu einem bestimmten Tun und Unterlassen verpflichtet.

Beispiel:
Hat der Eigentümer die Sache verliehen, kann er nur von dem Entleiher, nicht aber von anderen Personen die Rückgabe der Sache verlangen.

Vertragsschluss
Antrag und Annahme, Invitatio ad offerendum

 **BASISTEXT**   **Zustandekommen von Verträgen**

Ein Vertrag kommt durch zwei übereinstimmende, wirksame **Willenserklärungen** zustande, durch Antrag (auch Angebot genannt) und Annahme.

Antrag (Angebot)

ist eine empfangsbedürftige Willenserklärung, durch die ein Vertragsschluss einem anderen so angetragen wird, dass nur von dessen Einverständnis das Zustandekommen des Vertrages abhängt.

Ein Antrag liegt nur vor, wenn er inhaltlich so bestimmt gefasst ist, dass der andere durch ein bloßes „Ja" einen wirksamen Vertrag zustande bringen kann. Insbesondere muss ein Antrag damit einen (bestimmten) Vertragsgegenstand, (bestimmte) Vertragspartner und eine (bestimmte) Leistung/ Gegenleistung enthalten.

Nicht hierunter fällt demgegenüber die ohne Rechtsbindungswillen geäußerte „Aufforderung zur Abgabe von Anträgen" (sog. **invitatio ad offerendum**).

Beispiele :
Preisschild an einem Kleid im Schaufenster, eine Zeitungsannonce/-werbung, eine Speisekarte.

Annahme

ist grundsätzlich eine empfangsbedürftige Willenserklärung, durch die der Antragsempfänger dem Zutragenden **sein Einverständnis** mit dem Vertragsschluss zu verstehen gibt.

Das Vertragsangebot bindet gem. § 145 BGB den Antragenden, soweit dieser nicht selbst die Bindungswirkung ausgeschlossen hat. Die Dauer der Bindungswirkung richtet sich nach der Annahmefrist: Unter **Anwesenden** oder bei Telefonaten kann ein Antrag nach § 147 Abs. 1 BGB **nur sofort** angenommen werden. Unter **Abwesenden** kann gem. § 148 BGB eine Annahmefrist bestimmt werden. Ansonsten ist maßgeblich, wann der Erklärungsempfänger **unter regelmäßigen Umständen** mit der Annahme rechnen durfte, § 147 Abs. 2 BGB.

Der Antrag erlischt gem. § 146 BGB mit der Ablehnung des Angebots. Als Ablehnung gilt nach § 150 Abs. 2 BGB auch die **Annahme unter Änderungen**.

Beispiel:

> Verkäuferin Svenja Moser bietet ihrem Kunden Michael Gesicke eine bestimmte Maschine für 10.000,- EUR zum Kauf an; Michael ist einverstanden, „aber nur unter Ratenzahlung". Damit ist der ursprüngliche Antrag von Svenja erloschen, es liegt allerdings ein neuer, formuliert durch Michael, vor, den Svenja annehmen kann.

Auch eine **verspätete Annahme** stellt nach § 150 Abs. 1 BGB eine Ablehnung eines Antrags und zugleich einen neuen Antrag dar.

Beispiel:

> Hat Michael zwei Wochen Zeit, sich zum Kauf eines Rennpferdes zu entschließen, antwortet er aber erst nach drei Wochen, ist diese „Annahme" verspätet und stellt einen neuen Antrag dar.

Ist die Annahmeerklärung zwar rechtzeitig abgegeben, aber **verspätet zugegangen**, gilt die Annahme unter den Voraussetzungen des § 149 BGB noch als rechtzeitig.

Beispiel:

> Kunsthändler Max Klecks hat dem Michael Gesicke ein wertvolles Gemälde zum Kauf angeboten. Michael schickt schon zwei Tage später einen Brief an Max, mit welchem er den Antrag annimmt. Durch ein Postversehen bleibt der Brief zwei Monate im Postamt liegen. Als er sodann doch noch den Max erreicht, erkennt dieser am Poststempel das Versehen der Post. Dennoch erzählt er Michael nichts von der Verspätung. In diesem Fall ist ein wirksamer Kaufvertrag – trotz eigentlich verspäteter Annahme – wegen § 149 BGB zustande gekommen.

Schweigen beinhaltet grundsätzlich keine Willenserklärung. Ausnahmsweise kann im Schweigen jedoch eine Willenserklärung liegen, wenn der Schweigende, in der Regel durch sein eigenes früheres Verhalten, dem anderen Teil Anlass zu der Annahme gegeben hat, das Schweigen habe einen rechtsgeschäftlichen Erklärungsgehalt. Besonderheiten gelten auch im kaufmännischen Verkehr. So kann hier in bestimmten Fällen das Schweigen auf ein **kaufmännisches Bestätigungsschreiben** einen Vertrag mit dem Inhalt des Schreibens rechtswirksam werden lassen.

Beispiel:

Max Klecks bekommt häufig Besuch vom Farbenhändler Schulz, der „zur Ansicht" Farbdrucke dalässt. Beim nächsten Besuch hat Max dann immer alle Drucke bezahlt. Eines Tages will Max die letzte Lieferung nicht bezahlen. Das muss er aber, da sein Schweigen, seine fehlende Ablehnung, Geschäftsbrauch geworden ist.

Übung 21

Prüfen Sie, ob bzw. wann und mit welchem Inhalt in den folgenden Fällen ein Kaufvertrag zustande gekommen ist.

Beispiel	Lösung
1. Am 02.05. übersendet Fabrikant Lux, dem Elektrogroßhändler Hell folgendes Schreiben: „Ich habe noch einen Rohposten von 15 Stück Nachttischlampen, die Sie im April zum Preis von 100,00 EUR/ Stück bezogen haben." Hell bittet sofort per Brief um 15 Lampen zum Stückpreis von 90,00 EUR und Lux liefert diese daraufhin wie gewünscht.	
2. Wie ist die rechtliche Situation zu beurteilen, wenn Hell auf das Angebot, das ihm schriftlich am 03.05. zuging, erst nach Ablauf von 6 Wochen mit einer Bestellung (15 Lampen à 100 Euro) antwortet? Lux liefert daraufhin wie vereinbart.	
3. Wieder geht dem Großhändler Hell ein Schreiben der Firma Lux zu, in dem ihm Nachttischlampen zum Preis von 100,00 EUR angeboten werden. Diesmal jedoch mit dem Hinweis: „Da wir Nachttischlampen nicht mehr produzieren, können wir nur liefern, solange der Vorrat reicht." Hell bestellt 10 Lampen zu je 100,00 Euro.	
4. Firma Lux sendet „ohne Vorwarnung" den Restposten von 15 Lampen an Hell. Zehn Tage vergehen, ohne dass der Großhändler zu der Sendung Stellung nimmt.	
5. Da Hell die Lampen in kurzer Zeit verkaufen konnte, bestellt er telefonisch am 10. Mai 20 Stück nach. Am 15.05. trifft die Lieferung bei ihm ein.	
6. Als der Lampenvorrat wiederum zur Neige geht, bestellt Hell am 02.06. nochmals 25 Stück zum Preis von 100,00 EUR nach. Am 12.06. teilt ihm Lux jedoch mit, dass er aufgrund gestiegener Lohn- und Transportkosten nur zum Preis von 120,00 EUR liefern könne. Hell gibt telefonisch sein Einverständnis.	

ÜBUNG 22

Treffen Sie die jeweils richtige Aussage zu den Kriterien Antrag, Annahme, Kaufvertrag.

Beispiel	Käufer: Antrag oder Annahme	Verkäufer: Antrag oder Annahme	Kaufvertrag: Ja/Nein
1. Der Käufer bestellt, der Verkäufer lehnt die Lieferung ab.			
2. Der Verkäufer unterbreitet einen Antrag, der Käufer bestellt.			
3. Der Verkäufer macht ein freibleibendes Angebot, der Käufer bestellt.			
4. Der Käufer bestellt ohne vorhergehenden Kundenkontakt. Der Verkäufer schweigt und liefert. Sie stehen in ständiger Geschäftsverbindung.			
5. Der Verkäufer macht einen bindenden Antrag, der Käufer bestellt mit der Bitte um 3% Skonto.			

ÜBUNG 23

Legen Sie dar, ob in den folgenden Varianten ein wirksamer Kaufvertrag zustande gekommen ist. Der Designer Armando bietet am 20.04. dem Maik Immel 50 Herrenmäntel zum Stückpreis von 1.000,- EUR an. Immel willigt ein. Ist ein Kaufvertrag zustande gekommen, wenn

Variante	Lösung
1. Immels Antwortbrief sich durch Verschulden der Post um eine Woche verzögerte und Armando dies bemerkte, aber Immel darüber nicht unterrichtete?	
2. Immels Antwortbrief sich durch Verschulden der Post um eine Woche verzögerte und Armando umgehend Immel von dem verspäteten Posteingang benachrichtigte?	

Variante	Lösung
3. Armando die Herrenmäntel auch dem Moser anbot und dieser telefonisch angenommen hat, so dass er die rechtzeitig eingetroffene Bestellung von Immel nicht mehr berücksichtigen kann?	
4. Immels schriftliche Bestellung von Armando versehentlich verlegt wurde und er 14 Tage nach seiner Offerte die Herrenmäntel dem Moser anbietet, der telefonisch annimmt?	

ÜBUNG 24

Ordnen Sie den Begriffen unter Nr. 1. bis 10. jeweils die Rechtsgeschäfte bzw. Willenserklärungen a) bis e) zu.

a) einseitige nicht empfangsbedürftige WE; b) einseitige empfangsbedürftige WE
c) verfügender Vertrag; d) zweiseitig verpflichtender Vertrag
e) einseitig verpflichtender Vertrag

1. Kündigung:	2. Vollmachtserteilung:
3. Übereignung:	4. Schenkungsversprechen:
5. Testament:	6. Tausch:
7. Dereliktion:	8. Pachtabschluss:
9. Anfechtung:	10. Forderungsabtretung:

FALL 5 Flinker Käufer

Jörg Moser erblickt im Schaufenster der Edel-Galerie Brandes ein altes holländisches Gemälde zum äußerst günstigen Preis von 9.000,00 EUR. Unmittelbar bei Geschäftsöffnung stürzt er in das Verkaufslokal, ruft dem Geschäftsführer zu „Ich nehme Ihr Angebot über den Holländer zu 9.000,00 EUR an" und verlangt, ihm möge das Gemälde eingepackt werden. Der Geschäftsführer verweigert die Übergabe als er feststellt, dass das Lehrmädchen bei der Preisauszeichnung eine Null vergessen hatte, der wahre Preis beträgt 90.000,00 EUR. Moser besteht auf Einhaltung des Kaufvertrages über 9.000,00 EUR.

Zu Recht ?

 Notieren Sie die Lösung auf einem besonderen Blatt.

Abgabe und Zugang von Willenserklärungen   BASISTEXT

Wenn man am Rechtsverkehr teilnehmen kann, genügt es nicht, dass man still vor sich hindenkt „Ich kaufe jetzt ein Auto" oder „Ich will jetzt mein Testament machen". Vielmehr muss sich der im Inneren gefasste Wille auch irgendwie nach außen hin dokumentieren. Im Bürgerlichen Recht geht es ja auch immer um Willens**erklärungen**. Wann aber der **Wille** ordnungsgemäß **erklärt** wurde, ist unterschiedlich zu beurteilen.

So macht § 130 Abs. 1 S. 1 BGB die Wirksamkeit einer „Willenserklärung, die einem anderen gegenüber abzugeben ist" davon abhängig, dass die Erklärung dem Empfänger zugeht; die Bestimmung unterscheidet also zwischen **Abgabe** und **Zugang** der Willenserklärung.

Abgabe

ist die endgültige, bewusste Entäußerung des Willens.

Beispiele:
Aussprechen der Worte, Absenden der e-Mail, endgültiger Handschlag.

Die Abgabe einer **nicht empfangsbedürftigen Willenserklärung** liegt immer schon dann vor, wenn der Erklärende sich der Erklärung entäußert (d. h. sie vollendet, fertiggestellt) hat.

Beispiel:
Hat der Erblasser sein Testament abgefasst und unterschrieben und legt er es dann erleichtert in eine Schublade, liegt bereits in diesem Augenblick eine wirksame Willenserklärung vor.

Bei einer **empfangsbedürftigen Willenserklärung** reicht es hingegen nicht aus, dass der Erklärende sich der Erklärung entäußert. Zur Abgabe der Erklärung gehört vielmehr, dass der Erklärende die Erklärung in Richtung auf den Empfänger in Bewegung setzt und er bei Zugrundelegung normaler Verhältnisse mit dem Zugang beim Empfänger rechnen darf.
Eine mündliche Erklärung gegenüber einem **Anwesenden** ist abgegeben, wenn sie so geäußert wird, dass dieser in der Lage ist, sie zu verstehen. Das gilt auch für eine telefonische Erklärung, die vom Gesetz mit Recht wie eine Erklärung unter Anwesenden behandelt wird (§ 147 Abs. 1 S. 2 BGB).

Beispiel:
Maik ruft beim Pizzabringdienst „PizzaFlizza" an und bestellt sich eine Pizza Funghi. Hat der Mitarbeiter seine Bestellung vernommen, liegt die Abgabe einer Willenserklärung vor.

Eine **schriftliche Erklärung** ist gegenüber einem **Anwesenden** abgegeben, wenn sie diesem zur Entgegennahme überreicht wird.

Beispiel:
Der Vermieter Schröder übergibt seinem Mieter Marvin Himmel, der seit drei Monaten keine Miete mehr zahlt, die Kündigung. Sie ist in diesem Moment abgegeben.

Eine schriftliche Erklärung gegenüber einem **Abwesenden** ist abgegeben, wenn der Erklärende das vollendete Schriftstück in Richtung auf den Erklärungsempfänger auf den Weg gebracht hat, so dass normalerweise mit dem Zugang beim Erklärungsempfänger gerechnet werden kann. Nach § 130 Abs. 2 BGB ist es auf die Wirksamkeit der Willenserklärung dann sogar ohne Einfluss, wenn der Erklärende nach der Abgabe stirbt oder geschäftsunfähig wird.

Beispiel:
Mail Immel möchte beim Versandhandel Qualle einen neuen schicken Anzug kaufen und steckt bei seinem Abendspaziergang die Bestellkarte gegen 22.00 Uhr in den Briefkasten. Seine Bestellung ist damit abgegeben.

Während nicht empfangsbedürftige Willenserklärungen bereits im Zeitpunkt der Abgabe wirksam werden, ist bei empfangsbedürftigen darüber hinaus der **Zugang** erforderlich (§ 130 Abs. 1 BGB).

Zugang

ist dann gegeben, wenn die Willenserklärung so **in den Machtbereich des Erklärungsempfängers** gelangt ist, dass er **Kenntnis nehmen kann** und unter normalen Umständen mit der Kenntnisnahme zu rechnen ist.

Beispiel:
Hat Maik Immel seine Bestellung im obigen Beispiel zwar bereits um 22.00 Uhr abgegeben, so besteht für den Versandhandel erst dann die „Möglichkeit der Kenntnisnahme", wenn die Bestellkarte bei dem zuständigen Sachbearbeiter zur üblichen Geschäftszeit auf dem Tisch liegt. Das dürfte erst am nächsten Morgen um 9.00 Uhr der Fall sein.

Trotz Zugangs der Willenserklärung wird diese nicht wirksam, wenn dem Empfänger vor dem Zugang oder gleichzeitig mit diesem ein **Widerruf** zugeht (§ 130 Abs. 1 S. 2 BGB). Dieser muss spätestens mit der Willenserklärung dem Empfänger zugehen; andernfalls ist dieser in seinem Vertrauen auf die Wirksamkeit der ihm zugegangenen Willenserklärung schutzwürdig.

Beispiel:

Ruft Maik Immel im obigen Beispiel beim Versand an und erklärt, seine Bestellung sei ungültig (er habe es sich halt anders überlegt), so ist seine Willenserklärung nur dann nicht wirksam, wenn der Sachbearbeiter diesen Widerruf vernimmt, <u>bevor</u> er die Bestellkarte gelesen hat.

Geht die Willenserklärung wegen eines Verhaltens des Empfängers nicht oder verspätet zu, so ist dies nach der Generalnorm des § 242 BGB unbeachtlich, sofern der Empfänger den Zugang **grundlos vereitelt** hat.

Beispiel:

Arne Schneider hat bei seinem Arbeitgeber 5.000,- EUR unterschlagen und ahnt schon, dass ihm deswegen gekündigt werden soll. Er versteckt sich daher für vier Wochen bei einer Bekannten, so dass ihm die fristlose Kündigung, die innerhalb von zwei Wochen erfolgen muss, erst nach diesen vier Wochen ausgehändigt werden kann. Wegen dieser Zugangsvereitelung gilt die Kündigung dennoch als fristgemäß zugegangen.

Eile mit Weile   FALL 6

Aufgrund seines permanenten Zuspätkommens entschließt sich die Stadt Welfenheim, ihrem Mitarbeiter Benjamin Mosch zu kündigen. Nach mehrfachen Abmahnungen wird die Kündigung schließlich am 29.01.2010 per Einschreiben zur Post verbracht. Am 30.01.2010 ist Mosch gerade beim Zahnarzt, als die Post kommt. Der Postbote hinterlässt einen Benachrichtigungszettel im Briefkasten des Mosch. Mosch, den der Arztbesuch ziemlich mitgenommen hat, beschließt, den Tag auf dem Sofa zu verbringen. Obgleich er den Inhalt des Schreibens ahnt, geht er erst am 31.01.2010 zur Post.

Aufgabe: Bitte begründen Sie, wann das Einschreiben zugegangen ist.

 Notieren Sie die Lösung auf einem besonderen Blatt.

ÜBUNG 25

Ist in den folgenden Fällen der Zugang zu bejahen?

Beispiel	Lösung
1. Ralf Meinberg hat schnell noch ein Preisausschreiben gelöst und am Tage des Einsendeschlusses (Datum des Poststempels) kurz vor 24.00 Uhr in den Nachtbriefkasten der auslobenden Bank gesteckt. Hat er Anspruch auf den Gewinn, wenn die Glücksgöttin seine Postkarte herauswählt?	

Beispiel	Lösung
2. Am nächsten Tag sendet Ralf Meinberg dem Softwarehersteller Sander die Annahme eines Kaufangebots für das Programm „Raubkopie 2003", indem er eine Nachricht in der Mailbox des Sanders ablegt.	
3. Kleinverleger Krieger bietet günstig zum Subskriptionspreis („nur im April 2010") seine „Sittengeschichte der Stechmücken" an und fährt am 30.04.2010 frühmorgens für eine Woche zur Buchmesse. Meinberg möchte das Werk zum Subskriptionspreis erwerben und wirft seine Bestellung am 30.04.2010 gegen 19.00 Uhr in den Briefkasten des Krieger.	

FALL 7   Immer diese Umweltschützer!

Die Stadt Welfenheim (W) bietet im Rahmen ihrer Gewerbeförderung der bislang nur in Bayern ansässigen „Positron-GmbH" (P) in Form eines notariell beurkundeten Antrages den Abschluss eines Grundstückskaufvertrages über ein näher bezeichnetes Gewerbegrundstück an. Zur Gültigkeit des Antrages ist in der Urkunde von Mittwoch, dem 03.10.2003, Folgendes ausgesagt: „Dieses Angebot kann nur innerhalb von vier Wochen nach Beurkundung angenommen werden ..."

Die „Positron-GmbH" nimmt das Angebot vor einem Notar in München am 02.11.2003 (01.11. = Allerheiligen, in Bayern gesetzlicher Feiertag in Gemeinden mit überwiegend katholischer Bevölkerung) an.

Die Stadt Welfenheim hat in der Zwischenzeit wichtige Informationen über die Umweltverträglichkeit des Betriebes erhalten, sie möchte den Betrieb nicht mehr „haben". Sie behauptet, die Annahmefrist sei bei Annahme bereits abgelaufen gewesen.

Dagegen wendet die Firma ein, es sei noch kein Monat vergangen gewesen, im übrigen hätte man wegen der Feiertage am 03.10.2003, am Reformationstag (31.10.) und Allerheiligen (01.11.) nicht eher beurkunden können, weiterhin habe man zwei Wochen Betriebsferien gehabt.

Aufgabe: Ist der Kaufvertrag zustande gekommen?

 Notieren Sie die Lösung auf einem besonderen Blatt.

ÜBUNG 26

Tragen Sie ein, zu welchem Zeitpunkt die Willenserklärung jeweils wirksam wird.

Form Vorgang	Schriftliche Willenserklärung	Mündliche Willenserklärung
Empfangsbedürftige Willenserklärung gegenüber Anwesendem		
Empfangsbedürftige Willenserklärung gegenüber Abwesendem		
Nicht empfangsbedürftige Willenserklärung gegenüber Anwesendem		
Nicht empfangsbedürftige Willenserklärung gegenüber Abwesendem		

Willensmängel

Fehler bei der Bildung und bei der Äußerung des Willens   BASISTEXT

Kommt eine Willenserklärung fehlerfrei zustande, ist sie voll wirksam. Mitunter leidet eine Willenserklärung jedoch unter einem Fehler, der sich im Bereich der Bildung und/oder der Äußerung des Willens abgespielt hat. Einige dieser Willensmängel sollen nach dem Gesetz unbeachtlich sein mit der Folge, dass die Willenserklärung trotz ihres Mangels (voll) wirksam ist. Dies ist dann der Fall, wenn der Empfänger einer fehlerhaften Willenserklärung schutzwürdig erscheint, da er auf deren Bestand vertraut hat – und vertrauen durfte.

Es gibt jedoch auch Willensmängel, die das Gesetz für so beachtlich hält, dass die mit einem solchen Mangel behafteten Willenserklärungen keine Rechtsfolgen auslösen sollen. Diese Willenserklärungen sind **nichtig**, d. h. sie entfalten von vornherein keine Rechtswirkung. Einige der Gegennormen, d. h. Normen, die einen Anspruch von Anfang an oder nachträglich eliminieren, werden im Folgenden vorgestellt.

Geheimer Vorbehalt

Der **geheime Vorbehalt**, das Erklärte nicht zu wollen, ist ohne Einfluss auf die Wirksamkeit der Willenserklärung, weil dieser Vorbehalt dem Erklärungsempfänger nicht deutlich gemacht wird. Kennt dagegen der Erklärungsempfänger den Vorbehalt, so ist Nichtigkeit anzunehmen (§ 116 BGB).

Beispiel:

> Maik Immel kündigt Heinz Nowicki das Mietverhältnis über ein Ladenlokal zum Ende des Jahres, obwohl er das in Wirklichkeit nicht will. Er will vielmehr erreichen, dass Heinz zu Kreuze kriecht und ihn anfleht, das Mietverhältnis fortzusetzen. Wenn Heinz das nicht weiß, ist die Kündigung wirksam.

Scheingeschäft

Nichtig sind auch Erklärungen, die von zwei Parteien nur **zum Schein** abgegeben werden, zumeist um ein anderes, in Wirklichkeit gewolltes Rechtsgeschäft dadurch zu überdecken, § 117 Abs. 1 BGB. Das Scheingeschäft ist sodann unwirksam, das verdeckte kann, bei Einhaltung von Formvorschriften, jedoch wirksam sein.

Beispiel:

> Um Grunderwerbsteuer zu sparen, vereinbaren Maik Immel und Heinz Nowicki zum Schein den Kauf eines Grundstücks nicht für zwei, sondern für (angeblich) nur eine Million EUR. Der zum Schein geschlossene Kaufvertrag über das Grundstück zum Kaufpreis von einer Mio. ist wegen § 117 Abs. 1 BGB, der versteckte Kaufvertrag über das Grundstück zu einem Kaufpreis von zwei Mio. wegen § 125 BGB i. V. m. § 311 b BGB nichtig.

Scherzgeschäft

§ 118 BGB regelt den Fall, dass der Erklärende seine Willenserklärung **nicht ernstlich** will und bei der Erklärung davon ausgeht, dass der Mangel der Ernstlichkeit vom Erklärungsempfänger nicht verkannt werde (**Scherzerklärung**). In diesem Fall ist die Willenserklärung nichtig.

Beispiel:

> In der Frühstücksrunde kündigt der Boss Balduin seiner Sekretärin, nachdem er sich schon eine halbe Stunde lang mit allerlei Heldentaten gerühmt hatte, mit gespieltem Ernst. Jeder weiß: Er meint es nicht so. Die Kündigung ist gem. § 118 BGB nichtig – unabhängig davon, dass sie ohnehin hätte schriftlich erfolgen müssen (§ 623 BGB).

Gesetzliches Verbot

Ein **gesetzliches Verbot** gem. § 134 BGB liegt vor, wenn eine Vorschrift ein Rechtsgeschäft wegen seines Inhalts oder der Umstände des Zustandekommens untersagt.

Beispiel:

> Von Jörg Moser beauftragt, klaut der Dieb aus dem städtischen Museum eine wertvolle Statue und „verkauft" diese anschließend an seinen Auftraggeber. Rechtsgeschäfte eines „Berufsdiebes" sind gem. § 134 BGB nichtig.

Sittenwidrigkeit

Sittenwidrigkeit liegt vor, wenn ein Rechtsgeschäft gegen die herrschende Rechts- und Sozialmoral verstößt.

Beispiel:

> Der Geschäftsmann Balduin setzt seine Freundin Andrea Streicher in seinem Testament zur Alleinerbin ein, allerdings unter der Voraussetzung, dass sie ihre Kinder verlässt und ihm täglich zu Diensten ist.
>
> Der Begriff ist starken gesellschaftlichen Wandlungen unterworfen. Überlegen Sie doch einmal, was früher alles sittenwidrig war und heute eher nicht mehr.

ÜBUNG 27

Legen Sie dar, ob die folgenden Geschäfte mit Mängeln behaftet und unwirksam sind. Geben Sie ggfs. die maßgebliche Gegennorm an.

Beispiel	Antwort
1. Um die gewünschte Baugenehmigung zu erhalten, schenkt Jörg Moser dem zuständigen Beamten der Bauaufsichtsbehörde eine Champagnerflasche, um deren Flaschenhals ein 500-EUR-Schein gerollt ist.	Gegennorm:
2. Am nächsten Tag leiht Jörg Moser dem Edgar Streicher 100,- EUR mit der Vereinbarung, dass Edgar nach drei Wochen 200,- EUR zurückzahlen soll. Edgar hat „mit Gelddingen" noch nie etwas zu tun gehabt.	Gegennorm:
3. Abends lässt Jörg sich im Massagestudio von zwei zu allem bereiten Damen verwöhnen und will anschließend nicht bezahlen.	Gegennorm:
4. Schließlich verkauft Jörg dem Edgar sein Auto, dessen Motor zwei Monate später irreparabel versagt.	Gegennorm:
5. Weil das so gut geklappt hat, kündigt Jörg seiner aufmüpfigen Sekretärin mit den Worten: „Deine Zeit an meiner Seite ist vorbei." Diese ist entsetzt und schreit zurück: „Dann verzichte ich doch gleich auf den Monatslohn." Obwohl sie das nicht so meinte, dankt Jörg ihr sehr.	a) für Kündigung: Gegennorm:
	b) für Lohnverzicht: Gegennorm:

FALL 8   **Feuerwache gegen Einfamilienhaus**

Oberbürgermeister Schrader ist sich mit dem Bauunternehmer Bernhard darüber einig, dass Bernhard den Zuschlag für den Neubau der städtischen Feuerwache erhalten soll, obwohl dieser eines der teuersten Angebote vorgelegt hat. Dafür will Bernhard dem Schrader kostenlos dessen Einfamilienhaus im Rohbau errichten. Als Bernhard zwar die Feuerwache baut, sich mit dem Beginn der Bauarbeiten des Einfamilienhauses aber Zeit lässt, will Schrader ihn auf Einhaltung der Vereinbarung verklagen.

Aufgabe: Würde eine Klage Erfolg haben?

 Notieren Sie die Lösung auf einem besonderen Blatt.

ÜBUNG 28

Vervollständigen Sie folgenden Lückentext.

Bei Mängeln der Willenserklärung unterscheidet man zwischen Mängeln in der .... und Mängeln in der .... des Willens. Zur ersten Gruppe zählt man den .... , das .... , das .... (=............... Auseinanderfallen von Inhalt und Erklärung) und den .... (=............... Auseinanderfallen von Inhalt und Erklärung), zur zweiten Gruppe die .... oder ....

Form

BASISTEXT   **Formerfordernisse**

Grundsätzlich haben die Vertragsparteien die Möglichkeit, ihre Rechtsverhältnisse frei nach ihrem Willen zu gestalten und zwar hinsichtlich des „Ob" (**Abschlussfreiheit**) und des „Wie" (**Gestaltungsfreiheit**). Die weitgehende Freiheit der Parteien im Rahmen eines Vertragsschlusses bedeutet auch, dass Verträge grds. „formfrei", d. h. auch mündlich oder konkludent geschlossen werden können. Mitunter schreibt das Gesetz aber vor, dass eine bestimmte Form einzuhalten ist. Wird die vorgeschriebene Form nicht eingehalten, so ist das Rechtsgeschäft in aller Regel nichtig (§ 125 BGB). Seinen Grund findet dies darin, um einerseits Beweisschwierigkeiten (wer kann schon mündliche Vereinbarungen beweisen, wenn er keinen Zeugen hat?) entgegen zu wirken. Andererseits soll das schriftliche Abfassen für beide Vertragsparteien eine **Warn- und Besinnungsfunktion** haben: Sie sehen noch einmal ganz deutlich, auf „was sie sich einlassen". In gewissen Fällen kann der Formangel durch Erfüllung **geheilt** werden, z. B. bei der Bürgschaft (§ 766 S. 3 BGB) oder beim Schenkungsversprechen (§ 518 Abs. 2 BGB); Mietverträge über ein Jahr gelten bei fehlender Schriftform als auf unbestimmte Zeit abgeschlossen (§ 550 S. 1 BGB).

Formvarianten im BGB   ÜBERSICHT 8

Schriftform
Ist durch Gesetz **schriftliche Form** vorgeschrieben, so muss eine Urkunde erstellt und von dem Aussteller eigenhändig durch Namensunterschrift oder durch notariell beglaubigtes Handzeichen unterzeichnet werden (§ 126 Abs. 1 BGB).

Beispiele:

- Mietverträge über ein Jahr Mietdauer (§ 550 BGB).
- Kündigung von Mietverhältnissen über Wohnraum (§ 568 BGB).
- Bürgschaftserklärungen (§ 766 BGB).
- Schuldversprechen und Schuldanerkenntnis (§§ 780 f. BGB).
- Testament (§ 2247 BGB).

Öffentliche Beglaubigung
Ist eine Erklärung **öffentlich zu beglaubigen**, dann ist die Erklärung schriftlich abzufassen und die Unterschrift – nicht der Inhalt der Erklärung – von einem Notar oder einer anderen öffentlichen Stelle zu beglaubigen (§ 129 BGB).

Beispiele:

- Anmeldung einer Vereinsgründung zum Vereinsregister (§ 77 BGB).
- Erklärungen gegenüber dem Grundbuchamt (§ 29 GBO).

Notarielle Beurkundung
Die **notarielle Beurkundung** einer Erklärung erfolgt in einem besonderen Verfahren vor dem Notar. Die Erklärung wird nach Beratung durch den Notar diesem gegenüber abgegeben, niedergeschrieben, dem Erklärenden vorgelesen, von ihm genehmigt und unterschrieben; der Notar unterzeichnet anschließend die Niederschrift (§ 128 BGB).

Beispiele:

- Verträge, die die Verpflichtung zur Übereignung oder zum Erwerb eines Grundstücks enthalten (§ 311 b Abs. 1 BGB).
- Schenkungsversprechen (§ 518 BGB).
- Übertragung des gesamten Vermögens (§ 311 b Abs. 3 BGB).

Elektronische Form
Ein Sonderfall der Schriftform ist die **elektronische Form**. Mit ihr kann in bestimmten Fällen die ansonsten gesetzlich vorgesehene (herkömmliche) schriftliche Form ersetzt werden. Ist dies gewollt, so muss der Aussteller der Erklärung dieser seinen Namen hinzufügen und das elektronische Dokument mit einer **qualifizierten elektronischen Signatur** nach dem Signaturgesetz versehen (§ 126 a BGB).

Beispiele:
- Vgl. die Beispiele zur Schriftform,
  Ausnahmen: § 623, § 630, § 761, § 766, § 780, § 781 BGB.

Textform

Ist durch das Gesetz **Textform** vorgeschrieben, so muss die Erklärung in einer **Urkunde** oder einer auf andere zur dauerhaften Wiedergabe in Schriftzeichen geeigneten Weise abgegeben werden, die **Person des Erklärenden genannt** und der Abschluss der Erklärung durch **Nachbildung der Namensunterschrift** oder anders erkennbar gemacht werden (§ 126 b BGB).

Beispiele:
- Maßnahmen zur Verbesserung der Mietsache durch den Vermieter, § 554 Abs. 3 BGB.
- Umlegung der Betriebskosten auf den Mieter, § 560 Abs. 1 BGB.

Abgabe vor einer Behörde

Ist die Abgabe von Erklärungen **vor einer Behörde** vorgeschrieben, so muss dies in wichtigen Fällen bei **gleichzeitiger Anwesenheit aller Beteiligten** erfolgen. Das bedeutet, dass die Willenserklärungen gleichzeitig abgegeben werden müssen, persönliches Erscheinen der Beteiligten ist indes nicht erforderlich.

Beispiel:
- Auflassung gem. § 925 Abs. 1 BGB.

FALL 9   **Zwei Steuerfüchse**

Jörg Moser und Michael Gericke schließen in notarieller Form einen Grundstückskaufvertrag, wobei sich beide darüber einig sind, dass der von Michael zu zahlende Kaufpreis 160.000,- EUR beträgt. Zum Zwecke der Einsparung von Grunderwerbssteuer und Spekulationssteuer wird jedoch lediglich ein Kaufpreis von 110.000,- EUR beurkundet. Als Jörg wenig später Zahlung von 160.000,- EUR verlangt, weigert sich Michael unter Hinweis auf den Wortlaut des Kaufvertrages zu zahlen.

Aufgabe:
1. Kann Jörg Moser geraten werden, die vereinbarten 160.000,- EUR, wenigstens aber die 110.000,- EUR einzuklagen?
2. Wie ist die Rechtslage, wenn Michael Gericke inzwischen im Grundbuch als neuer Eigentümer eingetragen ist?

 Notieren Sie die Lösung auf einem besonderen Blatt.

Bedingungen und Befristungen

Bedingungen und Befristungen bei Willenserklärungen BASISTEXT

In bestimmten Fällen kann es im Interesse der Vertragsparteien liegen, den Beginn oder das Ende von Rechtsbeziehungen vom Eintritt eines Ereignisses abhängig zu machen. Gleichwohl wird die Willenserklärung schon jetzt abgegeben. In solchen Fällen kann der Willenserklärung eine **Bedingung** oder eine **Befristung** beigefügt werden.

Bedingung

> ist eine **Bestimmung**, welche die Rechtswirkungen eines Geschäfts von einem **zukünftigen ungewissen Ereignis** abhängig macht (§ 158 BGB).

Dabei ist die **auflösende** von der **aufschiebenden** Bedingung zu unterscheiden: Während bei einer auflösenden Bedingung das Schuldverhältnis bei Eintritt der Bedingung entfällt, entsteht es bei aufschiebender gerade erst.

Beispiel:

Vater Moser verspricht seiner Tochter Svenja, ihr ein Auto zu schenken, sobald sie ihre Prüfung bestanden hat (aufschiebende Bedingung). Sollte sie hingegen ihr Examen nicht besser als „gut" schaffen, bezahlt Vater Moser nicht länger den teuren Reitunterricht (auflösende Bedingung).

Befristung

> ist eine **Bestimmung**, wonach ein **zukünftiges gewisses Ereignis** für den Beginn der Rechtswirkungen oder deren Ende maßgeblich ist (§ 163 BGB).

Beispiel:

Vater Moser verspricht, Tochter Svenja bis zum 18. Geburtstag monatlich Taschengeld i. H. v. 250,- EUR zu zahlen.

ÜBUNG 29

Schließen Sie mit Ihrem Banknachbarn ein (wirksames!) bedingtes oder befristetes Rechtsgeschäft. Skizzieren Sie, was Sie getan haben.

Lösung:

Stellvertretung

BASISTEXT   **Arten der Stellvertretung**

Wer eine Willenserklärung abgibt, handelt in der Regel **für sich selbst**; die Folgen seines rechtsgeschäftlichen Handelns sollen ihn treffen. Es besteht aber oft ein Bedürfnis dafür, dass jemand **für einen anderen** handelt. So können tatsächliche Gründe (wie Abwesenheit oder fehlende Sachkunde), aber auch rechtliche Gründe (z. B. Unfähigkeit zur Abgabe gültiger Willenserklärungen) den Abschluss von Rechtsgeschäften durch eine Hilfsperson erforderlich machen. Obwohl eine Person (als Vertreter) handelt, treffen die Rechtsfolgen die andere Person (den Vertretenen), so als wenn diese Person selbst rechtsgeschäftlich gehandelt hätte.

Eine Stellvertretung findet ihre rechtliche Grundlage im Gesetz (sog. **gesetzliche** und **organschaftliche** Stellvertretung) oder in einem Rechtsgeschäft (sog. **vertragliche** bzw. rechtsgeschäftliche Stellvertretung).

 **ÜBERSICHT 9**   **Arten der Stellvertretung**

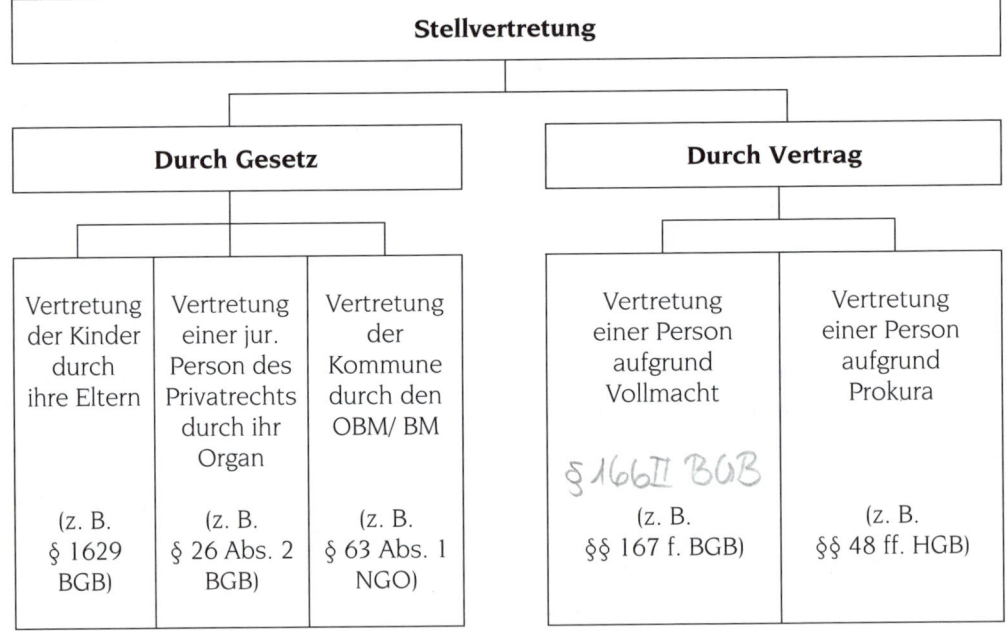

ÜBUNG 30

Prüfen Sie, ob es sich in den folgenden Beispielen um einen Fall von gesetzlicher oder rechtsgeschäftlicher Vertretung handelt. Geben Sie die einschlägigen Rechtsgrundlagen an.

Beispiel	Lösung
1. Die Eltern erwerben für ihr Kind, das Geld von seiner amerikanischen Erbtante geschenkt bekommen hat, ein Hausgrundstück.	
2. Der Vereinsvorstand bestellt für den „Verband Europäischer Micky-Maus-Freunde e. V." mit Sitz in Waldhagen ein Jahresabonnement der Buchreihe „Disneys lustige Taschenbücher".	
3. Der Prokurist Peter, der von der Firma Flower-Power auch zur Veräußerung und Belastung von Grundstücken ermächtigt ist, beauftragt einen Rechtsanwalt, für die Firma einen Prozess zu führen.	
4. Vater Viktor kauft ohne seine Frau Angelika einzuweihen im Namen seines siebzehnjährigen Sohnes ein Mofa.	
5. Sodann kauft Viktor eine neue Waschmaschine. Der Verkäufer verlangt von Angelika, die als Lehrerin das Familieneinkommen verdient, Bezahlung der Waschmaschine.	
6. Bürgermeisterin Sommer stellt für die Stadt Welfenheim einen neuen Gärtner ein.	

PRÜFUNGSSCHRITTE 1   Voraussetzungen einer wirksamen Stellvertretung

Eine wirksame Stellvertretung hat vier Voraussetzungen:

1. Generelle Zulässigkeit der Stellvertretung
2. Eigene Willenserklärung des Vertreters
3. Abgabe im fremden Namen
4. Mit Vertretungsmacht.

Die Stellvertretung muss zunächst **generell zulässig** sein, was bei allen rechtsgeschäftlichen Willenserklärungen der Fall ist. Unzulässig ist Stellvertretung damit bei deliktischen Handlungen und bei Realakten.
Des Weiteren darf es sich nicht um ein sog. **höchstpersönliches Rechtsgeschäft** (Errichtung eines Testaments, § 2247 BGB, oder Eheschließung, § 1311 BGB) handeln.

ÜBUNG 31
Prüfen Sie, ob die Stellvertretung in den folgenden Fällen zulässig ist.

Beispiel	Lösung
1. Matthias Gericke, der geschäftlich und dringend in die USA verreisen muss, seinen Hochzeitstermin mit seiner Verlobten Kerstin aber nicht verschieben möchte, bittet seinen ihm ähnlich sehenden Freund Florian, ihn bei der Trauungszeremonie zu vertreten, dabei aber dem Standesbeamten die Stellvertretung offenkundig zu machen.	
2. Vor seinem Flug möchte Matthias sein Testament machen. Auch hier muss sein Freund Florian behilflich sein: Ihm diktiert er seinen letzten Willen – Beerdigung in Kanada – in die Feder.	
3. Nach seiner wider Erwarten glücklichen Rückkehr verkauft Matthias, Alleingesellschafter und Geschäftsführer der Kleinkunst-GmbH, der GmbH aus seinem Privatvermögen ein Grundstück.	

Stellvertretung verlangt zweitens ein **eigenes rechtsgeschäftliches Handeln**. Das unterscheidet sie von der Botenschaft. Der Stellvertreter gibt eine **eigene** Willenserklärung ab, der Bote übermittelt nur eine **fremde** Willenserklärung; statt des Boten könnte der Erklärende auch einen Brief mit seiner Erklärung dem Empfänger schicken. Da der Bote nur eine fremde Willenserklärung überbringt, braucht er nicht geschäftsfähig zu sein; auch ein Geschäftsunfähiger (z. B. ein fünfjähriges Kind) kann daher Bote sein. Der Vertreter muss demgegenüber zumindest beschränkt geschäftsfähig sein (§ 165 BGB).

Dritte Voraussetzung ist, dass der Stellvertreter ein **Handeln offenlegt**, d. h. zum Ausdruck bringt, dass er **im fremden Namen** handelt. Das soll dem Geschäftspartner verdeutlichen, wer sein Vertragspartner ist.

ÜBUNG 32

Prüfen Sie, ob es sich in den folgenden Beispielen um Stellvertretung handelt.

Beispiel	Lösung
1. Anke soll für Britt im Geschäft des Felix eine Computeranlage zu einem genau vorgegebenen Preis kaufen und gleich mitnehmen. Das Geld hat Anke dabei.	
2. Vereinsvorsitzender Hugo kauft für den eingetragenen Verein ein neues Sportgerät im Laden des Matthias.	
3. Maurer Frank, der bei Anton angestellt ist, lässt vom Gerüst einen Hammer fallen, der den Passanten Paul trifft und ihn verletzt.	
4. Matthias hat an Monika einen Rasenmäher verkauft. Sein Angestellter Dieter liefert den Rasenmäher an Monika aus.	
5. Rolf gibt, beauftragt durch Sabine und mit Entscheidungsspielraum, bei Bernhard schriftlich ein Angebot zum Abschluss eines Kaufvertrages ab. Bernhard will sich die Angelegenheit noch überlegen.	

Merke:

Ist der Knabe noch so klein, kann er doch schon Bote sein.

ÜBUNG 33

Setzen Sie zur Abgrenzung der Stellung eines Boten von der eines Vertreters die folgenden Merkmalspaare in das nachstehende Schema ein:
1. Entscheidungsspielraum/Kein Entscheidungsspielraum
2. Gibt fremde Willenserklärung ab/Gibt eigene Willenserklärung ab
3. Vertretungsmacht/Botenmacht
4. Kann geschäftsunfähig sein/Muss zumindest beschränkt geschäftsfähig sein.

Merkmal	Bote	Vertreter
Handlungsbefugnis		
Auftreten		
Geltungsgrund der Willenserklärung		
Erforderliche Geschäftsfähigkeit		

BASISTEXT   Inhalt und Bedeutung einer Vollmacht

Vierte Voraussetzung für eine wirksame Stellvertretung ist schließlich, dass der Vertreter **mit Vertretungsmacht** handelt. Das bedeutet, dass er

- das abgeschlossene Rechtsgeschäft **überhaupt** und
- in diesem **Umfang** und
- mit diesem **Vertragspartner** und
- zu diesem **Zeitpunkt** schließen durfte.

Die erforderliche Vertretungsmacht erhält ein Vertreter durch eine sog. **Vollmacht**.

Vollmacht

ist die **durch Rechtsgeschäft** erteilte Vertretungsmacht.

Eine Vollmacht wird durch eine **empfangsbedürftige Willenserklärung** erteilt (§ 167 BGB). Die Erklärung ist grundsätzlich **formlos** gültig; selbst wenn das Rechtsgeschäft, für das die Vollmacht bestimmt ist, einer Form bedarf (§ 167 Abs. 2 BGB).

Die Erteilung einer **Vollmachtsurkunde** ist nicht erforderlich, aber aus Gründen der Rechtsklarheit ratsam. Erklärungsempfänger kann der zu Bevollmächtigende oder der Dritte sein, dem gegenüber die Vertretung stattfinden soll (§ 167 Abs. 1 BGB). Demnach sind folgende Fälle zu unterscheiden:

Arten der Vollmacht ÜBERSICHT 10

1. Die **Innenvollmacht** ist die Vollmacht, die gegenüber dem Vertreter erklärt wird (§ 167 Abs. 1 Alt. 1 BGB).
    Beispiel:
    Jan beauftragt seinen Bruder Marc, der in seiner gut gehenden Firma hin und wieder aushilft, einen neuen Firmenwagen bei dem Autohaus Mercedes-Müller zu erstehen.

2. Die **Außenvollmacht** ist die gegenüber einem Dritten erklärte Vollmacht (§ 167 Abs. 1 Alt. 2 BGB).
    Beispiel:
    Am gleichen Tag ruft Jan bei dem Computerfachhandel VirusAttack an und teilt dem Inhaber mit, sein Bruder Marc werde gleich vorbeischauen, einen neuen Firmen-Computer aussuchen und auf Rechnung mitnehmen.

3. Die **Spezialvollmacht** berechtigt nur zur Vornahme eines bestimmten Geschäfts.
    Beispiel:
    In den Beispielen zu 1. und 2. liegt eine Spezialvollmacht vor, da Marc jeweils (nur) für einen einzigen Kauf bevollmächtigt wurde.

4. Die **Art- oder Gattungsvollmacht** berechtigt zur Vornahme einer bestimmten Art von Rechtsgeschäften.
    Beispiel:
    Beauftragt Jan hingegen den Marc, künftig sämtliche Käufe und Verkäufe von Firmenwagen vorzunehmen, liegt eine (weitergehende) Gattungsvollmacht vor.

5. Die **Generalvollmacht** berechtigt zur Vornahme aller Rechtsgeschäfte, soweit Vertretung zulässig ist. Gesetzlich vorgesehene Sonderform ist die sog. **Prokura**.
    Beispiel:
    Beauftragt Jan den Marc schließlich, sämtliche Rechtsgeschäfte vorzunehmen, die mit seiner Firma in Zusammenhang stehen, hat er seinem Bruder eine Generalvollmacht erteilt.

6. Die **Hauptvollmacht** wird vom Geschäftsherrn selbst erteilt, die **Untervollmacht** vom Bevollmächtigten oder vom gesetzlichen Vertreter.
    Beispiel:
    Jan hat Marc in den Beispielen eine Hauptvollmacht erteilt. Beauftragt Marc seinerseits seine Schwester Svenja mit den Käufen, so erhält diese eine Untervollmacht.

7. Die **Duldungsvollmacht** liegt vor, wenn der Vertretene es wissentlich geschehen lässt, dass ein anderer für ihn wie ein Vertreter auftritt und der Geschäftsgegner dieses Dulden so verstehen darf, dass der Handelnde bevollmächtigt ist.
    Beispiel:
    Als Marc im Fall 2. einen Computer gekauft hat, hat er sich zugleich im Computerladen umgesehen und, obwohl Jan ihm das eigentlich gar nicht gesagt hatte, hilfreiche Software, u. a. ein Virenschutzprogramm, erstanden. Dies hat er Jan hinterher auch erzählt. Bei künftigen Computerkäufen hat Marc diese „Tradition" dann aufrechterhalten und nützliches Zubehör immer gleich mitgenommen; Jan hat sich letztlich darüber niemals beschwert.

8. Die **Anscheinsvollmacht** ist gegeben, wenn der Vertretene das Handeln seines angeblichen Vertreters nicht kennt, es aber bei pflichtgemäßer Sorgfalt hätte erkennen und verhindern können und der Geschäftsgegner annehmen darf, der Vertretene dulde und billige das Handeln seines Vertreters.
    Beispiel:
    Auch bei dem Autohändler hat sich Marc immer umfangreich umgesehen und so einiges an Autozubehör mitgenommen. Dies allerdings hat er Jan nicht erzählt; jedoch hatte sich Jan, der Rechnungen von Mercedes-Müller immer ungesehen abzeichnete, in den Tagen nach so einer „Autotour" immer gewundert, was sich denn so Neues in seinem Fuhrpark finden ließ ...

9. Eine **postmortale Vollmacht** wird angenommen, wenn die Vollmacht für den Todesfall erteilt wird.
    Beispiel:
    Da Jan trotz allem seiner Schwester Svenja „irgendwie mehr über den Weg traute", hat er in seinem Testament verfügt, dass allein Svenja im Falle seines Todes die Geschäfte weiterführen und vor allem über sein Firmenkonto verfügen solle. Svenja hat schon zu Lebzeiten des Jan eine Vollmacht erhalten, die sich aber erst im Todesfall von Jan auswirkt.

Begehrter Picasso   **FALL 10**

Karsten Anderson in Hamburg, der dringend Geld braucht, will eines seiner Bilder von
Picasso verkaufen. Da er verreisen muss, bittet er seinen Freund Bernd Streicher, dies für
ihn zu tun. Streicher setzt sich daraufhin mit mehreren Kunsthändlern in Verbindung, hat
aber die Zeichnung, als Anderson zwei Wochen später zurückkommt, immer noch nicht
verkauft. Auf seiner Reise hat Anderson einen Interessenten kennen gelernt und sagt
nun zu Streicher, von dem er sich das Bild aushändigen lässt, er solle sich nicht weiter
bemühen, da er die Sache nun selbst in die Hand nehmen wolle.
Dennoch verkauft Streicher zwei Tage später die Zeichnung im Namen des Anderson an
den Kunsthändler und vermögenden Grafen Guido von Lauenburg, der eigens von
München nach Hamburg gereist war, um das Bild zu kaufen. Er hatte die Möglichkeit,
das Bild mit einem Gewinn von 400,- EUR weiterzuverkaufen. Von Lauenburg ist der
Meinung, dass das Bild ihm zustehe, zumindest aber müssten ihm die Fahrtkosten und
die 400,- EUR ersetzt werden.

Aufgabe: Prüfen Sie die Rechtslage, indem Sie den folgenden Lückentext ausfüllen.

1. Von Lauenburg könnte gegen Anderson einen Anspruch auf ....
    .... gem. § 433 Abs. 1 S. 1 BGB haben.

    Voraussetzung ist, dass zwischen von Lauenburg und Anderson ein wirksamer

    ..*Kaufvertrag*.... zustande gekommen ist.

    Da von Lauenburg nicht mit Anderson selbst, sondern nur mit Streicher verhandelt

    hatte, ist dies nur möglich, wenn Streicher bei den Vertragsverhandlungen als

    .... des Anderson i. S. d. § 164 Abs. 1 BGB gehandelt hat. Dann

    müsste Streicher zunächst eine .... abgegeben haben. Entspre-

    chend des ursprünglichen Auftrags des Anderson sollte Streicher sich bezüglich des

    Preises und des Käufers selbst entscheiden können. Streicher setzte sich mit mehre-

    ren Kunsthändlern in Verbindung und unterbreitete schließlich dem von Lauenburg

    ein Verkaufsangebot. Demnach liegt eine eigene Willenserklärung des Streicher vor.

    Diese Willenserklärung müsste Streicher .... abgegeben haben.

    Streicher verkauft den Picasso im Namen des Anderson an den Kunsthändler von

    Lauenburg. Somit hat Streicher eine Willenserklärung in fremdem Namen abgege-

    ben.

Gem. § 164 Abs. 1 S. 1 BGB müsste Streicher ....

.... gehandelt haben. Dies wäre dann der Fall, wenn ihm Anderson gem.

§ 167 Abs. 1 BGB eine .... erteilt hätte. Anderson bittet seinen Freund

Streicher, die Picasso-Zeichnung für ihn zu verkaufen.

Eine Vollmacht lag zunächst vor. Fraglich ist jedoch, ob diese Vertretungsmacht auch noch zum Zeitpunkt der Abgabe der Willenserklärung des Vertreters, also hier zum Zeitpunkt des Verkaufsangebots durch Streicher und dessen Annahme durch von Lauenburg vorgelegen hat.

Das wäre dann zu verneinen, wenn Anderson die dem Streicher erteilte Vollmacht gemäß § 168 S. 3 i. V. m. § 167 Abs. 1 BGB .... hätte. Zu dem Zeitpunkt der Abgabe der Willenserklärung hatte Anderson dem Streicher bereits mitgeteilt, dieser solle sich nicht weiter bemühen, da er die Sache nun selbst in die Hand nehmen wolle. Demnach hat Anderson die Vollmacht widerrufen. Die Voraussetzungen für eine wirksame Vertretung des Anderson durch Streicher sind nicht gegeben.
(Der Sachverhalt bietet keine Anhaltspunkte dafür, dass Anderson von dem Handeln des Streicher wusste oder hätte wissen können, demnach kommt die Prüfung einer Duldungs- oder .... nicht in Betracht.)
Anderson könnte das Rechtsgeschäft jedoch noch an sich ziehen, wenn er den schwebend unwirksamen Vertrag gem. § 177 Abs. 1, § 184 Abs. 1 BGB .... Anderson hat selbst einen Interessenten gefunden und lässt sich das Bild von Streicher aushändigen. Hiermit bringt er zum Ausdruck, dass er den Vertrag nicht .... wird. Demnach liegt keine .... vor.
Ergebnis: Mangels eines wirksamen Kaufvertrages zwischen Anderson und von Lauenburg kann von Lauenburg keinen Anspruch gegen Anderson aus § 433 Abs. 1 S. 1 BGB herleiten.

2. Von Lauenburg könnte gegen Streicher einen Anspruch .... des Bildes und .... haben gem. § 433 Abs. 1 S. 1 BGB.

   Voraussetzung ist, dass zwischen von Lauenburg und Streicher ein wirksamer Kaufvertrag zustande gekommen ist. Streicher verkaufte ausdrücklich im Namen des Anderson. Streicher gab also keine auf einen eigenen Vertragsschluss mit von Lauenburg gerichtete Willenserklärung ab, sondern handelte wie ein .... , was für von Lauenburg auch erkennbar war, so dass § 164 Abs. 2 BGB nicht greift.

   Ergebnis: Mangels eines wirksamen Kaufvertrages zwischen von Lauenburg und Streicher kann von Lauenburg keinen Anspruch gegen Streicher aus § 433 Abs. 1 S. 1 BGB herleiten.

3. Von Lauenburg könnte gegen Streicher einen Anspruch auf .... gem. § 179 Abs. 1 BGB haben. Voraussetzung ist, dass Streicher als .... handelte und Anderson auch keine .... erteilte. Dies wurde bereits unter Punkt 1 geprüft und bejaht. Somit könnte von Lauenburg zwar das Bild verlangen, doch ist die Realisierung des Anspruchs nicht möglich, wenn der Eigentümer Anderson das Bild nicht hergibt.

   Ergebnis: Ein Anspruch auf Erfüllung besteht zwar grds. nach § 179 Abs. 1 BGB, ihm steht jedoch die Einrede der subjektiven Unmöglichkeit (..................) entgegen.

4. Von Lauenburg könnte gegen Streicher einen Anspruch auf .... gem. § 179 Abs. 1 BGB haben. Voraussetzung ist, dass Streicher als .... handelte und Anderson auch keine .... erteilte. Dies wurde bereits unter Punkt 1 geprüft und bejaht. Von Lauenburg kann daher .... wählen. Er ist dabei so zu stellen, wie er gestanden hätte, wenn der Vertrag ordnungsgemäß erfüllt worden wäre (positives Interesse oder ....). Streicher muss dem von Lauenburg die 400,- EUR ersetzen, nicht aber die Fahrtkosten, da diese auch bei ordentlicher Erfüllung angefallen wären.

   Ergebnis: von Lauenburg hat also einen Anspruch gegen Streicher auf Schadensersatz in Höhe von 400,- EUR aus § 179 Abs. 1 BGB.

BASISTEXT   **Handeln ohne Vertretungsmacht**

Das BGB nennt mehrere **Erlöschensgründe einer Vollmacht**. Im Regelfall ist anzunehmen, dass mit der Beendigung des Grundverhältnisses (z. B. Auftrag, Arbeitsvertrag) auch die Vollmacht enden soll (vgl. § 168 S. 1 und 2 BGB). Selbst wenn das Grundverhältnis fortbesteht, ist ein Erlöschen der Vollmacht durch Widerruf möglich (§ 168 S. 2 und 3 BGB).

Schließt der Vertreter zwar im Namen des Vertretenen, aber **ohne Vertretungsmacht** einen Vertrag, dann verdient nicht nur der Vertretene, sondern auch der Dritte Schutz: Der Vertretene wird so geschützt, dass das Geschäft nicht für und gegen ihn wirkt. Er hat aber die Möglichkeit, den Vertrag **zu genehmigen** (§ 177 Abs. 1 BGB). Die Genehmigung kann er gegenüber dem Vertreter oder dem Dritten erklären (§ 182 Abs. 1 BGB).

Damit wird der Vertretene aus dem Vertrag genauso berechtigt und verpflichtet, als wenn der Vertreter von vornherein Vertretungsmacht gehabt hätte. Bis zur Genehmigung bleibt also die Wirksamkeit des Vertrages in der Schwebe, er ist **schwebend unwirksam**. Lehnt der Vertretene die Genehmigung ab, so ist der Vertrag endgültig unwirksam.

Der Dritte kann den Vertretenen **zur Erklärung über die Genehmigung auffordern**, § 177 Abs. 2 BGB. Dadurch wird seine Ungewissheit über die Wirksamkeit des Geschäfts zwar noch nicht beendet; das Gesetz knüpft aber an diese Aufforderung Rechtsfolgen: der Vertretene kann seine Erklärung nunmehr nur noch gegenüber dem Dritten (nicht gegenüber dem Vertreter) abgeben, § 177 Abs. 2 S. 1 BGB. Vor allem aber läuft vom Zugang der Aufforderung eine Frist von **zwei Wochen**, innerhalb der die Genehmigung zu erklären ist: Wird sie nicht erklärt, gilt sie als verweigert, § 177 Abs. 2 S. 2 BGB.

Durch diese Fiktion wird der Schwebezustand im Interesse des Dritten beendet; das Geschäft ist endgültig unwirksam, woran auch eine spätere Genehmigung nichts mehr ändert.

Dem Dritten wiederum gibt § 179 BGB einen Erfüllungs- oder Schadensersatzanspruch gegen den **Vertreter ohne Vertretungsmacht**. Der Dritte ist allerdings dann nicht schutzwürdig, wenn er den Mangel der Vertretungsmacht kannte oder kennen musste (§ 179 Abs. 3 S. 1 BGB).

FALL 11   **Treuloser Vertreter**

Der Gebrauchtwagenhändler Horst Braun teilt seinem Kunden Detlef Quesner telefonisch mit, dass er ihm einen gut erhaltenen Gebrauchtwagen für 4.500,- EUR anbieten könne. Detlef erwidert, dass er seinen sachverständigen Freund Felix Martens schicken werde, der den Wagen besichtigen und für den Fall, dass sich die Angaben des Horst über den Zustand des Wagens als richtig erwiesen, für ihn – den Detlef – kaufen solle. Als Detlef diesen Sachverhalt dem Felix mitteilt und ihn bittet, in der mit Horst vereinbarten Weise tätig zu werden, lehnt Felix das mit der Begründung ab, dass er keine Zeit habe.

Er geht gleichwohl am nächsten Tag zu Horst, begutachtet den Wagen und erklärt, dass er ihn für 4.500,- EUR, die er sofort bezahlen wolle, kaufen würde. Detlef erfährt von diesem Vorgang und verständigt Horst, dass er die Lieferung des von Felix bezahlten Wagens beanspruche. Felix dagegen erklärt dem Horst, dass er den Wagen für sich und nicht für Detlef gekauft habe; er verlangt, dass der Wagen ihm ausgehändigt wird.

Horst ist nicht sicher, wem er aus dem Kaufvertrag verpflichtet ist. Er bittet um ein Rechtsgutachten.

Aufgabe. 1. Erstellen Sie eine Personenskizze, in welcher Sie eintragen, wie die Personen zueinander in Beziehung stehen.
2. Fertigen Sie sodann das Rechtsgutachten.

 Notieren Sie die Lösung auf einem besonderen Blatt.

ÜBUNG 34

Prüfen Sie die folgenden Aussagen.

Aussage	Lösung
1. Mit „Innenverhältnis" bezeichnet man im Recht der Stellvertretung die Beziehung zwischen Vertreter und Vertretenem.	
2. Die Ausgestaltung des Innenverhältnisses bestimmt das rechtliche Können des Vertreters.	
3. Maßgebendes Rechtsverhältnis für die Beziehung zwischen Vertreter und Drittem ist die Vollmacht, maßgebendes Rechtsverhältnis für die Beziehung zwischen Vertreter und Vertretenem z. B. ein Arbeitsvertrag oder ein Auftrag.	
4. Botenstellung und Stellvertretung führen zu unterschiedlichen Ergebnissen im Falle des Todes des Vertretenen: Während im Falle des Todes des Vertretenen die Vollmacht erlischt, so dass der Vertreter dann ohne Vertretungsmacht handelt, kann der Bote die abgegebene Erklärung auch noch nach dem Tode des Erklärenden zugehen lassen, so dass eine Annahme noch möglich ist.	

Aussage	Lösung
5. Eine Willenserklärung ist nicht anfechtbar mit der Begründung, der Erklärende habe die im eigenen Namen abgegebene Erklärung eigentlich im fremden Namen abgeben wollen.	
6. Eine Willenserklärung ist aber doch mit der Begründung anfechtbar, die im fremden Namen abgegebene Erklärung habe der Erklärende eigentlich im eigenen Namen abgeben wollen.	
7. Die Erteilung der Vollmacht muss schriftlich geschehen, bei der Beauftragung des Boten ist mündliche Form ausreichend.	
8. Der Vertreter gibt eigene Willenserklärungen ab, der Bote übermittelt fremde Willenserklärungen.	
9. Das Handeln des Vertreters ist rechtsgeschäftlicher Natur, das Handeln des Boten ist tatsächlicher Natur.	
10. Bote kann nur ein Geschäftsunfähiger sein, Vertreter kann nur ein Geschäftsfähiger sein.	

WISSENSTEST

1. Bitte ankreuzen:
    Würden Sie meinen, dass die Stellvertretung heute gegenüber früher
    a. an Bedeutung eingebüßt hat? ☐
    b. viel bedeutender geworden ist? ☐
    c. etwa gleich bedeutend geblieben ist? ☐
    Warum ist das so?

Lösung:

2. Welches wichtige Prinzip der Stellvertretung kommt in § 164 Abs. 1 BGB zum Ausdruck?

    Lösung:_____

3. Geben Sie ein Beispiel für gesetzliche Stellvertretung.

    Lösung:_____

4. Welche dreistufige Prüfungsfolge empfiehlt sich im Vertretungsrecht?

Lösung:
a.
b.
c.

5. Kreuzen Sie an, in welchen Rechtsgebieten Sie die Stellvertretung grundsätzlich für zulässig halten.
    a. Schuldrecht ☐
    b. Sachenrecht ☐
    c. Familienrecht ☐
    d. Erbrecht ☐
    e. Handelsrecht ☐

    Begründung: _____
    _____
    _____

6. Nennen Sie mindestens zwei Kriterien, durch die sich Bote und Stellvertreter unterscheiden.

Lösung:
1.
2.

7. Streichen Sie im folgenden Text die falschen Wörter durch.

    Die zwischen Vertreter/Bevollmächtigtem und Vertretenem/Vollmachtgeber bestehende Rechtsbeziehung nennt man Außenverhältnis/Innenverhältnis. Es regelt das rechtliche Dürfen/Können des Vertretenen/des Vertreters und kann beliebig beschränkt/überhaupt nicht beschränkt werden. Dagegen heißt das Verhältnis zwischen dem Geschäftsgegner/Geschäftspartner und dem Vollmachtgeber/Bevollmächtigten Innenverhältnis/Außenverhältnis und bestimmt das rechtliche Dürfen/Können des Bevollmächtigten.

Dieses Verhältnis kann durch einfache Erklärung gegenüber dem Bevollmächtigten/Geschäftspartner/Geschäftsgegner beschränkt und in bestimmten im HGB geregelten Fällen gar nicht beschränkt werden (vgl. § 50 Abs. 1 HGB).

8. Zwischen welchen Personen kommt beim „Geschäft für wen es angeht" der Vertrag zustande? Wie erfolgt die Übereignung z. B. einer gekauften Sache?

 Notieren Sie die Lösung auf einem besonderen Blatt.

9. Erläutern Sie den Unterschied zwischen Außen- und Innenvollmacht.

 Notieren Sie die Lösung auf einem besonderen Blatt.

10. Welche Gestaltungsmöglichkeiten hat der Vertretene und welche hat der Dritte, wenn ein Vertreter ohne Vertretungsmacht gehandelt hat?

 Notieren Sie die Lösung auf einem besonderen Blatt.

Allgemeine Geschäftsbedingungen

 BASISTEXT **Wesen und Bedeutung allgemeiner Geschäftsbedingungen**
Wie dargestellt, beruht ein Vertrag und dessen Inhalt auf der Einigung von zwei Personen. Grundsätzlich sind diese beiden Vertragsparteien einander gleichgestellt. Sie verhandeln daher im Prinzip so lange miteinander, bis sie sich auf den Inhalt des Vertrages einigen konnten. Allerdings wird diese Freiheit der inhaltlichen Gestaltung durch einen der beiden Vertragspartner mitunter durch sog. **Allgemeine Geschäftsbedingungen** i. S. v. §§ 305 ff. BGB eingeschränkt – das ist mittlerweile sogar sehr häufig der Fall.

Allgemeine Geschäftsbedingungen

sind **für eine Vielzahl** von Verträgen **vorformulierte Vertragsbedingungen**, die eine Vertragspartei (Verwender) der anderen bei Abschluss eines Vertrages **stellt** (§ 305 Abs. 1 S. 1 BGB).

Unter **Vertragsbedingungen** sind Bestimmungen zu verstehen, die Inhalt des Vertrages werden sollen. Dabei kann es sich um fast den ganzen Vertragsinhalt oder nur um einzelne Vertragsbestandteile handeln.

Beispiele:

- Zahlungs- oder Lieferungsbedingungen, die von dem Verkäufer bei der Bestätigung einer Bestellung beigefügt werden, treffen meist nur Regelungen über einzelne Vertragsteile.
- Bei Formularverträgen wie etwa Einheitsmietverträgen sind bis auf die Angabe des Mietobjekts, des Mietzinses und des Beginns der Mietzeit zumeist alle Vertragsbestimmungen enthalten.

Die Vertragsbedingungen müssen **für eine Vielzahl von Verträgen vorformuliert** sein. Dabei spielt es keine Rolle, ob der Verwender selbst, sein Interessenverband oder ein Dritter sie aufgesetzt hat. Es ist auch gleichgültig, ob die Bestimmungen einen äußerlich gesonderten Vertragsbestandteil bilden oder in die Vertragsurkunde selbst aufgenommen werden, welchen Umfang sie haben, in welcher Schriftart sie verfasst sind und welche Form der Vertrag hat.

Die Vertragsbedingungen müssen schließlich dem Vertragspartner von dem Verwender **gestellt**, also einseitig auferlegt werden. Daran fehlt es, wenn die Vertragsbedingungen zwischen den Parteien im Einzelnen ausgehandelt werden. Im Übrigen regelt § 305 b BGB ausdrücklich, dass individuelle Vertragsabreden immer Vorrang vor Allgemeinen Geschäftsbedingungen haben.

Beispiel:

In einem Formular-Autokaufvertrag ist die Gewährleistung ausgeschlossen, was unter Privatleuten möglich ist (§444, § 476, § 477 BGB – kein Verbrauchsgüterkauf). Der Käufer lässt sich jedoch vom Verkäufer zusichern, dass Bremsen und Auspuff mindestens noch drei Jahre reparaturfrei sind. Diese Individualabrede geht nach § 305 b BGB den AGB des Kaufvertrages vor.

ÜBUNG 35

Überlegen Sie, welche Vor- und Nachteile die Verwendung Allgemeiner Geschäftsbedingungen hat. Halten Sie Ihre Gedanken in der folgenden Tabelle fest.

Vorteile	Nachteile
1.	1.
2.	2.
	3.

BASISTEXT   **Voraussetzungen für die Geltung**
allgemeiner Geschäftsbedingungen

Allgemeine Geschäftsbedingungen sind, obwohl sie mitunter so klingen, <u>keine</u> Rechtsnormen. Daraus ergibt sich, dass sie erst dann rechtlich verbindlich werden, wenn sie durch eine **Einbeziehungsvereinbarung** Inhalt des einzelnen Vertrages werden. Eine derartige Einbeziehung hat drei Voraussetzungen:

1. Zunächst muss der Verwender die andere Vertragspartei bei Vertragsschluss **ausdrücklich auf die AGB hinweisen.** Ausnahmsweise, wenn nämlich ein ausdrücklicher Hinweis wegen der Art des Vertragsschlusses nur unter unverhältnismäßigen Schwierigkeiten möglich ist, genügt auch ein deutlich sichtbarer Aushang am Ort des Vertragsschlusses. Das gilt z. B. für Verträge des täglichen Lebens, bei denen AGB üblicherweise zu erwarten sind, ein ausdrücklicher Hinweis in der Praxis aber kaum möglich ist (z. B. Beförderung durch die Straßenbahn, Reinigung von Kleidung in einer Wäscherei).

2. Der Vertragspartner muss zweitens in zumutbarer Weise von dem Inhalt der AGB **Kenntnis nehmen können**. Diese müssen für einen Durchschnittskunden mühelos lesbar und ohne übermäßigen Zeitaufwand auch verständlich sein.

3. Schließlich muss der Vertragspartner **mit der Geltung der AGB einverstanden sein**; das Einverständnis kann ausdrücklich oder konkludent erklärt werden.

Selbst wenn die Voraussetzungen für die Einbeziehung von AGB erfüllt sind, so wird eine Bestimmung dennoch nicht Vertragsbestandteil, wenn sie nach den Umständen, insbesondere nach dem äußeren Erscheinungsbild des Vertrages so ungewöhnlich ist, dass der Vertragspartner des Verwenders mit ihr nicht zu rechnen braucht (§ 305 c BGB). Diese Bestimmung will den Partner **vor Überraschungen schützen**; er soll darauf vertrauen dürfen, dass die AGB sich im Rahmen dessen halten, was bei einem solchen Vertrag normalerweise zu erwarten ist.

Beispiel:
Andrea Streicher hat von dem Händler Schieber eine Kaffeemaschine erstanden. Nach dessen AGB verpflichtet sie sich außerdem, jeden Monat fünf Pfund Kaffee bei ihm zu kaufen.

Zum anderen enthält das BGB einen Katalog von Klauseln, die als AGB inhaltlich von vornherein nicht zulässig sind. Dieser findet sich in den § 307 bis § 309 BGB. Prüfungstechnisch beginnt man dabei mit einer Untersuchung des § 309 BGB, denn diese Norm enthält sog. „**Klauselverbote ohne Wertungsmöglichkeit**": enthält also eine AGB eine der dort abschließend aufgezählten Klauseln, so ist sie ohne weiteres unwirksam. Wegen der § 474, § 475 BGB (Verbrauchsgüterkauf) hat vor allem § 309 Nr. 8 Buchst. b) bb) BGB Bedeutung.

Beispiel:

> In den AGB eines Möbelverkäufers heißt es: *„Bei Mangelhaftigkeit der Kaufsache steht dem Käufer stets nur ein Anspruch auf Nacherfüllung zu."* Diese Klausel verweigert dem Käufer einen Mindestrechtsschutz; wenn nämlich die Nacherfüllung durch den Verkäufer fehlschlägt, hat der Käufer keinerlei Rechte wegen des Mangels der Kaufsache, insbesondere keine Möglichkeit, den Kaufpreis zu mindern. Deshalb ist nach § 309 Nr. 8 Buchst. b), bb) BGB diese Klausel unwirksam.

Der insoweit etwas schwächere § 308 BGB enthält ebenfalls Klauselverbote, welche eine Allgemeine Geschäftsbedingung aber nur „im Allgemeinen" unwirksam machen und daher die Möglichkeit einer Wertung im Einzelfall eröffnen.

Da der gesetzliche Katalog unzulässiger Klauseln nicht alle in der Praxis vorkommenden Klauseln, die gegen den Grundsatz von Treu und Glauben verstoßen, enthalten kann, stellt § 307 BGB als Auffangtatbestand eine **Generalklausel** auf. Danach sind AGB unwirksam, wenn sie den Vertragspartner des Verwenders entgegen den Geboten von Treu und Glauben **unangemessen benachteiligen.**
Eine solche unangemessene Benachteiligung ist im Zweifel in zwei Fällen zu bejahen:

1. Eine Bestimmung der AGB ist mit **wesentlichen Grundgedanken** der abbedungenen gesetzlichen Regelung nicht zu vereinbaren.

Beispiel:

> Nach den AGB eines Maklers soll der Anspruch auf Maklerlohn ohne Rücksicht auf die Maklerleistung entstehen. Diese Klausel verstößt nicht gegen eine der in §§ 308 f. BGB enthaltenen Spezialregeln, wohl aber gegen die Generalklausel des § 307 Abs. 1 BGB. Nach dem gesetzlichen Leitbild des Maklerrechts hängt die Entstehung des Lohnanspruchs davon ab, dass der angestrebte Vertrag durch Nachweis oder Vermittlung des Maklers zustande kommt (§ 652 BGB). Eine davon abweichende AGB ist unwirksam, es gilt die gesetzliche Regelung des § 652 BGB.

2. Eine Bestimmung der AGB schränkt **wesentliche Rechte oder Pflichten,** die sich aus der Natur des Vertrages ergeben, so ein, dass die Erreichung des Vertragszwecks gefährdet ist. Insbesondere dürfen die AGB nicht zu einer Aushöhlung von Hauptpflichten der Parteien eines gegenseitigen Vertrages führen.

Beispiel:

> In den AGB eines Bewachungsunternehmens ist die Haftung für mangelhafte Bewachung ausgeschlossen. Damit ist eine ordnungsgemäße Erfüllung der Bewachungspflicht in Frage gestellt, so dass der Vertragszweck gefährdet ist.
> Dagegen verstößt die von einem Gebrauchtwagenhändler verwendete Klausel *„Gebraucht wie besichtigt und unter Ausschluss jeder Gewährleistung"* nicht gegen § 307 BGB.

Die Kataloge der § 308 und § 309 BGB sind nicht anwendbar, wenn die AGB gegenüber einer juristischen Person des öffentlichen Rechts, einem öffentlich-rechtlichen Sondervermögen oder einem Kaufmann verwendet werden; es bleibt aber auch dann bei der Generalklausel des § 307 BGB, vgl. § 310 Abs. 1 BGB.

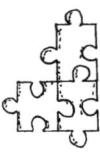

PRÜFUNGSSCHRITTE 2   **Wirksamkeit von Allgemeinen Geschäftsbedingungen**

I. **Anwendungsbereich** (§ 305 Abs. 1, § 310 BGB)

II. **Einbeziehung in den Vertrag**
1. Hinweis durch Verwender, Möglichkeit der Kenntnisnahme und Einverständnis des Kunden (§ 305 Abs. 2 BGB)
2. Keine überraschenden Klauseln (§ 305 c BGB)
3. Individualabreden gehen vor (§ 305 b BGB)

III **Inhaltskontrolle**
1. Abänderbares Gesetzesrecht (§ 307 Abs. 3 BGB)
2. Klauselverbote (erst § 309 BGB, dann § 308 BGB, dann § 307 BGB prüfen)

IV. **Folge bei Verstoß:**
Unwirksamkeit der Vertragsklausel und Geltung der gesetzlichen Regelungen (§ 306 BGB).

ÜBUNG 36
Beurteilen Sie, ob die folgenden AGB wirksam sind und geben Sie die gesetzliche(n) Vorschrift(en) an.

Beispiel	Antwort
1. Der Privatmann Michael Gericke verkauft Mona Goldmann mit Hilfe eines Formularvertrages vom ADAC seinen nagelneuen VW Golf „unter Ausschluss jeder Gewährleistung", da der Glückspilz soeben in einem Preisausschreiben einen Mercedes SLK gewonnen hat.	
2. Ein Jahr später verkauft Mona Goldmann den nun gebrauchten VW Golf an ihre Freundin Martina Behse; dabei verwendet auch sie den obigen Formularvertrag vom ADAC.	

Beispiel	Antwort
3. Michael Gericke verfasst daraufhin seine Formularverträge lieber selber. Er hat in einem Anfall von Kreativität sodann u. a. folgende Ideen: „Die Erklärung von Aufrechnungen gegen eine Forderung aus diesem Vertrag ist nicht möglich; dies gilt auch für Forderungen, die von mir nicht bestritten werden."	
4. Ferner: „Kaufpreis ist der bei Lieferung gültige Listenpreis." Diese Klausel führt dazu, dass seine Kunden mitunter entgegen dem ursprünglich vereinbarten Kaufpreis etwas mehr zahlen müssen, wenn nämlich die bestellte Ware eine lange Lieferfrist hat und bis dahin der Listenpreis gestiegen ist.	
5. Michael Gericke hat die Faxen jetzt dicke, gibt seine eigenen Verkaufsbemühungen auf und fängt als Mitarbeiter bei der Mercedes Benz AG an. Erfreut bemerkt er, dass er nunmehr berechtigt ist, alle zwei Jahre einen Neuwagen mit erheblichem Preisnachlass zu erwerben. Die „Allgemeinen Bedingungen für den Verkauf von Neufahrzeugen an Belegschaftsangehörige" sehen jedoch vor, dass die Mitarbeiter den Wagen dann „ein Jahr lang für sich bzw. ihre Familie, unter Ausschluss von Verleih, Vermietung usw." nutzen müssen. Als Michael das erworbene Fahrzeug schon nach einem halben Jahr weiterverkauft, verlangt die Mercedes Benz AG Nachzahlung des Kaufpreises in Höhe des gewährten Rabattes.'	
6. Schließlich bucht Michael entnervt eine Reise nach Tibet. Aufmerksam liest er die auf der Rückseite seiner Reiseunterlagen abgedruckten „Allgemeinen Reisevertragsbedingungen". Ziffer 12 lautet: „Tritt der Reisende von diesem Reisevertrag aus Gründen zurück, die in seiner Person liegen, so wird eine Stornierungskostenpauschale in Höhe von 10% des Reisepreises fällig. Bei Stornierungen während der letzten drei Tage vor Reisebeginn oder bei Nichtantritt der Reise werden außerdem Transportausfallkosten in Höhe von 50% des Reisepreises fällig, wenn nicht der Unternehmer einen höheren Schaden nachweist."	

PRAXISMUSTER 1   Allgemeine Geschäftsbedingungen

Reparaturbedingungen

1. Allgemeines
Diese Reparaturbedingungen gelten für sämtliche Reparaturmaßnahmen. Sie gelten auch für Reparaturen auf Grund eines Anspruches aus gesetzlichem Leistungsstörungsrecht oder aus Garantie soweit nachfolgend nichts anderes angegeben.

2. Auftragserteilung
a) Einen eventuellen Anspruch aus dem gesetzlichen Leistungsstörungsrecht oder aus Garantie muss der Kunde bei Auftragserteilung anmelden und diesen unter Vorlage des Zahlungsbeleges bzw. der vollständigen Garantieunterlagen nachweisen.

b) Kostenvoranschläge sind unverbindlich und kostenpflichtig.

c) Soweit keine ausreichende Fehlerbeschreibung vorliegt, gilt der Auftrag für alle Arbeiten, die wir für notwendig erachten, als erteilt. Wir sind zur Behebung von Mängeln berechtigt, die sich während der Arbeiten zeigen, sofern die Behebung zum einwandfreien Funktionieren des zu reparierenden Gegenstandes notwendig ist.

d) Bei Auftragserteilung für eine kostenpflichtige Reparatur kann der Kunde einen Reparaturhöchstpreis setzen. Soweit dieser überschritten wird oder der zusätzliche Reparaturaufwand nicht in einem angemessenen Verhältnis zum Wert des zu reparierenden Gegenstandes steht, ist das Einverständnis des Kunden für eine weitergehende Reparatur einzuholen.

e) Bei einer kostenpflichtigen Reparatur ist das Einverständnis des Kunden auch einzuholen, wenn sich erst bei Ausführung der Arbeiten zeigt, dass der angestrebte Reparaturerfolg oder der Reparaturaufwand nicht in einem angemessenen Verhältnis zum Wert des zu reparierenden Gegenstandes steht. Der Kunde ist in diesem Fall zur Erstattung der bis dahin entstandenen Kosten verpflichtet.

3. Reparaturdurchführung
a) Wir sind berechtigt, die Reparatur in eigener oder fremder Werkstatt vorzunehmen.

b) Reparaturtermine sind stets unverbindlich; die endgültige Reparaturzeit ergibt sich aus dem tatsächlich notwendigen Reparaturaufwand.

4. Reparaturkosten und Zahlung
a) Sämtliche kostenpflichtigen Reparaturen werden nach Zeitaufwand und verwendetem Material berechnet. Die Kosten pro Arbeitsstunde sind in den Annahmeräumen ausgehängt.

b) Kostenpflichtig reparierte Geräte werden nur gegen Barzahlung oder Nachnahme ohne Abzug ausgeliefert.

5. Aufbewahrung und Abholung
a) Wir sind berechtigt, reparierte Gegenstände an den Überbringer des Abholscheines oder eines anderen geeigneten Berechtigungsnachweises auszuhändigen.

b) Werden Reparaturen nicht innerhalb von 3 Wochen nach schriftlicher Mitteilung über die Fertigstellung abgeholt, verlangen wir Lagerkosten. Wir haften ab diesem Zeitpunkt nicht für Abhandenkommen und Beschädigung des Reparaturgegenstandes, soweit uns kein Vorsatz oder grobe Fahrlässigkeit trifft. Übersteigen die Lagerkosten den Zeitwert des Gerätes abzüglich entstandener Reparaturkosten, erlischt unsere Aufbewahrungspflicht.

6. Ansprüche aus Leistungsstörungsrecht bei kostenpflichtigen Reparaturen
a) Ansprüche wegen Mängeln bei kostenpflichtigen Reparaturen verjähren innerhalb von einem Jahr nach Abnahme.

b) Das Recht des Kunden bei Mängeln beschränkt sich zunächst auf die Nacherfüllung. Bei Fehlschlagen der Nacherfüllung kann der Kunde Herabsetzung der Vergütung oder Rückgängigmachung des Reparaturvertrages verlangen.

c) Schäden, die durch unsachgemäße oder vertragswidrige Maßnahmen des Kunden im Rahmen von Transport, Aufstellung, Anschluss, Bedienung oder Lagerung hervorgerufen werden, begründen keinen Anspruch gegen uns. Die Unsachgemäßheit und Vertragswidrigkeit bestimmt sich insbesondere nach den Angaben des Herstellers.

d) Durch den Kunden verursachte Softwarefehler oder Fehler, die durch Veränderung der Systemeinstellung oder Installation von Software, Treiber, weiteren Hardwarekomponenten o.ä. verursacht wurden, begründen keinen Anspruch des Kunden.

7. Haftung
a) Schadenersatzansprüche sind ausgeschlossen, soweit uns nicht Vorsatz oder grobe Fahrlässigkeit trifft.

b) Im Falle der Beschädigung des Reparaturgegenstandes sind wir zur kostenfreien Instandsetzung berechtigt. Soweit dies unmöglich oder mit unverhältnismäßig hohen Kosten verbunden ist, ist der Zeitwert am Tage der Beschädigung zu ersetzen.

8. Datensicherung
Bei Durchführung der Reparatur kann es zu Datenverlusten kommen. Wir übernehmen keine Haftung für die Sicherung eines vorhandenen Datenbestandes. Es unterliegt vielmehr allein der Verantwortung des Kunden, vor Reparaturauftrag für eine erforderliche Datensicherung Sorge zu tragen. Das Wiederherstellen des Datenbestandes obliegt dem Kunden. Die Kosten für etwaige Wiederherstellung des Datenbestandes durch uns – sofern eine solche möglich ist – hat der Kunde zu tragen.

9. Gerichtsstandsvereinbarung
Es gilt unser Gesellschaftssitz als ausschließlicher Gerichtsstand soweit der Kunde Vollkaufmann ist. Der gleiche Gerichtsstand gilt, wenn der Kunde keinen allgemeinen Gerichtsstand im Inland hat oder nach Vertragsabschluss seinen Wohnsitz oder gewöhnlichen Aufenthalt in das Ausland verlegt oder sein Wohnsitz oder gewöhnlichen Aufenthaltsort zum Zeitpunkt der Klageerhebung unbekannt ist.

04 Durchführung vertraglicher Schuldverhältnisse

Ordnungsgemäße und nicht ordnungsgemäße Durchführung   BASISTEXT

Soweit jede Seite ihre Pflichten aus einem Vertrag erfüllt, ist ein Schuldverhältnis schnell abgewickelt und beide Vertragspartner sind zufrieden. Das ist der Regelfall, und das vertragliche Schuldverhältnis ist ordnungsgemäß beendet. Manchmal aber gibt es Probleme: Der Schuldner leistet gar nicht, zu spät oder mangelhaft. Denkbar ist auch, dass der Gläubiger zu Unrecht die Annahme der ordnungsgemäß vom Schuldner angebotenen Leistung verweigert. Schließlich kann einer der beiden Vertragspartner u. U. eine sog. Nebenpflicht verletzen, z. B. die Sorgfaltspflicht, Rechtsgüter des anderen nicht unachtsam zu beschädigen. Die sich daraus ergebenden Probleme regelt das **Leistungsstörungsrecht**.

Grundnorm ist § 280 Abs. 1 BGB, der bei Pflichtverletzungen (jeder Art) **Schadensersatz** zuerkennt.

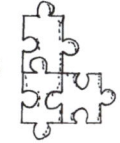

Anspruch auf Schadensersatz aus § 280 Abs. 1 S. 1 BGB   PRÜFUNGSSCHRITTE 3

1. Wirksames Schuldverhältnis i. S. d. § 311 BGB
2. Pflichtverletzung des Schuldners
3. Vertretenmüssen der Pflichtverletzung (Verschuldensvermutung)
4. Rechtsfolge: Ersatz des kausalen Schadens

Wie bereits angesprochen, stellt § 280 Abs. 1 S. 1 BGB nur die Grundnorm bei Pflichtverletzungen dar. Diese Norm für sich ist beispielsweise die richtige bzw. alleinige Anspruchsgrundlage, wenn der Schuldner eine Nebenpflicht verletzt, z. B. den verkauften Kühlschrank zwar tatsächlich liefert (daher keine Unmöglichkeit), auch rechtzeitig (daher kein Verzug) und der Kühlschrank schließlich auch völlig in Ordnung ist (daher keine Schlechtleistung), dann aber beim Herausgehen aus der Wohnung unachtsam eine Vase umreißt.

Für alle anderen, o.a. Pflichtverletzungen gibt es detaillierte Regelungen, so
- für die **Unmöglichkeit** § 275, § 283–285, § 311 a, § 326 BGB,
- für den **Schuldnerverzug** § 286, § 281 BGB,
- für die **Schlechtleistung** §§ 434 ff., §§ 536 ff., §§ 633 ff. BGB u. a. und
- für den **Gläubigerverzug** §§ 293 ff. BGB.

Sinnvollerweise nähert man sich der Auswahl der einschlägigen Art der Leistungsstörung durch folgendes Schema (was natürlich nur im Kopf abläuft und nicht gutachtlich niedergeschrieben wird):

Man beginnt mit der Frage „Ist die Erbringung der Leistung für den Schuldner überhaupt noch möglich bzw. zumutbar?" Lautet die Antwort „Nein", ist die Leistungspflicht ausgeschlossen, weil die Leistung tatsächlich bzw. praktisch **unmöglich** ist. Die Rechtsfolgen der Unmöglichkeit sind in § 275, § 280, § 283 bis § 285, § 311 a, § 326 BGB geregelt.
Ist die Leistung hingegen (grundsätzlich) noch möglich, liegt keine Unmöglichkeit, sondern **Verzug** vor. Die Rechtsfolgen richten sich vor allem danach, ob der Gläubiger die zu späte Leistung nach wie vor möchte und nur Ersatz sog. Verzögerungsschaden begehrt (vgl. § 286 Abs. 1 BGB) oder ob er für die zu späte Leistung keine Verwendung mehr hat und den Vertrag rückabwickeln möchte (§ 281 Abs. 1 BGB).
Ist drittens die Erbringung der Leistung noch möglich, ist sie auch rechtzeitig erfolgt, kann es sich nur um einen Fall der **Schlechterfüllung** von Verträgen handeln. Die Rechtsfolgen bestimmen sich dann nach dem jeweils betroffenen Vertragstyp, so etwa nach §§ 434 ff. BGB (Kauf), § 536 ff. BGB (Miete) und §§ 633 ff. BGB (Werkvertrag).
Ist schließlich auch dies nicht der Fall, muss es sich wohl um eine besagte **Nebenpflichtverletzung** (vgl. § 280 Abs. 1 S. 1 BGB) handeln.

Die Nichterfüllung von Verträgen: Unmöglichkeit

 BASISTEXT   **Inhalt der Unmöglichkeit**
Unmöglichkeit liegt vor, wenn der Schuldner die Leistung **gar nicht** erbringen kann,

1. weil es den Leistungsgegenstand nicht oder nicht mehr gibt: **tatsächliche Unmöglichkeit**.

Beispiel:
   Das verkaufte Buch existiert gar nicht oder verbrennt vor Übergabe.

2. weil die Rechtsordnung die Leistung nicht ermöglicht: **rechtliche Unmöglichkeit**.

Beispiel:
   Das verkaufte Buch soll übereignet werden, müsste hierzu jedoch vom Veräußerer, dem Eigentümer, noch gestohlen werden.

3. weil sie nach dem Grundsatz von Treu und Glauben dem Schuldner nicht zumutbar ist: **wirtschaftliche Unmöglichkeit**.

Beispiel:
   Das verkaufte Buch ist mit der Estonia zusammen versunken.

Kann niemand die Leistung erbringen, spricht man von **objektiver** Unmöglichkeit, kann sie nur der Schuldner nicht erbringen, von **subjektiver** Unmöglichkeit (sog. **Unvermögen**).

Beispiel:
> Die Übereignung eines verbrannten Buches ist jedermann d. h. aber objektiv unmöglich. Hingegen ist die Übereignung eines gestohlenen Buches dem Eigentümer möglich, dem Dieb als Verkäufer hingegen (subjektiv) unmöglich.

Unterscheiden kann man ferner **anfängliche** Unmöglichkeit (schon bei Vertragsschluss bestehend) und **nachträgliche** Unmöglichkeit (erst nach Vertragsschluss eintretend).

Beispiel:
> Verbrennt das Buch schon vor der Verhandlung zwischen Käufer und Verkäufer, liegt anfängliche, verbrennt es nach Abschluss des Vertrages, liegt nachträgliche Unmöglichkeit vor.

Für alle Fälle der Unmöglichkeit gilt jedoch einheitlich: Der Anspruch auf eine unmögliche Leistung ist gem. § 275 Abs. 1 BGB ausgeschlossen egal, ob es sich um eine anfängliche oder nachträgliche, eine objektive oder subjektive, eine tatsächliche wirtschaftliche oder rechtliche Unmöglichkeit handelt.

Allerdings:
> Infolge der Befreiung von der Leistungspflicht können **Sekundärleistungsansprüche** entstehen. Insoweit sind folgende Ansprüche vorhanden:

Sekundärleistungsansprüche bei Unmöglichkeit   ÜBERSICHT 11

1. § 311 a Abs. 2 BGB regelt die Voraussetzungen eines **Schadensersatzanspruchs** und wahlweise eines **Aufwendungsersatzanspruchs** bei anfänglicher Unmöglichkeit.

2. § 280 Abs. 1 und 3, § 283 BGB enthalten die Voraussetzungen eines **Schadensersatzanspruchs statt der Leistung** bei nachträglicher Unmöglichkeit.

3. Gemäß § 280, § 283, §284 BGB kann **Aufwendungsersatz** verlangt werden.

4. § 285 BGB enthält einen Anspruch auf **Surrogate**, die der Schuldner infolge der Leistungsbefreiung erlangt hat.

5. Gemäß § 326 Abs. 4 i. V. m. § 346 bis § 348 BGB kann eine erbrachte Gegenleistung **zurückgefordert** werden.

6. Gemäß § 326 Abs. 5 BGB hat der Gläubiger ein **Rücktrittsrecht**, wenn der Schuldner nach § 275 Abs. 1 bis 3 BGB nicht zu leisten braucht.

Im Einzelnen stellen sich die Ansprüche wie folgt dar:

1. **Schadensersatz „statt der Leistung"**
   Verlangt der Gläubiger Schadensersatz statt der Leistung, ist er – wirtschaftlich – so zu stellen, wie er bei ordnungsgemäßer Erfüllung gestanden hätte. Der Schaden ist die Differenz zwischen der Vermögenslage bei ordnungsgemäßer Erfüllung und der durch die Nichterfüllung tatsächlich eingetretenen Vermögenslage (**Differenzhypothese**).
   Bei einer teilweisen Unmöglichkeit kann der Gläubiger Schadensersatz wegen der gesamten Leistung nur bei Interessenwegfall verlangen, § 281 Abs. 1 S. 2 BGB. Ein Interessenwegfall liegt dann vor, wenn die Erbringung der möglichen Teilleistung gegen eine entsprechende Teilgegenleistung für den Gläubiger ohne Interesse ist und es für ihn günstiger wäre, insgesamt einen neuen Erfüllungsanspruch zu begründen.
   Beispiel:
   Die Stadt Welfenheim vermietete im Frühjahr 2010 an den Brieftaubenverein „Kehr wieder" die Stadthalle für eine Veranstaltung. Am Tag vor dem Beginn musste die Stadt die Vermietung unerwartet absagen, weil es versehentlich zu einer Doppelvermietung gekommen war. Der Verein musste darauf eine Ersatzhalle anmieten, was wegen der kurzfristigen Buchung 3.000,00 EUR mehr kostete. Der Verein kann die Mehrkosten als Schaden ersetzt verlangen. Daneben erhält der Verein ggf. den bereits gezahlten Mietzins zurück.

2. **Aufwendungsersatz gem. § 284 BGB**
   Anstelle des Schadensersatzanspruchs statt der Leistung kann der Gläubiger auch Aufwendungsersatz gem. § 284 BGB verlangen. Der Anspruch tritt an die Stelle eines Schadensersatzanspruchs. Im Unterschied zu einem Schaden handelt es sich bei Aufwendungen um Kosten, die der „Geschädigte" freiwillig auf sich genommen hat und die nun sinnlos sind.
   Beispiel:
   Im o. g. Fall hatte der Verein zudem bereits 2.000,- EUR ausgegeben, um für die Veranstaltung in der Stadthalle zu werben. Der Verein kann (auch) die Werbungskosten ersetzt verlangen.

3. **Surrogate gem. § 285 BGB**
   Wenn der Schuldner aufgrund einer Leistungsbefreiung nach § 275 Abs. 1 bis 3 BGB für den geschuldeten Gegenstand einen Ersatz oder einen Ersatzanspruch erlangt hat, kann der Gläubiger gem. § 285 Abs. 1 BGB Herausgabe des als Ersatz Empfangenen oder Abtretung des Ersatzanspruchs verlangen. Hierdurch soll verhindert werden, dass der Gläubiger das Surrogat erhält und weiterhin berechtigt ist, die Leistung zu verlangen.
   Beispiel:
   Die Stadt Welfenheim hatte für Fälle dieser Art eine Versicherung abgeschlossen, die eine vereinbarte Schadenspauschale überwies. Der Verein kann sich auch diese auszahlen lassen.

4. Rücktritt gem. § 326 Abs. 5 BGB

Die Möglichkeit, zurückzutreten, erscheint auf den ersten Blick überflüssig, da der Gläubiger eine evtl. erbrachte Gegenleistung auch ohne Rücktrittserklärung gem. § 326 Abs. 4, § 346 f. BGB zurückverlangen kann. Das Rücktrittsrecht des § 326 Abs. 5 BGB hat aber dann eine Bedeutung, wenn der Gläubiger den Grund für die Nichtleistung des Schuldners nicht kennt. Er kann dann dem Schuldner eine Nachfrist setzen und nach deren Ablauf zurücktreten. Stellt sich dann die Unmöglichkeit der Leistung heraus, ist zwar die Nachfrist überflüssig gewesen (§ 326 Abs. 5 letzter Halbsatz BGB), aber der Rücktritt ist wirksam.

Beispiel:

Im geschilderten Fall kann der Verein schließlich auch von dem geschlossenen Mietvertrag zurücktreten, dies ohne Setzen einer Nachfrist.

Flammende Poesie FALL 12

Buchhändler Arne Schneider und die Stadt Welfenheim schließen am 1. März einen Leihvertrag über die Originalausgabe der „Poetik des Aristoteles". Die Übergabe soll am 24. November stattfinden, denn dann will die Stadt das Buch in ihrem Museum ausstellen. Durch die Eintrittsgelder würde sie einen Überschuss erwirtschaften. Am 15. November will Schneider das Buch noch „ein letztes Mal" bei einem guten Glas Wein und im Kerzenschein seines neuen Kamins lesen. Leider nickt er über den eigentlich hochspannenden Zeilen ein. Das Buch entgleitet ihm und fällt – in den Kamin, wo es verbrennt.

Aufgabe: Prüfen Sie gutachtlich, welche Ansprüche der Stadt Welfenheim gegen Arne Schneider zustehen.

 Notieren Sie die Lösung auf einem besonderen Blatt.

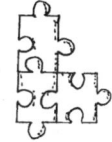

Anspruch auf PRÜFUNGSSCHRITTE 4
Schadensersatz bei nachträglicher Unmöglichkeit

1. Wirksames Schuldverhältnis
2. Leistungsbefreiung des Schuldners gem. § 275 BGB
3. Pflichtverletzung in Form von Nichterfüllung wegen Unmöglichkeit
4. Vertretenmussen der Pflichtverletzung (Verschuldensvermutung)
5. Rechtsfolge: Ersatz des kausalen Schadens

Der Sonderfall der anfänglichen Unmöglichkeit BASISTEXT

Wie oben dargelegt, hat die Unmöglichkeit der Leistung (nunmehr) stets dieselbe Konsequenz: Der Schuldner wird von seiner Leistungspflicht befreit. Dies gilt auch, wenn die Leistung von Anfang an unmöglich war, der Schuldner mithin etwas verspricht, was er überhaupt nicht zu leisten vermag. Anders als bei der nachträglichen Unmöglichkeit ergibt sich der Anspruch aber aus einer besonderen Norm: § 311 a Abs. 2 BGB.

Die Prüfung eines Anspruchs aus § 311 a Abs. 2 BGB wegen anfänglicher Unmöglichkeit richtet sich nach folgendem **Prüfschema**:

PRÜFUNGSSCHRITTE 5   Anspruch auf Schadensersatz bei anfänglicher Unmöglichkeit

1. Wirksames Schuldverhältnis
2. Ausschluss der (Primär-) Leistungspflicht des Schuldners aus § 275 BGB
3. Bestehen eines Leistungshindernisses bei Vertragsschluss
4. Kenntnis vom Leistungshindernis beim Vertragsschlusses oder grobfahrlässige Unkenntnis
5. Rechtsfolge: Ersatz des kausalen Schadens oder Ersatz der Aufwendungen

FALL 13   Bücher aus Phantasien

Das städtische Historische Museum der Stadt Welfenheim schließt mit dem Sammler Joachim Darichsen einen Leihvertrag über die Hitler-Tagebücher, die in einer Ausstellung gezeigt werden sollen. Dabei weiß Darichsen, nicht jedoch die Museumsleiterin Müller, dass diese nie geschrieben wurden. Die Stadt Welfenheim hätte mit den Eintrittsgeldern einen Gewinn von etwa 6.000,- EUR erwirtschaftet.

Aufgabe: Welche Ansprüche hat die Stadt Welfenheim?

 Notieren Sie die Lösung auf einem besonderen Blatt.

Die Verzögerung der Durchführung: Verzug

Schuldnerverzug

 **BASISTEXT**   **Inhalt des Schuldnerverzuges**

Ist dem Schuldner die Leistung zwar noch möglich, erbringt er die Leistung aber **zu spät**, können dem Gläubiger Ansprüche aus Verzug zustehen. Der Schuldner kommt grundsätzlich dann in Verzug, wenn er auf eine Mahnung des Gläubigers hin eine fällige, durchsetzbare Leistung nicht erbringt (§ 286 Abs. 1 S. 1 BGB).

Folgen des Schuldnerverzuges sind:

1. Anspruch des Gläubigers aus § 280 Abs. 1 und 2, § 286 BGB auf Ersatz des **Verzögerungsschadens** oder aus § 280 Abs. 1 und 3, § 281 BGB auf Schadensersatz statt der Leistung
2. Möglichkeit, vom Vertrag **zurückzutreten** und geleistete Zahlungen **zurückzufordern**
3. Anspruch auf **Verzugszinsen** aus § 288 BGB
4. **Erweiterte Haftung** des Schuldners gemäß § 287 BGB.

Der Eintritt des Verzugs hat keine Auswirkungen auf den Erfüllungsanspruch. Vielmehr treten die Ansprüche auf Ersatz des Verzögerungsschadens und die Verzugszinsen <u>neben</u> den Anspruch auf Erfüllung. Der Verzug des Schuldners gibt dem Gläubiger auch nicht (sogleich) das Recht, Schadensersatz statt der Leistung zu verlangen oder vom Vertrag zurückzutreten. Diese Rechte (§280 Abs. 1 und 3, § 281 BGB als Schadensersatzanspruch und § 323 BGB als Rücktrittsrecht) hat der Gläubiger erst nach einer erfolglosen **Fristsetzung**.

Der Eintritt des Verzugs setzt gem. § 286 Abs. 1 S. 1 BGB einen **fälligen und durchsetzbaren Anspruch** sowie grundsätzlich eine **Mahnung** voraus.

Voraussetzungen des Schuldnerverzuges   ÜBERSICHT 12

1. Der Anspruch muss zunächst **fällig** sein. Die Fälligkeit ist gegeben, wenn der Gläubiger die Leistung zu fordern berechtigt ist. Der Leistungszeitpunkt ergibt sich häufig aus Parteivereinbarung, im Zweifel ist die Leistung sofort fällig (§ 271 BGB).

2. Der fällige Anspruch muss auch **durchsetzbar** sein. Wenn nämlich dem Anspruch eine Einrede oder eine Einwendung entgegensteht, kann der Gläubiger grundsätzlich nicht erwarten, dass der Schuldner seinen Anspruch erfüllt.

3. Gem. § 286 Abs. 1 S. 1 BGB muss der Gläubiger den Schuldner grundsätzlich **mahnen**. Unter den Voraussetzungen des § 286 Abs. 2 BGB kann aber eine Mahnung auch einmal entbehrlich sein. Unter den Voraussetzungen des § 286 Abs. 3 BGB schließlich tritt der Verzug unabhängig von einer Mahnung bzw. deren Entbehrlichkeit ein.

4. Schließlich muss der säumige Schuldner seine (bisherige) Nichtleistung auch **zu vertreten haben**, wobei hier wiederum der § 286 Abs. 4 BGB eine Vermutungsregel aufstellt.

5. Ob neben den genannten noch eine weitere Voraussetzung erforderlich ist, hängt davon ab, welchen Anspruch der Gläubiger gegenüber dem Schuldner geltend macht. Geht es ihm „nur" um Ersatz der Verzögerungsschäden, d. h. der Schäden, die durch die zu späte Erfüllung der Leistungspflicht entstanden sind, braucht der Gläubiger außer der o. a. Mahnung nichts weiter zu veranlassen.
Geht es dem Gläubiger demgegenüber darum, sich vom Vertrag zu lösen und/oder statt der vereinbarten Leistung nunmehr vollen Schadensersatz zu erhalten, muss er zuvor dem Schuldner noch eine **angemessene Frist zur Nacherfüllung** gesetzt haben. Der Schuldner muss aufgefordert werden, die geschuldete Leistung zu erbringen; allein die Aufforderung, zu erklären, ob er leistungsbereit sei, reicht hierzu grundsätzlich nicht.

 **FALL 14**   **Bibelstunde**

Der reiche Erbe Graf und die Stadt Welfenheim schließen einen Leihvertrag über die berühmte Gutenberg-Bibel zum 01.07.2010. Graf liefert erst am 15.07. Die Stadt ist an der Leihgabe trotzdem interessiert, musste aber in der Zwischenzeit ein anderes Exponat zum Preis von 7.000,00 EUR mieten (Schriften des Heiligen Johannes).

Aufgabe: Welche vertraglichen Ansprüche hat die Stadt Welfenheim?

 Notieren Sie die Lösung auf einem besonderen Blatt.

Schauen wir uns nun die wichtigsten Voraussetzungen des **Schuldnerverzugs** etwas genauer an.

 **BASISTEXT**   **Die Mahnung**

> **Mahnung**
>
> ist die an den Schuldner gerichtete **eindeutige und bestimmte Aufforderung**, die Leistung zu erbringen.

Die Mahnung ist keine Willenserklärung, sondern eine sog. **rechtsgeschäftsähnliche Handlung,** weil der Verzugseintritt und die Verzugsfolgen durch das Gesetz und nicht durch den Willen des mahnenden Gläubigers bestimmt werden.

Die Mahnung kann grundsätzlich erst **nach Fälligkeitseintritt** wirksam erklärt werden. Eine vor der Fälligkeit erklärte Mahnung ist wirkungslos und erlangt auch nach Fälligkeitseintritt keine Wirkung.

Beispiel:
Jens Bader soll für eine Immobilien-GmbH ein Hochhaus errichten und bestellt bei Klaus Sander im Februar Fertigbetonteile auf Abruf. Am 17.03. ruft Bader die Lieferung der Betonteile ab. Sander liefert erst Anfang April. Bader kann von Sander Ersatz des entstandenen Schadens nicht schon ab dem 17.03. verlangen, sondern erst nach Ablauf einer angemessenen Lieferfrist.

Der Schuldner muss zur Erbringung der geschuldeten Leistung **aufgefordert** werden. Die Aufforderung muss sich grundsätzlich auf die Leistung **im richtigen Umfang, am richtigen Ort** und **in der richtigen Art und Weise** beziehen. Eine Zuwenigforderung hat nur den Verzug mit der tatsächlich angeforderten Leistung zur Folge. Eine Zuvielforderung ist i. d. R. unschädlich, es sei denn, die zu recht angemahnte Teilmenge tritt so in den Hintergrund, dass der Schuldner sich berechtigterweise als nicht wirksam gemahnt ansehen kann.

ÜBUNG 37

Entwerfen Sie unter Zuhilfenahme des folgenden Briefkopfes ein Schreiben der Stadt Welfenheim, mit welchem Sie Ihren säumigen Lieferanten – es steht noch die Lieferung von 100 Kisten Toilettenpapier entsprechend der telefonischen Bestellung vom 22.01.2010 aus – unmissverständlich an seine Pflichten erinnern.

Stadt Welfenheim
Die Bürgermeisterin
Schloßgarten 13
30470 Welfenheim

Firma
Sanitär-und-mehr GmbH
Torstraße 15
31115 Welfenheim

Ihr Zeichen	Mein Zeichen	Sachbearbeiter	Telefon	Datum
Y 23-687	52.712	Herr Minze	0531-168453	15.03.2010

Lieferung von Toilettenpapier

Sehr geehrte Damen und Herren, ...

...

BASISTEXT   **Entbehrlichkeit der Mahnung gem. § 286 Abs. 2 BGB**

Wie dargestellt, erfordert der Eintritt des Vertrages, dass **grundsätzlich** eine Mahnung erfolgt. „Grundsätzlich" bedeutet aber auch, es gibt hiervon Ausnahmen, d. h. der Schuldner kommt dann auch **ohne** Mahnung in Verzug.

1. Nach § 286 Abs. 2 Nr. 1 BGB ist eine Mahnung entbehrlich, wenn der **Leistungszeitpunkt nach dem Kalender bestimmt** ist. Eine kalendermäßige Bestimmung liegt nicht nur dann vor, wenn ein exaktes Datum für die Leistung bestimmt ist, sondern auch dann, wenn ein Leistungszeitraum festgelegt ist, wie z. B. „Ende Februar", „Erste Dekade des Aprils" oder „8. Kalenderwoche". Der Verzug beginnt in diesen Fällen allerdings nicht mit dem Beginn der Zeitspanne, sondern erst mit deren Ablauf.

2. Nach § 286 Abs. 2 Nr. 2 BGB ist eine Mahnung entbehrlich, wenn der Leistung **ein Ereignis vorauszugehen hat** und die Leistungszeit von dem Ereignis ab nach dem Kalender **berechenbar** ist: so beispielsweise „2 Wochen nach Kaufpreiszahlung", „3 Tage nach Abruf", „1 Woche nach Lieferung".

3. Nach § 286 Abs. 2 Nr. 3 BGB ist eine Mahnung bei **ernsthafter und endgültiger Leistungsverweigerung** des Schuldners entbehrlich. In diesem Fall wäre eine Mahnung auch wegen offensichtlicher Zwecklosigkeit bloße Förmelei.

4. Nach § 286 Abs. 2 Nr. 4 BGB ist eine Mahnung entbehrlich, wenn **besondere Umstände** unter Abwägung der beiderseitigen Interessen den sofortigen Verzugseintritt rechtfertigen. Dies ist beispielsweise der Fall, wenn der Schuldner die Leistung zu einem bestimmten Termin ankündigt, sich dem Zugang einer Mahnung treuwidrig entzieht oder stillschweigend im Vorfeld auf eine Mahnung verzichtet hat.

5. Nach § 286 Abs. 3 S. 1 BGB tritt bei Geldforderungen (ohne Mahnung) 30 Tage nach Fälligkeit und **Zugang einer Rechnung** oder gleichwertigen Zahlungsaufforderung Verzug ein. Gegenüber einem Verbraucher gilt dies jedoch nur dann, wenn auf diese Folgen in der Rechnung besonders hingewiesen worden ist.

FALL 15   **Die lahme Schiffsschraube**

Ernst Bachmann hatte sein Schiff in die Werft des Manfred Hauser gebracht, um eine abgebrochene Schiffsschraube wieder anbauen zu lassen. Es wurde vereinbart, dass die Arbeit möglichst schnell ausgeführt werden sollte, da Bachmann während der Reparaturzeit mit dem Schiff nichts verdiente, während die Kosten weiterliefen. Hauser begann sofort mit der Arbeit. An sich hätte die Arbeit - wie nachträglich ein Sachverständiger festgestellt hat - spätestens mit Ablauf des 29.03. fertig gestellt sein müssen. Sie wurde aber erst mit Ablauf des 09.04. fertig, weil Hauser zunächst nicht fachgerecht gearbeitet und dadurch Zeit verloren hatte. Nunmehr verlangt Bachmann von Hauser den entgangenen Verdienst für die Zeit vom 30.03. bis zum 09.04. Zu Recht?

 Notieren Sie die Lösung auf einem besonderen Blatt.

Rechtsfolgen des Schuldnerverzuges BASISTEXT

Der Gläubiger kann den durch den Verzug adäquat kausal und zurechenbar verursachten Schaden nach Maßgabe der §§ 249 ff. BGB ersetzt verlangen. Gem. § 280 Abs. 1 und 2, § 286 BGB ist der **Schaden** zu ersetzen, der infolge des Verzugs entstanden ist (sog. Verzögerungsschaden). Im Gegensatz zu dem in den § 280 Abs. 1 und 3, § 281 BGB geregelten Schadensersatz statt der Leistung zeichnet sich der Verzögerungsschaden dadurch aus, dass er **neben** dem Erfüllungsanspruch bestehen kann.

Zu den ersatzfähigen Verzögerungsschäden gehören:

1. Die **Mehraufwendungen** infolge verspäteter Herstellung.
Beispiel:
> Der Mieter Jürgens muss für einen Monat eine Ersatzwohnung anmieten, da der Vermieter Schröder das Wohnhaus erst verspätet fertigstellen konnte.

2. Der **entgangene Gewinn**, wenn der gewinnbringende Weiterverkauf wegen der Verspätung scheitert.
Beispiel:
> Zwischenhändler Jahn hat vom Großhändler Tomsen 100 Kisten Spargel zu einem Kistenpreis von 50,- EUR bestellt, die er zu einem Preis von 80,- EUR je Kiste an seine Abnehmer weiterverkaufen kann. Liefert der Großhändler nicht termingerecht, kann Jahn 3.000,- EUR (100 x 30,- EUR) Schadensersatz verlangen.

3. Die **Kosten der Rechtsverfolgung**, die nach Eintritt des Verzugs entstanden sind; nicht hingegen die Kosten für die verzugsbegründende Mahnung.
Beispiel:
> Müller schuldet Schramm aus einem Kaufvertrag die Lieferung von Waren. Da Müller nicht liefert, beauftragt Schramm den Rechtsanwalt Klug mit der Durchsetzung des Anspruchs. Klug fordert Müller zur Lieferung bis zum 01.04. auf und verlangt zudem die durch seine Inanspruchnahme entstandenen Kosten. Da der Verzug erst mit der Mahnung des Klug eintrat, sind die Kosten der Mahnung nicht als Verzugsschaden zu ersetzen. Anders ist dies, wenn Rechtsanwalt Klug nach dem 01.04. ein Schreiben aufsetzen muss.

4. Der Gläubiger, der seinem Abkäufer Schadensersatz statt der Leistung schuldet, kann diesen Schaden als **Verzugsschaden** vom Schuldner ersetzt verlangen.
Beispiel:
> Muss Jahn im 2. Beispiel an seine Abnehmer 500,- EUR Vertragsstrafe zahlen, weil er nicht fristgerecht liefern kann, kann Jahn auch diesen Schaden von Tomsen ersetzt verlangen.

5. Gem. § 288 Abs. 4, § 280 Abs. 1 und 2, § 286 BGB sind bei Geldschulden Zinsverluste zu ersetzen. Dies können einmal Verluste von Anlagezinsen, zum anderen auch Aufwendungen für Kreditzinsen sein.
Beispiel:
> Die 8.000,- EUR Verkaufserlös hätte Jahn als Termingeld zu 2% anlegen können; zudem musste er zur Zwischenfinanzierung einen Kredit aufnehmen. Beides kann er als Schadensersatz verlangen.

ÜBUNG 38

Nennen Sie Voraussetzungen und Rechtsfolgen des Schuldnerverzuges und bringen Sie diese in ein sinnvolles Prüfungsschema.

Lösung:

FALL 16   Laue Sommernächte

Die Stadt Welfenheim schließt mit der Volkshochschule des Landkreises einen Leihvertrag über 260 Stühle zum 01.07.2010, die für eine einmalige Freilichtaufführung von Shakespeares "Summernight Dream" im Stadtpark benötigt werden. Am Morgen des 01.07. teilt ein Mitarbeiter der Volkshochschule mit, dass die Stuhlreihen an diesem Tag für eine eigene Veranstaltung benötigt würden und keinesfalls zur Verfügung stünden. Da nirgends Mietmöbel erhältlich sind, kauft die Stadt bei IKEA 260 Stühle zum Preis von 3.900,- EUR; die Anlieferung kostet 200,- EUR. An der angebotenen späteren Überlassung ist die Stadt Welfenheim nicht mehr interessiert.

Aufgabe: Prüfen Sie gutachtlich, ob die Stadt Welfenheim gegen die Volkshochschule einen Schadensersatzanspruch hat.

 Notieren Sie die Lösung auf einem besonderen Blatt.

Gläubigerverzug

BASISTEXT   Voraussetzungen des Gläubigerverzuges

Die Gegenseitigkeit von Verträgen bringt es mit sich, dass nicht nur der Schuldner, sondern auch der Gläubiger in Verzug geraten kann. Das ist der Fall, wenn er die Annahme der Leistung oder eine andere Mitwirkungshandlung verweigert. Der **Gläubigerverzug** tritt ohne Verschulden ein und führt nicht zu einem Schadensersatzanspruch des Schuldners, sondern lediglich zu anderen Rechtsnachteilen für den Gläubiger.

Gläubigerverzug

liegt vor, wenn der **Gläubiger** die ihm **ordnungsgemäß** – d. h. zur rechten Zeit, am rechten Ort, in der rechten Art und Weise und vom richtigen Schuldner – **angebotene Leistung nicht annimmt**.

Die Voraussetzungen des Gläubigerverzuges ergeben sich aus den § 293 bis § 299 BGB, die Rechtsfolgen aus den § 300 bis § 304 BGB.

Nach § 293 BGB setzt der **Gläubigerverzug** ein **Angebot** der Leistung und die **Nicht- annahme** durch den Gläubiger voraus. Ergänzend bestimmt § 297 BGB, dass der Schuldner zur Leistung imstande und bereit sein muss. Im Einzelnen bedeutet dies:

1. Angebot des Schuldners:

Nach § 294 BGB muss der Schuldner dem Gläubiger die geschuldete Leistung grund- sätzlich **anbieten**.

Dabei muss der Schuldner aber die Leistung „so, wie sie zu bewirken ist", anbieten, d. h. **am rechten Ort, zur rechten Zeit** und **in rechter Weise**. Wann dies der Fall ist, bestimmt sich danach, ob eine Bring-, Schick- oder Holschuld vereinbart ist:

a) Bei der **Bringschuld** muss der Schuldner die geschuldete Sache dem Gläubiger an dessen Wohnsitz oder am Niederlassungsort anbieten.
Beispiel:
Monika Gericke arbeitet bei der Volksbank Braunschweig. Ihre Arbeitskraft muss sie dorthin „bringen", sie kann also nicht von zu Hause aus arbeiten.

b) Bei der **Schickschuld** muss die eingeschaltete Versandperson die Sache anbie- ten. Die bloße Absendung genügt nicht, weil zu diesem Zeitpunkt der Gläubiger noch nicht zugreifen und die Sache annehmen kann.
Beispiel:
Eines Montags hat Monika Gericke beim Möbelhändler Teak eine neue Schrank- wand bestellt, die über eine Speditionsfirma versendet wird. Monika wünscht dies – sie fährt nämlich nur Fahrrad und Straßenbahn –, so dass Teak erst erfüllt hat, wenn die Firma die chice Schrankwand bei Monika anliefert.

c) Bei der **Holschuld** muss der Schuldner die Sache bereithalten, damit der Gläubi- ger sie abholen kann.
Beispiel:
Matthias Behr verkauft Monika ein Fernrohr, welches sie aus seiner Wohnung, dort ist es noch montiert, abholen soll. Als Monika bei ihm zu Hause erscheint, um das Gerät mitzunehmen, sagt Matthias: „Bitte sehr, dort steht es."

Nach § 295 BGB genügt ein **wörtliches Angebot**, wenn der Gläubiger dem Schuldner erklärt hat, dass er die Annahme der Leistung ablehnen werde (§ 295 S. 1 Alt. 1 BGB) oder wenn zur Bewirkung der Leistung des Schuldners eine Mitwirkung des Gläubigers erforderlich ist, insbesondere wenn der Gläubiger die geschuldete Sache abzuholen hat (§ 295 S. 1 Alt. 2 BGB).

Beispiel:
Auch beim Händler Holz hat Monika eine Schrankwand bestellt. Als er den Liefer-termin erfragen will, sagt sie: „Ach, die Wand will ich jetzt gar nicht mehr." Sie kommt bereits durch ein wörtliches Angebot von Holz in Verzug.

Das Angebot ist gemäß § 296 BGB sogar **entbehrlich**, wenn dem Gläubiger eine Mitwirkungshandlung obliegt, die zur kalendermäßig bestimmten Zeit vorgenom-men werden muss oder der Mitwirkungshandlung ein Ereignis vorauszugehen hat und die Zeit für die Mitwirkungshandlung ausgehend vom Ereigniszeitpunkt ab berechenbar ist.

Beispiele:
- Monika beauftragt nun den Maler Beppo, von ihr ein Portrait zu fertigen. Hierzu soll sie am 20.04. Modell stehen; Monika verschläft, so dass Beppo vergeblich auf sie wartet.
- Anne, bei Monika in einem Werbeunternehmen angestellt, hat mit ihrer Chefin im Arbeitsvertrag vereinbart, dass Monika ihr im Falle einer Kündigung eine um-fassende Tätigkeitsbeschreibung ausstellt, damit Anne sich schnell und erfolg-reich wieder bewerben kann. Hierzu soll Anne innerhalb einer Woche nach der Kündigung Arbeitsproben vorlegen. Anne kündigt, legt aber nichts vor.

2. Der Schuldner muss zur Leistung imstande und bereit sein (§ 297 BGB):
Wegen derselben Leistung kann niemals zugleich Gläubigerverzug und Unmöglichkeit vorliegen. Bei dauerhafter Unmöglichkeit ist der Gläubigerverzug ausgeschlossen, so dass § 297 BGB vor allem die vorübergehende Unmöglichkeit erfasst, die nicht zur Anwendung der §§ 275 ff. BGB führt.

3. Nichtannahme der Leistung oder Unterlassen einer Mitwirkungshandlung:
Der Gläubiger muss die angebotene Leistung nicht angenommen haben oder – bei Entbehrlichkeit des Angebots nach § 296 BGB – die Mitwirkungshandlung unterlas-sen haben. Der Grund der Nichtannahme der Leistung ist grundsätzlich unerheblich, da der Gläubigerverzug kein Verschulden voraussetzt.

ÜBUNG 39

Schildern Sie einen einfachen Fall des Gläubigerverzuges.

Lösung:

ÜBUNG 40

Wie Sie gesehen haben, ist es wichtig, den Ort der Leistungspflicht genau zu bestimmen. Bei den folgenden Verträgen liegt eine **Holschuld**, eine **Bringschuld** oder eine **Schickschuld** vor. Geben Sie den (oder die) Leistungsort(e) an und füllen Sie die Lücken aus.

a. Herr Meyer in Hamburg verkauft an Herrn Schäfer in München eine Maschine zum Preis von 5.000,- EUR.

```
Lösung:
Leistungsort(e):
Maschine:
Geld:

Erläuterung:
```

b. Der Heizölhändler Hitzig in der Goethestraße verkauft an Familie Meyer in der Schillerstraße 3.000 Liter Heizöl für 1.900,- EUR. Der Fahrer ist nicht inkasso-berechtigt.

```
Lösung:
Leistungsort(e):
Öl:
Geld:

Erläuterung:
```

c. Der Elektrohändler Müller in der Königsallee verkauft an Frau Schäfer in der Maurerstraße eine Waschmaschine für 2.000,- EUR; im Kaufvertrag ist „Lieferung frei Haus" und „Bezahlung sofort bei Lieferung" vereinbart.

```
Lösung:
Leistungsort(e):
Waschmaschine:
Geld:

Erläuterung:
```

d. Frau Sammer in Starnberg hat sich von ihrem Freund Martin in München ein Auto für einen Wochenendausflug geliehen und soll es nun wieder zurückgeben.

```
Lösung:
Leistungsort(e):
Auto:

Erläuterung:
```

e. Herr Menger in Stuttgart verkauft an Herrn Otto in Essen ein Mikroskop für 500,- EUR. Im Kaufvertrag ist als Gerichtsstand Essen vereinbart.

```
Lösung:
Leistungsort(e):
Mikroskop:
Geld:

Erläuterung:
```

f. Herr Sperr in Burgstadt schließt mit Herrn Flöter, Inhaber eines Reparaturbetriebes in Köln, einen Vertrag, wonach Herr Flöter das Auto des Herrn Sperr reparieren soll. Die Rechnung soll bei Abholung des Autos beglichen werden.

```
Lösung:
Leistungsort(e):
Reparatur:
Geld:

Erläuterung:
```

g. Der Möbelhändler Pauls in Bergen verkauft an das Ehepaar Sieger in Düsseldorf eine Wohnzimmereinrichtung, die laut Vertrag durch einen Angestellten des Paul in der Wohnung der Sieger aufzustellen ist. Die Ware soll sofort bei Lieferung bezahlt werden.

```
Lösung:
Leistungsort(e):
Möbel:
Geld:

Erläuterung:
```

Rechtsfolgen des Gläubigerverzuges BASISTEXT

Der Gläubigerverzug begründet, anders als der Schuldnerverzug, keine Schadensersatzpflicht. Es entstehen aber **rechtliche Nachteile** für den Gläubiger:

Rechtsfolgen des Gläubigerverzuges ÜBERSICHT 13

1. **Haftungsbeschränkung** des Schuldners auf Vorsatz und grobe Fahrlässigkeit gem. § 300 Abs. 1 BGB
2. **Übergang der Gefahr** gem. § 300 Abs. 2 BGB
3. **Aufwendungsersatzansprüche** des Schuldners gem. § 304 BGB
4. **Verzinsungswegfall**, § 301 BGB; Einschränkung der Nutzungsersatzpflicht, § 302 BGB
5. **Besitzaufgaberecht** des Schuldners gem. § 303 BGB.

ÜBUNG 41

Tragen Sie die richtigen Antworten (Ja/Nein) ein.

Der Gläubigerverzug setzt voraus:	Antwort
Fälligkeit der Leistung des Schuldners	
Angebot der Leistung durch den Gläubiger	
Mahnung durch den Schuldner	
Verschulden des Gläubigers	

Vergesslicher Innenarchitekt FALL 17

Der Kunsthändler Dieter Palow, der sein Geschäft aufgeben will und die gemieteten Geschäftsräume am 01.09. zurückgeben muss, führt einen Räumungsverkauf durch. Ende Juli verkauft er an den Innenarchitekten Jörg Krause, dem diese Umstände bekannt sind, einen alten Schrank für 12.000,- EUR. Palow und Krause vereinbaren, dass Krause den Schrank spätestens am 28.08. abholen soll. Als Krause am 30.08. immer noch nicht im Geschäft erschienen ist, will Palow den Schrank in ein Nebenzimmer räumen. Dabei rutscht Palow der Schrank weg und geht zu Bruch. Am 14.09. meldet sich Krause. Er verlangt 2.000,- EUR Schadensersatz, weil er den Schrank bereits für 14.000,- EUR weiterverkauft hat. Palow verlangt Bezahlung und verweist noch einmal darauf, über eine nicht sichtbare Schwelle gestolpert zu sein.

Aufgabe:
1. Kann K von P Schadensersatz verlangen?
2. Kann P von K Zahlung des Kaufpreises verlangen?

 Notieren Sie die Lösung auf einem besonderen Blatt.

Die Schlechterfüllung von Verträgen: Mängelgewährleistung

BASISTEXT **Gewährleistungsrechte bei fehlerhaften Kaufsachen**

Zentrale Pflichten beim Kaufvertrag sind die Übergabe und Übereignung der Kaufsache, § 433 Abs. 1 S. 1 BGB und andererseits die Zahlung des Kaufpreises, § 433 Abs. 2 BGB. Die gelieferte Sache muss aber auch fehlerfrei und ohne Rechte Dritter übereignet werden, § 433 Abs. 1 S. 2 BGB. Wann **Rechts- oder Sachmängel** gegeben sind und welche Ansprüche der Käufer im Mängelfall hat, regeln die §§ 434 ff. BGB. Nach diesen Normen steht dem Käufer ein abgestuftes System von Rechten zu:

1. Vorrangig muss er **Nacherfüllung** verlangen, § 437 Nr. 1, § 439 BGB.

2. Nachrangig, d. h. grds. erst nach erfolglosem Ablauf einer dem Verkäufer zur Nacherfüllung gesetzten Frist, stehen ihm **weitere Rechte** zu:
   Er kann
   a) nach § 437 Nr. 2, § 440, § 323, § 326 Abs. 5 BGB vom Kaufvertrag **zurücktreten** und dann den evtl. gezahlten Kaufpreis aus § 346 BGB zurückverlangen bzw. die Zahlung des Kaufpreises verweigern oder
   b) nach § 437 Nr. 2, § 441 BGB den Kaufpreis **mindern** und dann gem. § 441 Abs. 4 S. 1 BGB einen Teil des gezahlten Kaufpreises zurückverlangen bzw. gem. § 441 Abs. 3 BGB von vornherein nur zur Zahlung eines Teils verpflichtet sein,

   und er kann

   c) gemäß § 437 Nr. 3, § 440, § 280, § 281, § 311 a BGB **Schadensersatz** oder
   d) gemäß § 284 BGB Ersatz der **vergeblichen Aufwendungen** verlangen, wenn der Verkäufer den Mangel zu vertreten hat.

Alle Gewährleistungsansprüche des Käufers, also Nacherfüllung, Rücktritt oder Minderung und Schadensersatz oder Aufwendungsersatz setzen entweder einen **Sachmangel** (§ 434 BGB) oder einen **Rechtsmangel** (§ 435 BGB) voraus. Die in der Praxis schon zahlenmäßig bedeutenderen Sachmängel sollen im Folgenden betrachtet werden.

 **ÜBERSICHT 14** **Sachmängel beim Kaufvertrag**

1. Nach **§ 434 Abs. 1 S. 1 BGB** ist die Kaufsache mangelhaft, wenn sie bei Gefahrübergang nicht die vereinbarte Beschaffenheit hat. Dem Gesetz liegt ein sog. **subjektiver Fehlerbegriff** zugrunde. Nach § 434 Abs. 1 S. 1 BGB kommt es somit auf den Inhalt einer getroffenen **Vereinbarung** an. Wenn der Verkäufer bei Vertragsschluss die Eigenschaft in einer bestimmten Weise beschreibt oder zuvor eine Probe geliefert hat, dann werden die Eigenschaften der Probe ohne weiteres zum Inhalt der Beschaffenheitsvereinbarung.

Beispiel:
Stoffhändler Filz hat mit dem Karnevalsverein „Rote Nase" telefoniert und versprochen, der von ihm zu liefernde Tüllstoff sei auf jeden Fall wasserfest. Leider laufen die daraus genähten Kleidchen beim ersten Regenguss sichtbar ein.

2. Im täglichen Leben wird im Regelfall bei Abschluss eines Kaufvertrages eine Beschaffenheit nicht ausdrücklich vereinbart. Nach **§ 434 Abs. 1 S. 2 Nr. 1 BGB** genügt insoweit auch eine **konkludente Übereinstimmung** der Parteien über die Beschaffenheit. Eine Kaufsache ist danach auch dann fehlerhaft, wenn sie sich für die nach dem Vertrag vorausgesetzte Verwendung nicht eignet. Ist der Verwendungszweck der Kaufsache beiden Parteien bekannt, so kann von einer **stillschweigenden Vereinbarung** über die Beschaffenheit ausgegangen werden.
Beispiel:
Fred Meier verkauft dem Max Mutzky Rohrleitungen, die in eine Drainage eingebaut werden sollen. Nach dem Einbau stellt sich heraus, dass diese Leitungen großem Druck nicht standhalten und daher nicht verwendet werden können.

3. Auch wenn keine Beschaffenheitsvereinbarung getroffen worden ist, muss die Kaufsache so beschaffen sein wie **vergleichbare Sachen,** für die ein Preis in der vereinbarten Höhe gezahlt wird. Nach **§ 434 Abs. 1 S. 2 Nr. 2 BGB** ist die Kaufsache daher ferner dann mangelhaft, wenn sie sich nicht für die gewöhnliche Verwendung eignet und wenn sie nicht eine **Beschaffenheit** aufweist, die bei Sachen gleicher Art üblich ist und die der Käufer nach der Art der Sache erwarten kann.
Beispiel:
Fred Meier verkauft dem Max Mutzky einen gebrauchten Opel Vectra für 6.000,- EUR. Bald nach Übergabe des Wagens stellt sich ein hoher Ölverbrauch heraus. Eine Überprüfung ergibt, dass der Motor einen Riss hat.

4. Nach **§ 434 Abs. 1 S. 3 BGB** weicht die Kaufsache ferner von der üblichen Beschaffenheit ab, wenn sie von **öffentlichen Aussagen** des Verkäufers, des Herstellers oder seines Gehilfen, insbesondere in der Werbung oder bei der Kennzeichnung der Ware abweicht.
Beispiel:
BMW-Händler Hund verkauft an Guiseppe Carlos einen neuen BMW 316. Carlos stellt fest, dass der Benzinverbrauch 5% höher liegt als der Verbrauch, den der Hersteller in einer Fernsehwerbung angegeben hat.

5. Gemäß **§ 434 Abs. 2 S. 1 BGB** liegt ein Sachmangel auch dann vor, wenn die vereinbarte **Montage** durch den Verkäufer oder dessen Erfüllungsgehilfen unsachgemäß durchgeführt worden ist.
Beispiel:
Max Mutzky hat bei dem Versandhaus Quallermann eine – fehlerfreie – Waschmaschine gekauft. Der Monteur schließt diese bei der Lieferung jedoch fehlerhaft an, wodurch Wasser in die Teile der Maschine eindringt, die eigentlich trocken bleiben sollen.

6. Gem. **§ 434 Abs. 2 S. 2 BGB** liegt ein Sachmangel auch dann vor, wenn die Kaufsache zur Montage bestimmt ist und die **Montageanleitung** mangelhaft ist (sog. IKEA-Klausel).

Beispiel:
Max Mutzky kauft wenige Tage später im Möbelmarkt Manse eine Schlafzimmerkommode zum Selbstmontieren. Als er die Kommode zusammensetzen will, gelingt ihm dies auch nach mehrmaligem Vorlesen der Anleitung durch seine Frau nicht.

7. Gemäß **§ 434 Abs. 3 BGB** steht es einem Sachmangel gleich, wenn der Verkäufer eine **andere Sache** oder eine **zu geringe Menge** liefert.

Beispiele:
- Max kauft für seine zehnjährige Tochter zum Geburtstag einen Hamster. Die Zoohandlung liefert versehentlich ein Meerschweinchen.
- Marion Born bestellt beim Großhändler 50 t Weizen. Es werden nur 40 t geliefert.

ÜBUNG 42
Prüfen Sie, ob in den folgenden Beispielen ein Mangel der Kaufsache vorliegt, der zu Ansprüchen des Käufers führt. Geben Sie ggfs. die einschlägige Norm an.

Beispiel	Lösung
1. Die Stadt Welfenheim kauft bei Kunze ein Hausgrundstück, welches nach dem Inhalt des Vertrages einen unverbaubaren Blick auf den Blausee haben soll. Nach Errichtung des dort geplanten Sanatoriums stellt der Bauamtsleiter der Stadt fest, dass ein achtstöckiges Hotel vor die Nase gesetzt wird und der Seeblick dahin ist.	
2. Die Stadt Welfenheim kauft von Carlos Santana einen 2 Jahre alten BMW 316 für 15.000,- EUR. Nach Übergabe stellt sich heraus, dass der Wagen einen Kolbenfresser hat und der Motor deshalb ausgetauscht werden muss.	
3. Wie wäre der Fall zu beurteilen, wenn es sich um ein 10 Jahre altes Fahrzeug (Laufleistung 150.000 km) handelt und ein verschleißbedingter Getriebeschaden kurze Zeit nach Übergabe des Fahrzeugs auftritt?	
4. Der für die Beschaffung zuständige Mitarbeiter der Stadt gibt nicht auf und sieht sich nun bei Carlos nach einem Pkw VW Golf um. Dabei hat er die im Verkaufsraum ausliegende Werbebroschüre des Herstellers mitgenommen, in der u. a. zu lesen ist: „Unser neuer Ecotec-Motor: Das absolute Sparwunder; Verbrauch nur 4,5 l auf 100 km." Nachdem die Stadt das Fahrzeug bei Carlos gekauft hat, stellt sich auch bei sparsamster Fahrweise ein Verbrauch von 6,5 l auf 100 km ein.	

Beispiel	Lösung
5. Jörg Moser verkauft an das Museum der Stadt Welfenheim ein konkretes Bild als echten Monet. Später stellt sich heraus, dass es sich um eine gelungene Fälschung handelt. Sachmangel?	
6. Das Friedhofsamt der Stadt Welfenheim hat beim Saatmittelhändler eine Tonne Naturdünger Typ „Wachstumssprint" gekauft. Geliefert wird eine Tonne Kunstdünger Typ „Chemokeule TS". Sachmangel? Kann der Händler den Kunstdünger, der doppelt so teuer ist wie der Naturdünger, herausverlangen, wenn die Stadt Welfenheim diesen behalten will?	
7. Der Bibliothekar der Stadtbibliothek bestellt in der juristischen Fachbuchhandlung vier verschiedene Kommentare, in denen eine erfolgte Gesetzesnovelle bereits eingearbeitet ist. Er erhält nur zwei davon. Sachmangel?	
8. Der Koch der Hauskantine kauft im Großhandel am 25.09.2010 100 Becher Bio-Joghurt „Banane". Bei Anlieferung stellt er fest, dass das Mindesthaltbarkeitsdatum am 24.09.2010 abgelaufen ist. Sachmangel?	
9. Der städtische Kindergarten hat bei dem Möbelhaus „Möbel-Teak" eine Schrankwand zur Selbstmontage erworben. Im Kindergarten angekommen, macht sich die Gruppenleiterin an den Aufbau. Die Montageanleitung wirft sie bereits nach zehn Minuten weg, weil sie ihr „zu Recht" in den entscheidenden Passagen „spanisch" vorkommt. Dennoch gelingt der patenten Frau der Aufbau. Sachmangel?	
10. Wie wäre der Fall 9 zu entscheiden, wenn das Möbelhaus selbst den Aufbau der Schrankwand übernommen hat und eine Anfängertruppe schickt, die sämtliche Schrankteile schief aufbaut?	

Kopierer mit Husten FALL 18

Die Stadt Welfenheim kauft bei dem Büromaschinenhändler Volkarts einen Großkopierer Xerox 3500 Colour für das Bauamt zum Preis von 6.500,- EUR. Infolge eines fahrlässigen Montagefehlers von Volkarts ist der Toner-Vorratsbehälter undicht, so dass bei der Inbetriebnahme eine große Menge schwarzer Toner „herausgepustet" wird und den hellen Teppichboden des Kopierraums im Bauamt zerstört.

Die Stadt fordert Volkarts auf, einen neuen Kopierer zu liefern. Dieser meint, es müsse nur die Dichtung ausgewechselt werden, die Stadt Welfenheim könne nicht gleich ein neues Gerät verlangen. Dem Volkarts wird eine einwöchige Frist zur fachgerechten Abdichtung gesetzt, die dieser verstreichen lässt.

Nun will die Stadt Welfenheim den Kopierer nicht mehr, verlangt Rückzahlung des Kaufpreises, entgangenen Gewinn (Verkauf von Farbgroßkopien von Bildern der schönsten Bauwerke in der Stadt) und Ersatz für den beschädigten Teppich. Zu Recht?

 Notieren Sie die Lösung auf einem besonderen Blatt.

ÜBUNG 43

Entwickeln Sie anhand des § 441 BGB eine Formel, nach der sich der exakte Wert einer Minderung berechnen lässt. Dabei soll Ihnen folgendes **Lehrbeispiel** zur Berechnung helfen:

Yolanda Diegora kauft bei Saturn eine Festplatte für 160,- EUR. Auch nach zweimaliger Reparatur bleibt die Platte fehlerhaft. Ohne diesen Fehler wäre sie 200,- EUR wert. Infolge des Mangels ist sie aber nur 150,- EUR wert (um 1/4 weniger wert). Damit kann Yolanda nach § 441 Abs. 1 BGB den Kaufpreis auf 120,- EUR mindern (Minderung um 1/4). Falls sie schon gezahlt hat, kann sie die 40,- EUR nach § 441 Abs. 4, § 346 BGB zurückfordern.

Lösung:

Geminderter Kaufpreis   = _____

FALL 19   Schnürsenkelsachen

Zwei Wochen nach Kauf des Kopiergerätes kauft die Stadt Welfenheim bei der Händlerin Viola Bach eine Schnürsenkelbindemaschine, die in von der Stadt Welfenheim durchgeführten Körperbehindertensport-Veranstaltungen eingesetzt werden soll, zu einem Kaufpreis i. H. v. 15.600,- EUR. Viola versichert, diese neuartige Maschine sei für alle Arten von Schuhen geeignet. Als Mitarbeiter der Behörde das Gerät ausprobieren, stellen sie fest, dass es funktioniert, man damit aber keine Stütz-Stiefel binden kann.

So ist die Maschine nur 10.000,- EUR wert; könnte sie auch Stütz-Stiefel binden, wäre sie 12.000,- EUR wert. Viola hätte dies erkennen können.

Die Stadt Welfenheim will die Maschine behalten, aber weniger bezahlen. Sie verlangt einen „Rabatt" auf den noch nicht gezahlten Kaufpreis. Viola verlangt von der Stadt Welfenheim aber den vollen Kaufpreis.

Aufgabe: 1. Prüfen Sie gutachtlich, ob Viola der geltend gemachte Anspruch zusteht.
           2. Entwerfen Sie auf der Basis Ihrer gutachtlichen Lösung ein Schreiben der Stadt Welfenheim an Viola.

 Notieren Sie die Lösung auf einem besonderen Blatt.

Verbrauchsgüterkauf BASISTEXT

Die **Schuldrechtsreform** hat im Jahr 2002 den sog. „Verbrauchsgüterkauf" neu eingeführt. Treffender wäre der Begriff „Verbraucherkauf" gewesen, denn entscheidend ist, wer auf der Seite des Käufers steht: nämlich ein Verbraucher i. S. v. § 13 BGB. Bedeutend ist ferner, wer auf der Seite des Verkäufers steht: Ist dies ein Unternehmer i. S. v. § 14 BGB – nur dann – erfährt der Käufer in den §§ 474 ff. BGB einen besonderen Schutz. Diese Normen greifen also nicht ein, wenn zwei Verbraucher untereinander oder zwei Unternehmer untereinander etwas vertraglich regeln bzw. wenn der Käufer der Unternehmer ist.

Voraussetzungen und Rechtsfolgen PRÜFUNGSSCHRITTE 6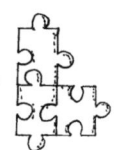
eines Verbrauchsgüterkaufs

I. Voraussetzungen

1. Kaufvertrag über bewegliche Sache zwischen
2. Verbraucher, § 13 BGB (Käufer) und Unternehmer, § 14 BGB (Verkäufer) und
3. keine öffentliche Versteigerung, § 474 Abs. 1 S. 2 BGB.

II. Rechtsfolgen

1. Gem. § 474 Abs. 2 BGB Nichtanwendbarkeit von § 446 BGB und § 447 BGB (Gefahrtragung beim Versendungskauf).
2. Gem. § 475 Abs. 1 BGB kein nachteiliges Abweichen durch Vertrag von § 433 bis § 435, § 437, § 439 bis § 443 BGB (Gewährleistungsansprüche).
3. Gem. § 472 Abs. 2 BGB keine vertragliche Verkürzung der Gewährleistungsverjährung, § 438 BGB.
4. Gem. § 478 BGB muss der Unternehmer die verkaufte neu hergestellte, aber mangelhafte Sache zurücknehmen.
5. Gem. § 476 BGB Beweislastumkehr: Zeigt sich innerhalb von sechs Monaten seit Gefahrübergang ein Sachmangel, so wird vermutet, dass die Sache bereits bei Gefahrübergang mangelhaft war, es sei denn, diese Vermutung ist mit der Art der Sache oder des Mangels unvereinbar.

Beispiel:

Der Privatmann Yusuf Diegora kauft bei dem Händler Saturn eine Festplatte. Da Saturn weiß, dass dieser Typ von Festplatten häufig fehlerhaft ist, vereinbart er mit Diegora, dass weder Nacherfüllung noch Rücktritt vom Vertrag möglich sein solle (vgl. § 437 BGB). In diesem Fall handelt es sich um einen Verbrauchsgüterkauf nach § 474 BGB (Diegora ist Verbraucher, § 13 BGB und Saturn ist Unternehmer, § 14 BGB). Daher kann sich Saturn gem. § 475 Abs. 1 BGB nicht auf die Vereinbarung berufen. Schreibt Saturn in den Vertrag, dass für die (neue) Festplatte nur 12 Monate „Garantie" gewährt wird, ist diese Verkürzung der Verjährung (gem. § 438 Abs. 1 Nr. 3 BGB zwei Jahre) nach § 475 Abs. 2 BGB unwirksam. Handelt es sich jedoch um eine gebrauchte Festplatte, wäre dies zulässig (§ 475 Abs. 2 BGB: ein Jahr bei gebrauchten Sachen).

PRAXISMUSTER 2
Ratgeber Wirtschaftsrecht (HAZ): Gewährleistung beim Pkw-Kauf

Hannoversche Allgemeine

Wirtschaft

SEITE 9 – MITTWOCH, 11. FEBRUAR 2004 – NR. 35

Beweislast beim Autohändler

Wer beim Autohändler einen Gebrauchtwagen gekauft hat, der schon nach kurzer Zeit mit einem Motorschaden ausfällt, muss nicht beweisen, dass der Mangel schon bei Übergabe vorgelegen hat. Durch die seit 2002 geltende so genannte Beweislastumkehr wird für die ersten sechs Monate nach dem Kauf automatisch vermutet, dass der Defekt „im Keim" bereits beim Erwerb vorgelegen habe. Gelinge es dem Händler nicht, den Mangel in zwei Reparaturversuchen zu beseitigen, könne der Kunde das Fahrzeug zurückgeben, hat das Oberlandesgericht Köln (Az.: 22 U 88/03) entschieden.

Geklagt hatte der Käufer eines zehn Jahre alten Porsche mit 122.000 Kilometern Laufleistung. Einen Tag nach der Übergabe blieb der Wagen mit einem schweren Motorschaden liegen. Daraufhin wollte der Käufer das Geschäft rückgängig machen und forderte den Kaufpreis zurück. Der Verkäufer weigerte sich jedoch unter Berufung auf die Beweislast. Das Gericht ging aber davon aus, dass der Mangel, der letztlich zum Motorschaden führte, zumindest im Ansatz bei der Übergabe bestanden haben musste. Da der Autohändler das Gegenteil nicht beweisen konnte, bekam der Käufer Recht.

ddp

Die unachtsame Durchführung von Verträgen BASISTEXT

Die interessengerechte Durchführung des Vertrages ist nicht schon dann gewährleistet, wenn die bestehenden Leistungsverpflichtungen überhaupt, rechtzeitig und fehlerfrei erfüllt werden. Vielmehr bestehen darüber hinaus weitere Verhaltenspflichten, die in § 241 Abs. 2 BGB als **Pflichten zur Rücksichtnahme** bezeichnet werden. Anders als bei den Leistungspflichten besteht grundsätzlich kein einklagbarer Anspruch auf Erfüllung der Rücksichtnahmepflichten, da diesen Pflichten kein selbstständiger Eigenzweck zukommt. Es sind letztlich **Nichtschädigungspflichten**, d. h. erst die Verletzung dieser Pflichten löst Ansprüche aus § 280 Abs. 1 oder § 280 Abs. 1 und 3, § 282 BGB aus. Die **Schutzpflichten** kann man in drei Gruppen einteilen:

1. **Leistungstreuepflichten**: Der Schuldner muss alles unterlassen, was die sachgerechte Verwendung des Gegenstandes der Leistung verhindert oder beeinträchtigt.
   Beispiel:
   Monika Gericke unterhält bei der Volksbank ein Girokonto. Als auf das Konto ein Betrag von 10.000,- EUR überwiesen wird, teilt die Volksbank dies einem Großkunden von Monika mit, welchem gegen Monika ein Zahlungsanspruch in Höhe von 5.000,- EUR zusteht. Die Bank hat gegen ihre Verschwiegenheitspflicht verstoßen.

2. **Aufklärungspflichten**: Aufklärungspflichten bestehen nicht schlechthin, sondern nur dann, wenn der andere Teil nach den im Geschäftsverkehr herrschenden Anschauungen redlicher Weise eine Aufklärung erwarten darf, denn die Aufklärungspflichten können nicht dazu dienen, der einen Vertragspartei zu Lasten der anderen das Geschäftsrisiko abzunehmen. Die Annahme einer Aufklärungspflicht setzt daher Aufklärungsbedürftigkeit auf der einen und Zumutbarkeit der Aufklärung auf der anderen Seite voraus.
   Beispiel:
   Auf diese Verärgerung hin kauft sich Monika bei einem Amphibienhändler eine seltene Schlangenart. Der Verkäufer vergaß, Monika darauf hinzuweisen, dass die Schlange während des Winters nicht gefüttert werden darf. Monika tut dies, das Tier verendet aufgrund eines Stoffwechselproblems.

3. **Schutzpflichten**: Aus jedem Schuldverhältnis folgen für alle Beteiligten umfassende Schutz-, Fürsorge-, Sorgfalts- und Obhutspflichten hinsichtlich der Person und des Vermögens der anderen Partei. Die Parteien müssen sich danach bei der Anbahnung und Abwicklung des Schuldverhältnisses so verhalten, dass die Person, das Eigentum oder sonstige Rechtsgüter des anderen Teiles nicht verletzt werden.
   Beispiel:
   Monika hat sich aus lauter Frust nun bei dem Versandhaus Quallermann eine Schrankwand bestellt. Als ein Mitarbeiter des Versandhauses die Schrankwand anliefert, stößt er beim Rangieren versehentlich eine Porzellanstatue um, die zerbricht.

Ansprüche bestehen dabei nur bei schadhaftem Verhalten des Schädigers, wobei § 276 BGB und auch § 278 BGB zur Anwendung gelangen.

ÜBUNG 44

Lesen Sie die folgende Lösung einer Klausuraufgabe durch. Anschließend formulieren Sie den dazugehörenden Sachverhaltstext einschließlich der Fallfrage.

Lösung:

1. Schadensersatzanspruch des Arne Baum gegen Gero Kellermann aus § 280 Abs. 1 BGB

1.1 Zwischen Arne und Gero ist ein Schuldverhältnis, nämlich ein „Bewirtungsvertrag" zustande gekommen. Dieser Vertrag enthält Merkmale des Kaufes (Bier gegen Geld), der Miete (Platzeinräumung) und des Dienstvertrages (Bringen des Bieres).

1.2 Es muss eine Pflichtverletzung vorliegen. Hier kommt die Verletzung einer Schutzpflicht (vgl. § 241 Abs. 2 BGB) in Betracht. Im vorliegenden Falle hatte sich Arne in die von Gero beherrschte Sphäre begeben, um hier die Leistung in Empfang zu nehmen. Daraus ergibt sich eine durch den Vertrag bedingte Einwirkungsmöglichkeit, die Gero auf gewisse Rechtsgüter des Arne hatte. Die vertragliche Sorgfaltspflicht des Gero ging auch dahin, dass den Arne nicht einer der Kellner die Soße über den Anzug goss. Diese Vertragspflicht hat Gero persönlich nicht verletzt. Doch Gero muss sich gem. § 278 BGB das Verhalten des Kurt wie eigenes Verhalten zurechnen lassen, weil Gero auf seine Kellner die ihm gegenüber den Gästen obliegende Sorgfaltspflicht konkludent übertragen hat. Kurt war Erfüllungsgehilfe des Gero im Hinblick auf diese Sorgfaltspflicht. Auch derjenige, dem nicht die Erfüllung einer Leistungspflicht übertragen worden ist (Bedienung des Arne war nicht dem Kellner Kurt, sondern dem Kellner Carsten übertragen) kann Erfüllungsgehilfe im Hinblick auf eine Sorgfaltspflicht sein.

1.3 Gero muss sich auch das Verschulden des Kurt, das sich ohne Weiteres aus § 280 Abs. 1 S. 2 BGB ergibt, gem. § 278 BGB zurechnen lassen. Einen Entlastungsbeweis wie § 831 BGB sieht § 278 BGB nicht vor.

1.4 Rechtsfolge: Der Gero muss dem Arne gem. § 280 Abs. 1 BGB den Schaden ersetzen, der durch die Beschädigung des Anzugs entstanden ist.

2. Schadensersatzanspruch des Arne Baum gegen Gero Kellermann aus § 831 Abs. 1 S. 1 BGB

2.1 Kurt hat als Verrichtungsgehilfe des Gero das Eigentum des Arne in Ausübung der ihm aufgetragenen Verrichtung verletzt. Er hat damit eine rechtswidrige unerlaubte Handlung begangen.

2.2 Das Verschulden bei der Anstellung des Kurt wird gem. § 831 BGB vermutet. Doch Gero kann den Entlastungsbeweis führen und dadurch eine Ersatzpflicht abwenden.

 Formulieren Sie Sachverhalt und Aufgabenstellung auf einem besonderen Blatt.

WISSENSTEST

1. Auf welche Weise entstehen Schuldverhältnisse?

2. Was versteht man unter Schadensersatz?

3. Der Leistungsort ergibt sich aus der Art der Schuld. Welche Arten unterscheidet man?

4. Welche zentralen Normen erklären die Haftung für Verschulden? Was bedeuten die Begriffe: Vorsatz und Fahrlässigkeit?

5. Welche Arten von Leistungsstörungen unterscheidet man?

6. Welche Gründe gibt es für die Unmöglichkeit einer Leistung? Nach welchen Kriterien unterscheidet man die Unmöglichkeit?

7. Welche Ersatzansprüche hat der Gläubiger, wenn der Schuldner nicht ordnungsgemäß leistet?

8. Was versteht man unter Verzug? Welche Unterscheidungen trifft man hinsichtlich des Schuldners und des Gläubigers?

9. Was sind allgemeine Geschäftsbedingungen?

10. Was bedeutet Rücktritt und welche Rechtsfolgen sind damit verbunden?

11. Wann kann ein Verbraucher einen Vertrag widerrufen?

12. Wie erlöschen „normalerweise" Schuldverhältnisse?

13. Was versteht man unter Abtretung? Warum ist die Abtretung ein Verfügungsgeschäft?

05 Beendigung vertraglicher Schuldverhältnisse

BASISTEXT Erlöschensgründe des BGB

Wenn zwei Personen durch Vertrag ein Schuldverhältnis begründen, gehen Sie davon aus, dass es auch ordnungsgemäß abgewickelt wird. Das Schuldverhältnis endet in diesem Fall durch die Erfüllung des Vertrages, es **erlischt**.

Darüber hinaus kann das Schuldverhältnis aber auch aus anderen Gründen enden. Einige dieser Fälle sind im BGB im Zweiten Buch (Recht der Schuldverhältnisse) im 4. Abschnitt unter der Bezeichnung „Erlöschen der Schuldverhältnisse" erfasst.

ÜBUNG 45

Verschaffen Sie sich einen Überblick über die im Zweiten Buch des BGB bezeichneten Erlöschensgründe und listen Sie diese mit den entsprechenden Normen auf.

Lösung:

1.

2.

3.

4.

5.

BASISTEXT Erfüllung durch Leistung

Durch die **Erfüllung** wird gem. § 362 Abs. 1 BGB die geschuldete Leistung erbracht. Die Voraussetzungen für die Erfüllung sind:

- der richtige Schuldner erbringt
- die richtige Leistung
- zur richtigen Zeit
- am richtigen Ort
- an den richtigen Gläubiger.

Erfüllung

ist die **Tilgung der Schuld** durch Bewirken der geschuldeten Leistung.

Beispiele:

Bezahlen des vereinbarten Kaufpreises, Abgabe des bestellten Manuskripts, Überlassen des Mietautos zum Gebrauch.

Grundsätzlich muss **der Schuldner** die Leistung erfüllen. Gem. § 267 Abs. 1 BGB kann die Schuld jedoch u. U. auch **durch einen Dritten** erfüllt werden. Dies ist aber dann nicht möglich, wenn es sich um Leistungen persönlicher Art handelt, wie z. B. bei einem Dienst- oder Werkvertrag, denn in diesen Fällen ist es für den Gläubiger zumeist besonders wichtig, <u>wer</u> die Leistung erbringt.

Beispiele:
- Thomas hat Gernot einen Schreibtischsessel für 100,- EUR verkauft. Da Gernot „knapp bei Kasse" ist, zahlt sein Freund Michael. Gernot hat seine Verbindlichkeit aus dem Kaufvertrag gegenüber Thomas erfüllt, ohne dass Thomas einwilligen muss.
- Thomas möchte seine Wohnung im Stil von Salvatore Dali renovieren und völlig umgestalten lassen. Für die Umsetzung seiner Vorstellungen findet er den auf diese Stilrichtung spezialisierten Innenarchitekten Alberto Andretto, mit dem er einen entsprechenden Vertrag schließt. Bald darauf möchte Andretto seinen Auftrag wegen zeitlicher Überschneidung durch einen befreundeten Kollegen ausführen lassen. Zur wirksamen Erfüllung müsste Thomas in diesem Falle seine Einwilligung erteilen.

Grundsätzlich muss der Schuldner die Leistung **gegenüber seinem Vertragspartner** erbringen, nur ausnahmsweise kann er auch schuldbefreiend **an einen Dritten** leisten (vgl. z. B. § 362 Abs. 2, § 370 BGB).

Beispiel:
Gernot schuldet Thomas noch weitere 100,- EUR aus einem Kaufvertrag. Zufällig begegnet ihm Angela auf der Straße, Thomas Frau. Er gibt Angela das Geld, die dies in die gemeinsame Haushaltskasse legt.

Die richtige Leistung hat der Schuldner dann erbracht, wenn der **Leistungsgegenstand** der richtige ist. Der Leistungsgegenstand kann sich aus dem zwischen den Parteien geschlossenen Vertrag oder aus Gesetz (z. B. §§ 249 ff. BGB) ergeben. U. U. kann auch durch Leistung eines anderen Gegenstandes erfüllt werden.

> ### Leistung an Erfüllungs Statt
>
> bedeutet, dass der **Schuldner** eine **andere** als die geschuldete **Leistung erbringt** und der **Gläubiger** diese **annimmt** und damit zufrieden ist (§ 364 Abs. 1 BGB).

Beispiel:
Angela bestellt bei ihrem Schreibwarenhändler zehn linierte Hefte zu einem Kaufpreis von gesamt 10,- EUR. Sie soll die Hefte, die momentan nicht vorrätig sind, zwei Tage später abholen. Übergibt ihr der Händler dann zehn unlinierte Hefte und ist Angela auch mit diesem Kaufgegenstand einverstanden, so erlischt das Schuldverhältnis. Der Schreibwarenhändler wird von seiner Schuld aus dem Kaufvertrag befreit.

Die Leistung an **Erfüllungs Statt** ist zu unterscheiden von der Leistung, die **erfüllungshalber** erfolgt (§ 364 Abs. 2 BGB). Bei Letzterer bleibt die ursprüngliche Verbindlichkeit zunächst bestehen. Sie wird so lange gestundet, bis der Gläubiger aus der neuen Verbindlichkeit das ihm Zustehende erhält. Der Gläubiger soll durch Verwertung des ihm erfüllungshalber geleisteten Gegenstandes befriedigt werden, erst dann erlischt die Schuld.

> ### Leistung erfüllungshalber
>
> bedeutet, dass der **Schuldner** neben einer schon bestehenden Verbindlichkeit gegenüber dem Gläubiger eine **weitere Verbindlichkeit** eingeht (§ 364 Abs. 2 BGB).

Beispiel:
> Angela hat ihren Drucker für 250,- EUR an Maik verkauft und demgemäß einen Anspruch auf Zahlung des Kaufpreises aus § 433 Abs. 2 BGB. Maik „zahlt" mit einem Scheck über die o. g. Summe. Maiks Verpflichtung zur Zahlung des Kaufpreises ist gestundet und bleibt zunächst bestehen, bis die Bank den vorgelegten Scheck entweder einlöst und 250,- EUR bar auszahlt oder den Betrag auf Angelas Konto gutschreibt.

Die Leistungen an Erfüllungs Statt und erfüllungshalber haben **gemeinsam**, dass in beiden Fällen eine **andere als die geschuldete Leistung** erbracht wird.
Der **Unterschied** zwischen beiden Leistungen liegt darin, dass bei der Leistung an Erfüllungs statt das **Schuldverhältnis erlischt**, bei der Leistung erfüllungshalber das **Schuldverhältnis (zunächst) bestehen** bleibt. Das Schuldverhältnis erlischt erst dann, wenn sich der Gläubiger aus der neuen Verbindlichkeit befriedigt hat. Die ursprüngliche Forderung wird vom Gläubiger praktisch gestundet (konkludenter Stundungsvertrag), bis eine Erfüllung eingetreten ist.

ÜBERSICHT 15   **Leistung an Erfüllungs Statt und erfüllungshalber**

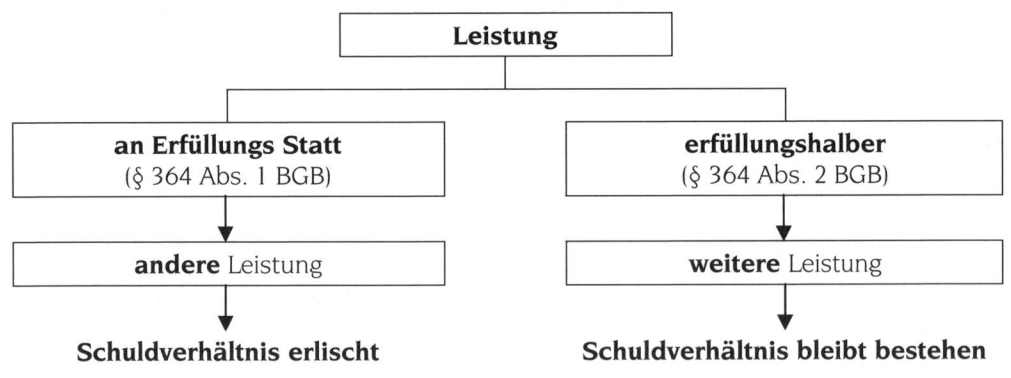

Ist unklar, ob eine Leistung an Erfüllungs Statt oder eine Leistung erfüllungshalber vorliegt, muss im Einzelfall ausgelegt werden, was die Parteien mit der Leistungserbringung vertraglich vereinbart haben. Um im Zweifelsfall die Erfüllung nachweisen zu können, kann der Schuldner von dem Gläubiger eine Quittung verlangen, § 368 S. 1 BGB.

Hinterlegung BASISTEXT

Ein weiterer Grund für das Erlöschen von Schuldverhältnissen ist die **Hinterlegung** gem. §§ 372 ff. BGB. Wenn dem Schuldner nicht mehr zumutbar ist, die Leistung bereitzuhalten oder wenn er nicht sicher erkennen kann, wer wirklich der Gläubiger seiner Forderung ist, kann er den zu leistenden Gegenstand hinterlegen.

Hinterlegung

ist die **Übergabe des geschuldeten Gegenstandes** an eine **öffentliche Stelle** (Hinterlegungsstelle) mit der Konsequenz, dass der Schuldner grds. bereits hierdurch **von seiner Schuld befreit** wird.

Voraussetzungen für eine Hinterlegung gem. § 372 BGB sind ein **Hinterlegungsgrund**, ein **hinterlegungsfähiger Gegenstand** und ein **hinterlegungsfähiger Ort**.

Hinterlegung ÜBERSICHT 16

Hinterlegungsgründe i.S.d. § 372 BGB sind z. B. der Annahmeverzug gem. § 293 BGB oder die nicht auf Fahrlässigkeit beruhende Ungewissheit des Schuldners über die Person des Gläubigers, sowie andere in der Person des Gläubigers liegende Gründe.

Hinterlegungsfähige Gegenstände i.S.d. § 372 BGB sind Geld, Wertpapiere, sonstige Urkunden und Kostbarkeiten wie z. B. ein Armband oder eine Uhr.

Hinterlegungsfähiger Ort i.S.d. § 372 BGB ist eine zur Hinterlegung bestimmte öffentliche Stelle. Das ist gem. § 374 Abs. 1 S. 1 BGB die Hinterlegungsstelle des Leistungsorts, also des Ortes, an dem die Leistung zu erbringen ist.

Beantragt der Schuldner die Hinterlegung, ordnet das **Amtsgericht** die Hinterlegung in Form eines Verwaltungsaktes an. Der hinterlegende Schuldner bleibt bei der Hinterlegung Eigentümer, der Gläubiger kann aber die Herausgabe verlangen.

Hat der Schuldner wirksam hinterlegt, ist das Schuldverhältnis erloschen. Der Gläubiger kann sodann die hinterlegte Sache versteigern lassen und sich aus dem Versteigerungserlös befriedigen.

Beispiel:
> Herr Hagen verkauft seinen Pkw für 4.000,- EUR an seinen Nachbarn, Herrn Garbe. Bevor es zur Zahlung kommt, verstirbt Herr Hagen und es gibt Streit um die Erbschaft. In diesem Fall kann Herr Garbe das Geld hinterlegen und wird so von seiner Schuld aus dem Kaufvertrag frei.

 BASISTEXT   Aufrechnung

Ein Schuldverhältnis erlischt auch durch **Aufrechnung** gem. §§ 387 ff. BGB. Bei einer Aufrechnung werden zwei einander gegenüberstehende Forderungen getilgt.

> **Aufrechnung**
>
> ist die **Tilgung zweier einander gegenüberstehender Forderungen** durch eine empfangsbedürftige Willenserklärung.

Eine einseitige Aufrechnung ist dann zulässig, wenn eine **Aufrechnungslage** (§§ 387 ff. BGB) besteht, die Aufrechnung **nicht** durch Parteivereinbarung (§ 311 Abs. 1 BGB) oder durch Gesetz (u. a. §§ 393 f. BGB) **ausgeschlossen** ist und eine **Aufrechnungserklärung** gem. § 388 BGB (eine einseitige, empfangsbedürftige Willenserklärung gegenüber dem anderen) abgegeben wird.

Beispiel:
> Frau Meier hat bei Frau Kressmann Schulden aus einem Kaufvertrag in Höhe von 120,- EUR. Frau Kressmann kauft kurze Zeit später den gebrauchten Kühlschrank von Frau Meier zu einem Kaufpreis von 150,- EUR. Frau Kressmann sagt der Frau Meier, dass sie mit der Forderung aus dem mit Frau Meier bestehenden Kaufvertrag aufrechnet und zahlt lediglich den Differenzbetrag von 30,- EUR an Frau Meier.

Aufrechnung   ÜBERSICHT 17

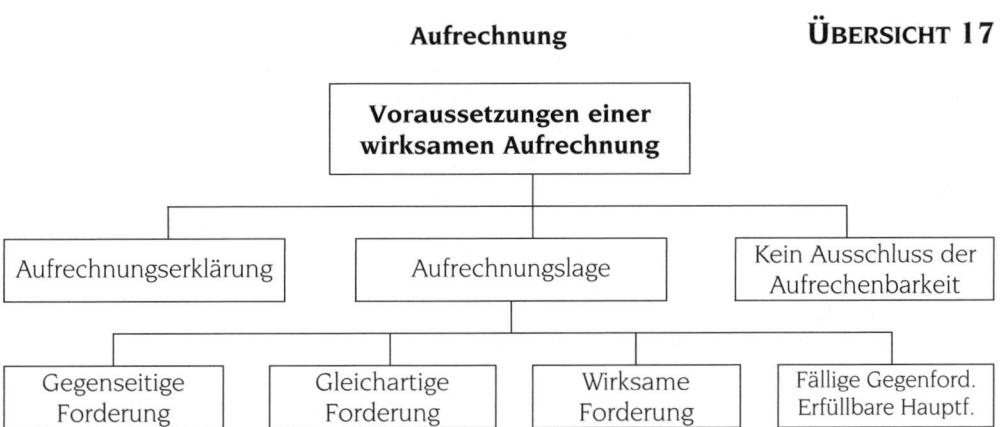

Eine **Aufrechnungslage** ist gegeben, wenn vier Voraussetzungen erfüllt sind:

1. **Gegenseitigkeit der Forderung:** Jeder ist zugleich Gläubiger und Schuldner des anderen.
    Beispiel:
    Der Vermieter einer Wohnung (Mietzins 500,- EUR pro Monat) hat vom Mieter dessen Pkw (Kaufpreis 1.000,- EUR) erworben.

2. **Gleichartigkeit der Forderungen:** Haupt- und Gegenforderung sind ihrem Gegenstand nach gleichartig.
    Beispiele:
    -   Geld gegen Geld.
    -   Bohnen einer bestimmten Sorte gegen Bohnen der identischen Sorte.

3. **Wirksamkeit der Forderungen:** Beide Forderungen haben rechtlichen Bestand.
    Beispiele:
    -   Kein Formmangel.
    -   Keine Sittenwidrigkeit.
    -   Keine erfolgreiche Anfechtung des Rechtsgeschäfts.

4. **Fälligkeit der Gegenforderung, Erfüllbarkeit der Hauptforderung:** Der Zeitpunkt der vereinbarten Leistungserbringung muss für die **Gegenforderung** gegeben sein, die **Hauptforderung** darf nicht unmöglich sein.
    Beispiel:
    Im Beispiel zu 1. darf der Vermieter am 3. eines Monats aufrechnen, der Mieter mit seiner Kaufpreisforderung nur, wenn das verkaufte Auto noch vorhanden ist.

FALL 20   Daniel macht kurzen Prozess

Daniel hat von seinem Nachbarn Felix eine Sammlung alter Schallplatten aus den 50er Jahren für 300,- EUR gekauft. Der Kaufpreis soll zwei Tage später gezahlt werden. Am Tag nach dem Kauf ist Felix unachtsam mit seinem Fahrrad und verursacht versehentlich eine Beule an Daniels neuem Auto, das am Straßenrand parkt. Die Reparaturkosten betragen 400,- EUR. Diesen Betrag möchte Daniel von Felix erstattet erhalten. Als es deswegen zum Streit kommt und Felix den Daniel auch noch dreist an die Zahlung der 300,- EUR für die Schallplatten erinnert, macht Daniel kurzen Prozess und erklärt die Aufrechnung seiner Forderung mit der Forderung des Felix.

Felix, dem die Bank zwischenzeitlich das Konto gesperrt hat, will jedoch von Daniel nach wie vor die 300,- EUR, und zwar sofort und ohne „Wenn und Aber".

Aufgabe: 1. Prüfen Sie, ob Felix von Daniel die Zahlung des Kaufpreises in Höhe von 300,- EUR verlangen kann.
2. Prüfen Sie, ob Daniel gegen Felix noch Ansprüche hat.
3. Diskutieren Sie, warum der Gesetzgeber die Regeln zur Aufrechnung erlassen hat.

 Notieren Sie die Lösung auf einem besonderen Blatt.

BASISTEXT   Erlass

Zuletzt ist der **Erlass** gem. § 397 BGB als Erlöschensgrund zu beachten.

Erlass

> ist ein **Vertrag**, bei dem der Gläubiger gegenüber dem Schuldner auf die Erbringung der Leistung **verzichtet**.

Es ist auf den ersten Blick vielleicht etwas erstaunlich, aber der Erlass setzt immer **zwei** Willenserklärungen voraus. Grund ist, dass es niemandem aufgezwungen werden soll, von Verbindlichkeiten befreit zu werden, u. a. aus Gründen der Ehre.

Der Erlasses einer Forderung kann durch zwei unterschiedliche Verträge zustande kommen: Durch den **Erlassvertrag** (§ 397 Abs. 1 BGB) oder durch den **Aufhebungsvertrag**, das sog. „negative Schuldanerkenntnis" (§ 397 Abs. 2 BGB).

 ÜBERSICHT 18   Erlass

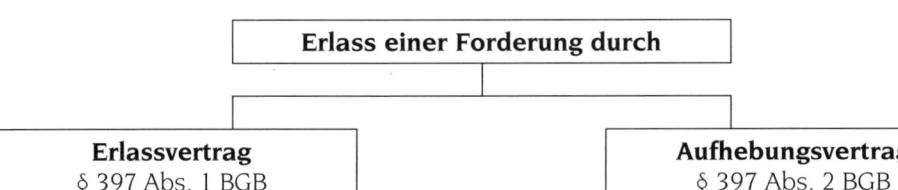

Der **Erlassvertrag** setzt den rechtsgeschäftlichen Willen des Gläubigers voraus, auf die bestehende Forderung zu verzichten. Das **Erlassangebot** muss von dem anderen angenommen werden. Die Annahme ist im Regelfall nicht empfangsbedürftig (§ 151 BGB). Der **Erlass ist formfrei**, auch dann, wenn er schenkweise erfolgt. Er kann konkludent zustande kommen.

Beispiel:
> Clarissa Klein führt ein Bekleidungsgeschäft. Bei dem Großhändler hat sie einen Zahlungsrückstand in Höhe von 480,- EUR. Als ein Wasserschaden ihren Warenbestand völlig vernichtet, teilt ihr der Großhändler mit, dass er um des Bestehens des Geschäftes Willen auf die Zahlung des geschuldeten Betrages verzichtet. Clarissa freut sich darüber.

Beim **Aufhebungsvertrag** können die Parteien vereinbaren, dass ein Schuldverhältnis nicht (mehr) bestehen oder ein Schuldverhältnis für die Zukunft aufgehoben werden soll.

Beispiel:
> Der Profi-Tischtennisspieler Peter Klein ist schon seit längerer Zeit mit der Vereinsleitung unzufrieden. Auch die Personen, die der Leitung des Vereins angehören, möchten das Vertragsverhältnis beenden. Beide Seiten sind einverstanden mit dem Abschluss eines Aufhebungsvertrages, der das bestehende Schuldverhältnis für die Zukunft beendet.

ÜBUNG 46

Prüfen Sie, ob das jeweilige Schuldverhältnis erloschen ist und benennen Sie ggf. den Erlöschensgrund.

Beispiel	Erlöschungsgrund
1. Michael hat Klaus ein Fahrrad für 200,- EUR verkauft, Klaus hat Michael einen Tag zuvor ein Skateboard für 50,- EUR verkauft. Klaus zahlt an Michael insgesamt 150,- EUR in bar.	
2. Die Stadt Welfenheim kauft vom Papierwarenhändler Perk Schreibwaren für 1.000,- EUR. Der Händler liefert der Stadt die bestellten Stifte, die Stadt zahlt den Kaufpreis.	
3. Mira Mirabilis ist im Altenzentrum der Stadt Welfenheim für ein Jahr als Diätköchin eingestellt. Die alten Leute beklagen sich über die viel zu scharfe Kost. Mira will daran nichts ändern und ist auch unzufrieden mit ihrer Arbeit. Der Personalchef beendet im gegenseitigen Einvernehmen mit ihr das Arbeitsverhältnis zum Ersten des nächsten Monats gegen Zahlung einer kleinen Abfindung.	

Beispiel	Erlöschungsgrund
4. Marius hat Ankes Pkw gemietet. Vereinbart ist, dass Marius dafür bis zum 01.09.2010 einen Betrag in Höhe von 100,- EUR in bar an Anke zahlt. Anstelle der Barzahlung überweist Marius das Geld. Anke ist einverstanden. Das Geld wird am 30.08.2010 dem Konto gutgeschrieben.	
5. Siehe Fall Nr. 4, Barzahlung ist vereinbart. Stattdessen gibt Marius Anke am 25.08.2010 einen Scheck über den geforderten Betrag. Die Gutschrift auf Ankes Konto erfolgt am 28.08.2010.	
6. Marius will nun von München nach Hannover umziehen. Er schreibt dies seinem Vermieter und gibt die Wohnung drei Monate später geräumt an ihn zurück.	
7. Seine alte Comic-Sammlung hat Marius vor dem Umzug an seinen Freund Michael verkauft. Der ist aber knapp bei Kasse, so dass Marius, schon im Auto sitzend, ihm zuruft: „Lass` mal gut sein ... ." Michael freut sich über die Großzügigkeit.	
8. Die Stadt Welfenheim bestellt für ihre Bibliothek beim Büroausstatter Michelsen fünf Bücherregale zu je 200,- EUR in der Farbe grün. Michelsen liefert die Bücherregale in weiß. Die Bibliotheksleitung ist damit einverstanden	
9. Christian hat für seine Ehefrau bei einem Juwelier eine Kette für 1.000,- EUR gekauft. Der Juwelier liefert wie vereinbart eine Woche später, aber Christian und seine Ehefrau sind nicht erreichbar, da sie sich kurzfristig auf eine Auslandsreise begeben haben. Der Juwelier gibt die Kette in einen Safe beim Amtsgericht Welfenheim.	

ÜBUNG 47

Beschreiben Sie in Stichworten die wesentlichen Merkmale der nachfolgenden Erlöschensgründe:

Erlöschensgründe	Wesentliche Merkmale
Erfüllung durch Leistung	
Erfüllung durch Annahme an Erfüllungs Statt	
Hinterlegung	
Aufrechnung	
Erlass	

Weitere Erlöschungsgründe im Überblick   BASISTEXT

Außer den fünf im BGB bezeichneten Erlöschensgründen gibt es noch:

- **Befristung,** § 163 BGB
  Beispiel:
  Friederike mietet eine Wohnung bis zum 31.12.2010. Das Mietverhältnis erlischt (automatisch) mit dem 31.12.2010.
- **Auflösende Bedingung,** § 158 Abs. 2 BGB
  Beispiel:
  Friederike erhält von ihrem Cousin Fabian ein Darlehen für den Kauf eines wertvollen alten Bauernschranks. Zur Sicherheit übereignet Friederike, die gegenwärtig keine Einkünfte hat, den Schrank an den Cousin „bis zur vollständigen Rückzahlung des Darlehens".
- **Leistungsstörungen,** § 275 Abs. 1 BGB
  Beispiel:
  Friederike verkauft an Jonas ein Aquarell des berühmten Künstlers Erwin Jacobs für 600,- EUR. Nach dem Verkauf und vor der Übergabe des Bildes bricht in der Lagerhalle, in der das Bild aufbewahrt wird, ein Feuer aus. Friederike kann das Bild nicht mehr liefern.
- **Anfechtung,** 142 Abs. 1 BGB
  Beispiel:
  Sachbearbeiter Meier bestellt für die Kantine der Verwaltung 25 Gros Thermoskannen. Er ist der Meinung, es handelt sich um große Exemplare. Tatsächlich sind 25 Gros = 3.600 Thermoskannen. Die Willenserklärung des Meier ist, wenn die Voraussetzungen einer Anfechtung vorliegen, rückwirkend nichtig, der Vertrag damit unwirksam.

- **Rücktritt,** §§ 346 ff. BGB
  Beispiel:
  > Außerdem hat Meier ein defektes Kopiergerät gekauft. Er kann vom Vertrag zurücktreten, wodurch das Schuldverhältnis erlischt.

- **Kündigung,** z. B. §§ 542 ff., § 626, § 622 BGB
  Beispiel:
  > Schließlich hat Meier von der Immobilien-Firma „Concept-Bau GmbH" ein Gebäude für zusätzliche Büroräume zum 01.06. gemietet. Der bisherige Mieter der Wohnung weigert sich auszuziehen. Die Stadt Welfenheim ist nicht in der Lage, die Räume vertragsgemäß zu nutzen. Sie ist berechtigt, das Mietverhältnis aus wichtigen Grund gem. § 543 Abs. 1, Abs. 2 Nr. 1 BGB zu kündigen.

Auf die Anfechtung, den Rücktritt und die Kündigung wollen wir im Folgenden näher eingehen.

Anfechtung

ÜBUNG 48 **Voraussetzungen und Rechtsfolgen der Anfechtung**
Vervollständigen Sie folgenden Lückentext.

Manche Willenserklärungen sind so erheblich mängelbehaftet, dass sie nach dem Willen des Gesetzgebers von vornherein keine .... auslösen sollen, sie sind nichtig (vgl. dazu Kapitel 03), z. B. beim Scheingeschäft (§ 117 BGB), Scherzgeschäft (§ 118 BGB) und Formmangel (§ 125 BGB), beim Verstoß gegen ein gesetzliches Verbot (§ 134 BGB) und bei Sittenwidrigkeit eines Rechtsgeschäfts (§ 138 BGB).

Andere fehlerbehaftete Willenserklärungen, die weniger schwere .... aufweisen, sind zunächst .... aber vernichtbar. Das bedeutet, in diesen Fällen ist das Rechtsgeschäft zunächst rechtswirksam zustande gekommen und die Parteien haben grundsätzlich ihre Pflichten aus dem Rechtsgeschäft zu erfüllen. Allerdings können die mit weniger schweren Mängeln versehenen Willenserklärungen im Nachhinein durch Anfechtung vernichtet werden, z. B. im Fall eines Irrtums gem. § 119, § 120 BGB oder bei einer arglistigen Täuschung bzw. widerrechtlichen Drohung gem. § 123 BGB. Liegt einer dieser Fälle vor, wird durch die (rechtzeitige) Anfechtungserklärung, die in § 143 BGB geregelt ist, das Rechtsgeschäft .... zerstört.
Der Sinn des Anfechtungsrechts besteht darin, dass derjenige, der eine problematische Willenserklärung abgibt, nicht gegen seinen Wunsch an einer Erklärung festgehalten werden soll, die seinem wahren Willen nicht entspricht.

Ein weiterer Unterschied zwischen nichtiger und vernichtbarer (= anfechtbarer) Willenserklärung liegt darin, dass der Erklärende bei der vernichtbaren Willenserklärung die .... hat, ob es bei der irrtümlich erklärten Willenserklärung verbleiben oder ob das Erklärte rückgängig gemacht werden soll.

Diese Wahlmöglichkeit besteht bei einer von Anfang an nichtigen Willenserklärung nicht: Sie löst von vornherein keine Rechtswirkungen aus und kann daher nicht angefochten und vernichtet werden.

Möchte jemand seine mängelbehaftete Willenserklärung „aus der Welt schaffen", muss es einen im BGB benannten Anfechtungsgrund .... geben und der Erklärende muss gegenüber dem Erklärungsempfänger eine .... (§ 143 BGB) abgeben. Dann ist das Rechtsgeschäft als .... nichtig anzusehen (§ 142 Abs. 1 BGB). Da das Gesetz für den Erklärenden in diesen Fällen die Möglichkeit geschaffen hat, zwischen der Gültigkeit und Vernichtung seiner Willenserklärung zu wählen, ist die Situation für den Erklärungsempfänger, der im .... von der Gültigkeit der Willenserklärung seines „Gegenübers" ausgeht, recht .... Aus diesem Grund hat sich der Gesetzgeber dafür entschieden, dass diese Unsicherheit .... beendet wird, um den unwissenden Vertragspartner zu schützen.

Dies geschieht dadurch, dass die Anfechtung einer Willenserklärung durch den Anfechtenden immer innerhalb einer bestimmten Frist erfolgen muss. Wird die .... versäumt, ist eine Anfechtung nicht mehr möglich, die Willenserklärung kann dann nicht mehr vernichtet werden und hat Bestand.

Für eine erfolgreiche Anfechtung und Vernichtung einer mängelbehafteten Willenserklärung müssen also drei Voraussetzungen vorliegen:

1. ....

2. ....

3. ....

Wird eine Willenserklärung erfolgreich angefochten, sieht das BGB eine weitere Schutzmöglichkeit für den (von der Anfechtung oftmals überraschten) Vertragspartner vor. Er kann von dem Anfechtenden .... verlangen, der ihm dadurch entstanden ist, dass er auf die Gültigkeit der Willenserklärung vertraut hat (§ 122 Abs. 1 BGB), allerdings gilt das dann nicht, wenn er den .... kannte oder kennen musste (§ 122 Abs.2 BGB).

Durch Anfechtung vernichtbare Willenserklärungen   BASISTEXT
Wenn eine Willenserklärung vernichtbar ist, weil sich der sie Abgebende geirrt hat, so kann der Irrtum bei der Willensbildung oder bei der Willensäußerung vorliegen.

 **ÜBERSICHT 19**   **Vernichtbare Willenserklärungen**

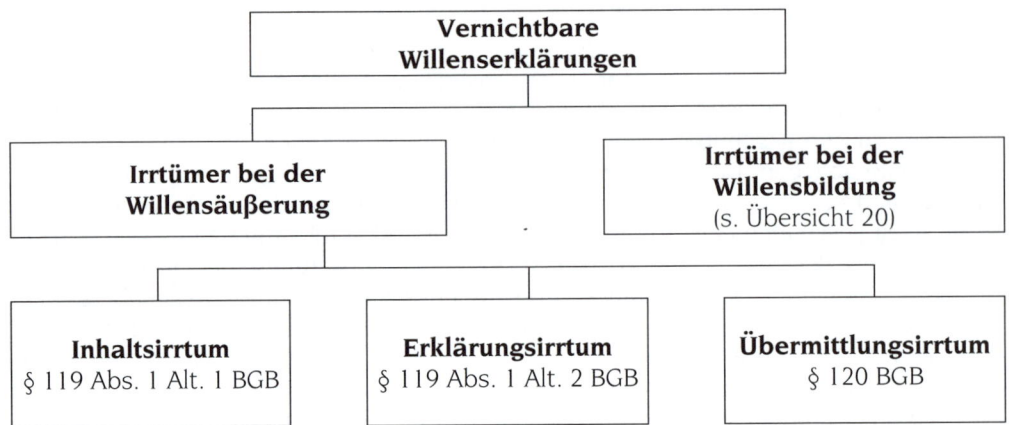

Ein Irrtum bei der Willensäußerung liegt vor, wenn die **abgegebene Willenserklärung** unbewusst **vom eigentlichen Willen** des Erklärenden **abweicht**.

Irrtümer bei der Willensäußerung sind:
* Inhaltsirrtum (§ 119 Abs.1 Alt. 1 BGB),
* Erklärungsirrtum (§ 119 Abs.1 Alt. 2 BGB) und
* Boten-/ Übermittlungsirrtum (§ 120 BGB).

Inhaltsirrtum

ist gegeben, wenn zwar **das gewünschte Erklärungszeichen** gesetzt wird, dieses aber **etwas anderes bedeutet** als der Erklärende
gemeint hat (§ 119 Abs. 1 Alt. 1 BGB).

Beispiel:
Karla Michel bestellt bei einer Bootsfahrt auf der Spree in Berlin „eine Berliner Weiße" und meint, es handele sich dabei um ein Berliner Milchmixgetränk. Tatsächlich handelt es sich aber um ein alkoholisches Getränk. Karla erklärt zwar, was sie erklären will und benutzt das richtige Erklärungszeichen („Berliner Weiße"), aber sie irrt sich über die Bedeutung ihrer Bestellung.

Erklärungsirrtum

liegt vor, wenn der Erklärende **ein anderes Erklärungszeichen** setzt, als er gewollt hat, z. B. beim Versprechen, Verschreiben, Vergreifen (§ 119 Abs. 1 Alt. 2 BGB).

Beispiel:
> Am nächsten Tag möchte Karla ihren VW Polo zu einem Preis von 3.000,- EUR in der Zeitung zum Verkauf anbieten. Sie ist wegen des gestrigen Nachmittags noch etwas unkonzentriert und schreibt „300,- EUR".

Übermittlungsirrtum/ Botenirrtum

ist vorhanden, wenn der Erklärende zur Übermittlung seiner Willenserklärung einen **Boten** einschaltet, der seine **Willenserklärung falsch überbringt**. Der Übermittlungsirrtum wird genauso behandelt wie ein Erklärungsirrtum (§ 120 BGB).

Beispiel:
> Nun ist Karla vorsichtiger und schickt ihre Freundin Anni zum Blumenladen, wo diese ein Grabgesteck zu 50,- EUR für eine gemeinsame Freundin bestellen soll. Anni ist wegen des plötzlichen Todes der Bekannten wohl etwas durcheinander und bestellt ein Gesteck für 500,- EUR.

Nicht nur bei der Äußerung, sondern auch schon bei der Bildung des Willens können Fehler unterlaufen.

Irrtum bei der Willensbildung

ist dann anzunehmen, wenn jemand bei der **Abgabe einer Willenserklärung** irrtümlich von einem **falschen Umstand** ausgeht, der **wesentlich** für seinen **Geschäftswillen** ist.

Bei den Irrtümern bei der **Willensbildung** ist zu unterscheiden zwischen **unbeachtlichen** und **beachtlichen Irrtümern**.

Grundsätzlich ist ein Irrtum bei der Willensbildung unbeachtlich, d. h. der im Irrtum Befindliche kann seine Willenserklärung nicht anfechten und die Willenserklärung hat Bestand.

Beispiel:
> Klaus Bonke kauft Aktien in der Erwartung, dass er dabei einen Gewinn erzielt. Fallen die Aktienkurse stattdessen, besteht ein **unbeachtlicher Irrtum bei der Willensbildung** und Bonke ist an seine Willenerklärung beim Aktienkauf gebunden (= **unbeachtlicher Motivirrtum**).

Ausnahmsweise gibt es aber auch **beachtliche Irrtümer bei der Willensbildung**, die zur Anfechtung berechtigen.

Dies sind:
- **Eigenschaftsirrtum**, § 119 Abs. 2 BGB,
- Bestimmung zur Abgabe der Willenserklärung durch **arglistige Täuschung**, § 123 Abs. 1 Alt. 1 BGB und
- Bestimmung zur Abgabe der Willenserklärung durch **widerrechtliche Drohung**, § 123 Abs. 1 Alt. 2 BGB.

ÜBERSICHT **20**   **Irrtümer bei der Willensbildung**

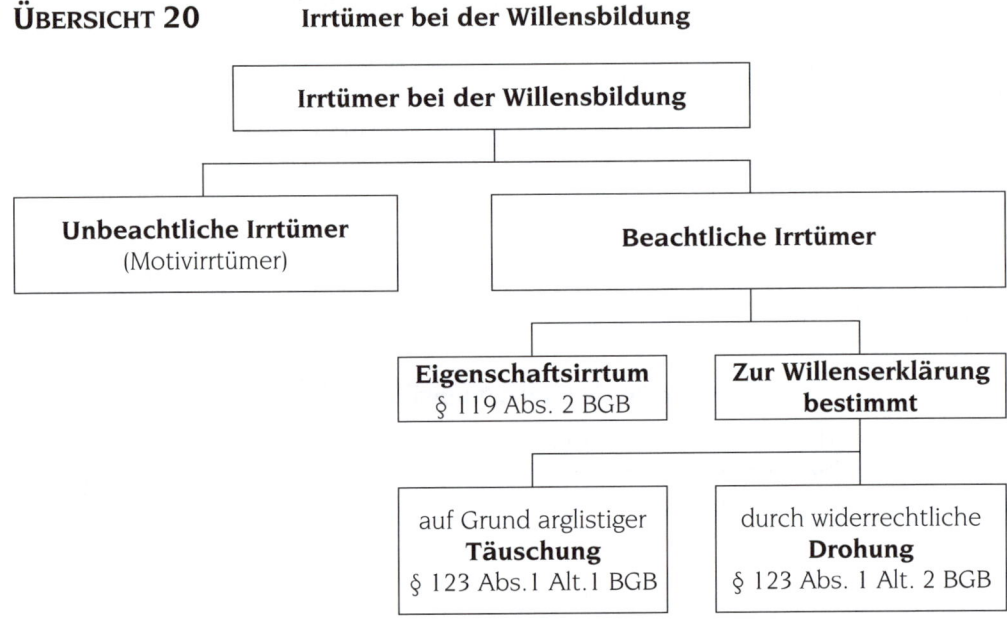

Eigenschaftsirrtum

ist ein Irrtum über solche **Eigenschaften** der Person oder der Sache, die **im Verkehr als wesentlich** angesehen werden. Verkehrswesentliche Eigenschaften sind alle **wertbildenden Faktoren**, die für den **Zweck des Geschäfts** von Bedeutung sind.

Verkehrswesentliche Eigenschaften **der Person** sind z. B. Alter, Bildung, Konfession oder Kreditwürdigkeit. Nur die Eigenschaften sind verkehrswesentlich, die in einem **engen Zusammenhang zum jeweiligen Rechtsgeschäft** stehen.

Beispiel:
> Michaela Daum bittet ihre Freundin Gisela Hirth, ihr kurzfristig ein Darlehen in Höhe von 500,- EUR zu gewähren. Gisela geht davon aus, dass Michaela grundsätzlich zahlungsfähig (kreditwürdig) ist und den Betrag in den nächsten Tagen an sie zurückzahlt. Michaela denkt allerdings gar nicht daran, die 500,- EUR zurückzuzahlen, sie begleicht ihre Schulden aus Prinzip nicht. Gisela hat sich in einer verkehrswesentlichen Eigenschaft der Michaela geirrt.

Verkehrswesentliche Eigenschaften **der Sache** sind z. B. Beschaffenheit und Haltbarkeit eines Koffers, Lage und Bebaubarkeit eines Grundstücks, nicht aber der Wert oder Preis eines Gegenstandes, denn der Wert/Preis ist kein wertbildender Faktor einer Sache, sondern das Ergebnis und überdies abhängig von den wirtschaftlichen Gegebenheiten des Marktes.

Beispiel:
> Michaela möchte sich nunmehr ein Grundstück kaufen, um später ein Haus darauf zu bauen. Vor dem Kauf holt Michaela eine behördliche Auskunft ein, um sicher zu gehen, dass sie das Grundstück tatsächlich zum Bauen und nicht nur als Grünland nutzen darf. Die Bebaubarkeit des Grundstücks ist eine verkehrswesentliche Eigenschaft.

Gegenbeispiel:
> Für die Einrichtung hat sich Michaela auf dem Flohmarkt bereits eine alte Kommode für nur 100,- EUR gekauft. Dabei war sie davon ausgegangen, ein wirkliches Schnäppchen gemacht zu haben – das gute Teil müsse doch mindestens das Zehnfache wert sein. Tags darauf klärt Gisela sie aber auf, dass „die wurmstichige Kiste" kaum mehr als Schrottwert habe.

Weitere beachtliche Irrtümer bei der Willensbildung (beachtliche Motivirrtümer) sind die Irrtümer, die durch eine **arglistige Täuschung** (§ 123 Abs. 1 Alt. 1 BGB) oder auf Grund einer **widerrechtlichen Drohung** (§ 123 Abs. 1 Alt. 2 BGB) entstanden sind. Auch in diesen Fällen ist eine Anfechtung der Willenserklärung möglich.

> **Täuschung**
> ist ein Verhalten, das in dem Vertragspartner **gezielt falsche Vorstellungen** hervorruft.

Die Täuschungshandlung kann in einem **Tun** (durch Vorspiegelung falscher Tatsachen) oder **Unterlassen** (z. B. Verschweigen) bestehen. Ein Unterlassen ist allerdings nur dann relevant, wenn eine Rechtspflicht zum Handeln besteht.

129

Beispiele:

- Paul möchte seinen Pkw verkaufen. Er dreht den Kilometeranzeiger zurück (Tun).
- Klaus möchte ebenfalls seinen Pkw verkaufen. Der Kilometeranzeiger funktioniert seit längerer Zeit nicht und zeigt einen wesentlich geringeren Kilometerstand an, als der Pkw tatsächlich zu verzeichnen hat. Klaus verschweigt den wahren Kilometerstand (Unterlassen). Es besteht für Klaus eine Rechtspflicht zur Aufklärung über den wahren Sachverhalt.

Arglist

liegt vor, wenn der Täuschende **gezielt beabsichtigt**, seinen Vertragspartner durch die Täuschungshandlung zu einer Willenserklärung zu veranlassen, die ohne die Täuschung so nicht erfolgt wäre.

Beispiel:

Paul weiß genau, dass Christina seinen Pkw nur kauft, wenn der Wagen weniger als 100.00 km gelaufen ist. Daher dreht er den Tacho von 180.00 km auf 80.000 km zurück. Er handelt arglistig.

Die arglistige Täuschung muss außerdem **ursächlich** für die abgegebene Willenserklärung sein, damit ein Anfechtungsrecht nach § 123 Abs. 1 Alt. 1 BGB vorliegt.

Im obigen Beispiel ist die arglistige Täuschung von Paul ursächlich für die Willenserklärung, denn ohne sie hätte Christina den Pkw nicht gekauft. Will Christina den Wagen aus Liebhaberei hingegen „unter allen Umständen" haben, fehlt es an der Ursächlichkeit.

Die widerrechtliche Drohung gem. § 123 Abs. 1 Alt. 2 BGB ist zwar kein Irrtumstatbestand, berechtigt aber auch zur Anfechtung.

Drohung

ist das **In-Aussicht-Stellen eines zukünftigen Übels**, das den Erklärungsempfänger in eine psychische Zwangssituation versetzt.

Beispiel:

Der Geschäftsmann Obermaier sagt zu seinem Kontrahenten Kurzenberg, er werde ihn wegen Steuerhinterziehung anzeigen, wenn er nicht endlich aufhöre, Reparaturen ohne Rechnung auszuführen.

Rechtswidrig

ist die Drohung dann, wenn u. a. die angedrohte **Maßnahme** oder das angestrebte **Ziel nicht dem geltenden Recht** entspricht oder wenn keine sog. Zweck-Mittel-Relation besteht.

Beispiel:

Außerdem droht Herr Obermaier Herrn Kurzenberg eine Körperverletzung an, sollte Kurzenberg seinen Porsche nicht an ihn verschenken.

Die erste Drohung war nicht rechtswidrig, die zweite hingegen schon, da das erpresste Verhalten in keiner Beziehung zur Handlung bzw. Handlungspflicht des Kurzenberg steht (keine Zweck-Mittel-Relation).

Auch die widerrechtliche Drohung muss, um ein Anfechtungsrecht auszulösen, für die Willenserklärung des Bedrohten **ursächlich** sein.

ÜBUNG 49

Prüfen Sie, ob folgende Willenserklärungen nichtig oder vernichtbar sind.

Beispiel	Lösung
1. Max bietet Florian schriftlich seine Golduhr zum Kaufpreis von 30,- EUR an. Max bemerkt später, dass er sich verschrieben hat, tatsächlich wollte er die Uhr für 300,- EUR anbieten.	
2. Aus Ärger darüber zwingt Max seinen Kumpel aus alten Tagen mit vorgehaltener Pistole, ein Schreiben zu formulieren mit dem Inhalt, dass Anton dem Max seinen neuen Pkw Mercedes für 10,- EUR verkauft.	
3. Wieder etwas besser gelaunt, erklärt Max seinem Freund Konstantin, er schenke ihm sein Haus, wenn die Bundesrepublik Deutschland in das Endspiel der Fußball-Weltmeisterschaft gelange. Max geht dabei davon aus, dass Konstantin den Scherz erkennt.	
4. Tobias ist Inhaber einer Brauerei. Er schließt mit einem Gastwirt, der geschäftlich völlig unerfahren ist, einen Vertrag, dass der Gastwirt 40 Jahre lang die Erzeugnisse der Brauerei zu überhöhten Preisen auszuschenken habe.	

ÜBUNG 50

Ergänzen Sie bei den folgenden Anfechtungsgründen die Rechtsvorschriften und ordnen Sie die Gründe mit ihren Nummern in die darunter stehende Tabelle ein:

Anfechtungsgrund	Rechtsvorschrift
1. Widerrechtliche Drohung	§
2. Erklärungsirrtum	§
3. Unrichtige Übermittlung der Willenserklärung	§
4. Inhaltsirrtum	§
5. Arglistige Täuschung	§
6. Eigenschaftsirrtum	§

Ursache bei der Willensäußerung			Ursache bei der Willensbildung		
Nr.	Nr.	Nr.	Nr.	Nr.	Nr.

PRÜFUNGSSCHRITTE 7   Voraussetzungen einer unwirksamen Anfechtung

1. Grundsätzlich anfechtbares Rechtsgeschäft
2. Anfechtungsgrund gem. § 119 Abs. 1 und Abs. 2, § 120, § 123 BGB
3. Anfechtungserklärung gegenüber
4. richtigem Anfechtungsgegner gem. § 143 BGB und
5. innerhalb der Anfechtungsfrist gem. § 121, § 124 BGB.
6. Rechtsfolge: Rechtsgeschäft ist von Anfang an nichtig, § 142 Abs. 1 BGB

ÜBUNG 51

Entscheiden Sie, ob ein Anfechtungsgrund vorliegt und ggf. welcher.

Beispiel	Lösung
1. Martin verkauft Marianne ein Aquarell in der An-nahme, das Bild sei nicht älter als fünf Jahre. Kurze Zeit danach stellt sich heraus, dass das Bild bereits vor 80 Jahren entstanden und deshalb sehr wert-voll ist.	
2. Marianne möchte ihre alte Küchenuhr verkaufen, sie hält sie für „unmodern". Sie vermutet ohne wei-tere Erkundigung, der Wert betrage nicht mehr als 20,- EUR. Nachdem sie Kirsten die Uhr für 20,- EUR verkauft hat, erfährt sie, dass der gegenwärtige Marktwert der Uhr 500,- EUR beträgt.	

Beispiel	Lösung
3. Die italienische Künstlerin Gina stellt kleinformatige Aquarelle zum Verkauf aus. Marianne ist begeistert von den Bildern und fragt: „Wie viele Aquarelle verkaufst Du mir für 100,- EUR?" Daraufhin sagt Gina: „Due!" Marianne meint, das Wort „Due" bedeute zwölf Stück (ein Dutzend) und willigt ein. Als sie nur zwei Aquarelle erhält, möchte sie den Kauf rückgängig machen.	
4. Nunmehr trägt Marianne ihrer Freundin Kirsten auf, dem Bekannten Kurt mitzuteilen, er könne die Lautsprecherboxen der Marianne für 3.200,- EUR erwerben. Kirsten verwechselt die Zahlen und richtet Kurt aus, die Stücke seien für 2.300,- EUR zu haben.	
5. Marianne hat sich nun einen Stand auf dem Flohmarkt besorgt. Auf ihrem Auslagentisch befinden sich Gegenstände, die sie für 5,- EUR anbietet, direkt neben wertvolleren und teureren Utensilien. Als eine Kundin sich für einen Kerzenhalter, der bei der preiswerten Ware liegt, interessiert, greift Marianne zur Seite und sagt zugleich „Hier, bitte, kostet nur 5,- EUR." Als die Kundin rasch einwilligt, erkennt Marianne, dass sie den „falschen" Kerzenhalter ergriffen hat. Dieses Stück ist eine Antiquität und sollte nicht unter 80,- EUR verkauft werden.	
6. Tobias möchte Rudi seinen Pkw verkaufen. Er weiß, dass Rudi den Pkw nur kauft, wenn er nicht älter als fünf Jahre ist. Tobias fälscht deshalb das Datum der Erstzulassung.	
7. Einen Tag später wird Rudi von Marko gezwungen, ein handschriftliches Testament zugunsten Markos aufzusetzen. Als Rudi sich weigert, führt Marko dem Rudi unter Ausübung von Gewalt die Hand.	

BASISTEXT **Rücktritt**

Ist eine Partei nicht mehr bereit, das Schuldverhältnis weiterhin bestehen zu lassen, kann sie von dem Vertrag **zurücktreten**. Der Rücktritt ist möglich, wenn dies vorher vertraglich vereinbart war (**vertragliches Rücktrittsrecht**) oder gesetzlich bestimmt ist (**gesetzliches Rücktrittsrecht**).

Voraussetzungen für einen Rücktritt sind ein **Rücktrittsgrund** und eine fristgemäße **Rücktrittserklärung** (= empfangsbedürftige Willenserklärung). Das Rücktrittsrecht darf ferner **nicht ausgeschlossen** sein.

Beispiel:
> Maria Lemke hat einen grünen Pullover gekauft. Sie vereinbart mit der Geschäftsinhaberin, dass sie den Pullover zurückgeben kann, wenn er farblich nicht zu dem vorhandenen Rock passt. Als Maria feststellt, dass die Farben der beiden Kleidungsstücke nicht harmonieren, sucht sie sofort die Geschäftsinhaberin auf, um ihr den Entschluss zur Rückgabe des Pullovers mitzuteilen.

 **ÜBERSICHT 21** **Rücktritt**

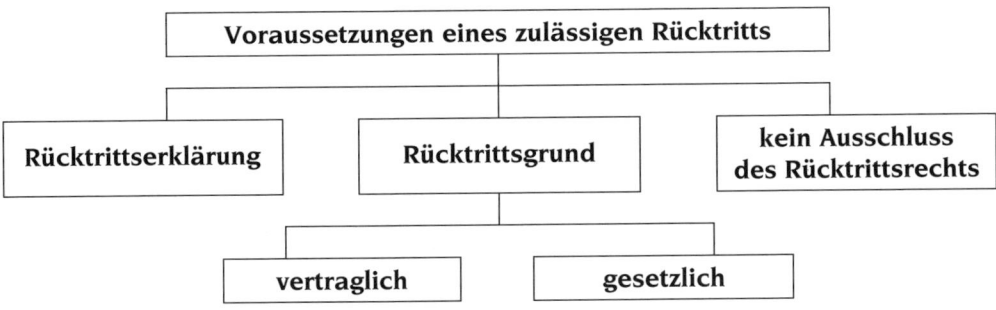

Die Wirkungen des Rücktritts sind in §§ 346 ff. BGB geregelt:

Das Schuldverhältnis **erlischt** für die Zukunft; die Partei, die zurücktritt, muss die empfangenen **Leistungen zurückgewähren** und die gezogenen **Nutzungen herausgeben** (§ 346 Abs. 1 BGB). Statt der Rückgewähr ist in bestimmten Fällen durch den Schuldner Wertersatz zu leisten (z. B. § 346 Abs. 2 BGB).

Der Rücktritt verwandelt also das Schuldverhältnis in ein **Rückgewährschuldverhältnis.** Sonderregelungen für den Rücktritt, z. B. § 651 i, §§ 1298 ff., §§ 2293 ff. BGB oder für den Ausschluss eines Rücktrittsrechts (§ 572 Abs. 1 BGB) gehen den allgemeinen Regelungen über die Wirkungen des Rücktritts der §§ 346 ff. BGB vor.

Im Dauerschuldverhältnis der Miete, Pacht usw. wird das Recht des Rücktritts durch das Recht zur fristlosen Kündigung ersetzt.

Nicht mit dem Rücktritt zu verwechseln ist der sog. **Widerruf**. Seit der Schuldrechtsreform steht einem Verbraucher, insbesondere bei besonderen Vertriebsformen, ein Widerrufsrecht gem. § 355 Abs. 1 BGB zu. Anwendung findet diese Norm etwa bei sog. **Haustürgeschäften** (§ 312 Abs. 1 BGB), **Fernabsatzverträgen** (§ 312 d Abs. 1 BGB) und **Verbraucherkreditverträgen** (§§ 495 ff. BGB).

Voraussetzung für den Lauf der **zweiwöchigen Widerrufsfrist** ist insbesondere, dass der Verbraucher hinlänglich über ein Widerrufsrecht **schriftlich belehrt** wurde, § 355 Abs. 2 BGB. Auf das Widerrufsrecht finden gem. § 357 BGB die Regelungen über den Rücktritt Anwendung, so dass ein Widerruf, wird er erklärt, zur nachträglichen Aufhebung des Vertrages führt – dann muss man die beheizte Rheumadecke also doch nicht bezahlen ...

ÜBUNG 52

Entscheiden Sie, ob in den folgenden Sachverhalten die Rechtsvorschriften der allgemeinen Regelungen über den Rücktritt der §§ 346 ff. BGB oder Spezialvorschriften anwendbar sind, und ordnen Sie die Buchstaben der Sachverhalte den Rechtsvorschriften zu:

Art des Rücktritts	Rechtsvorschriften	Sachverhalte
	§§ 1298 ff. BGB	
	§§ 346 ff. BGB	
	§ 572 Abs. 1 BGB	
	§ 323 Abs. 1, Abs. 2 Nr. 2 BGB – Verzug	
	§ 651 i BGB	

Sachverhalte:

A   Christine hat in einem Reisebüro eine Reise nach Neapel gebucht, ohne spezielle Geschäftsbedingungen des Reisebüros. Christine möchte die Reise nicht antreten.

B   Weiterhin hat sich Christine einen Computer gekauft. Sie hat mit dem Verkäufer vereinbart, dass sie innerhalb von zwei Wochen vom Kaufvertrag zurücktreten kann, wenn sie den Computer in einem anderen Geschäft preiswerter erhält.

C   Tags darauf verlobt sich Christine mit Mark. Marks Eltern schenken Christine daraufhin einen alten Damensiegelring, ein Erbstück der Familie, weil Christine nun ihren Sohn heiraten wird. Christine bekommt sechs Monate später Bedenken und löst das Verlöbnis. Marks Eltern wollen den Ring zurück.

D   Mark kauft sich aus Frust vom Fahrradhändler Forte ein Fahrrad, das er für zwei Fahrradrennen seines Sportvereins am 5. Juli und 3. September nutzen will. Forte soll das Fahrrad spätestens am 1. Juli um 12 Uhr liefern. Sollte er nicht pünktlich liefern, hat Mark mit ihm für diesen Fall vereinbart, dass er an den Kaufvertrag nicht mehr gebunden sein soll. Als Forte am 3. Juli bis zum Mittag nicht geliefert hat, ruft Mark den Forte an und sagt ihm, der Vertrag sei für ihn „hinfällig".

E   Mark hat sich nunmehr eine Zwei-Zimmer-Wohnung des Vermieters Viktor gemietet. Im Mietvertrag steht, dass Viktor berechtigt sein soll, innerhalb eines Monats nach Vertragsschluss vom Vertrag zurückzutreten. Viktor tritt nach zwei Wochen zurück, weil er einen Mieter gefunden hat, der ihm einen höheren Mietzins zahlt.

ÜBUNG 53

Die Stadt Welfenheim kauft beim Büroausstatter Michelsen ein Kopiergerät für 1.500,-
EUR. Sie vereinbaren, dass die Stadt das Kopiergerät innerhalb einer Woche zurückgeben kann, wenn für ihren Bedarf eine höhere Kopierleistung erforderlich sein sollte, als
sie das Kopiergerät aufweist. Erst nach Ablauf der Woche soll der Kaufpreis fällig sein.
Nach fünf Tagen teilt die Stadt Welfenheim mit, dass sie den Kaufvertrag nicht aufrecht
erhalten will, da sie einen Kopierer mit höherer Leistung brauche.

Kreuzen Sie alle zutreffenden Aussagen an.

☐   1.   Die Stadt Welfenheim ist berechtigt, von dem Vertrag zurückzutreten.

☐   2.   Die Stadt Welfenheim ist nicht berechtigt, von dem Vertrag zurückzutreten.

☐   3.   Ein vertraglicher Rücktritt der Stadt Welfenheim liegt vor.

☐   4.   Es liegt ein gesetzlicher Rücktritt der Stadt Welfenheim vor.

☐   5.   Beide Rücktrittsvoraussetzungen (Rücktrittsgrund und fristgemäße Rücktrittserklärung) sind erfüllt. Der Rücktritt ist auch nicht ausgeschlossen.

☐   6.   Die Stadt Welfenheim muss den Kaufpreis für das Kopiergerät zahlen.

☐   7.   Die Stadt Welfenheim muss den Kaufpreis nicht zahlen. Diese Verpflichtung ist
erloschen, da der Rücktritt eine sog. Befreiungswirkung auslöst.

☐   8.   Die Stadt Welfenheim muss an Michelsen die gezogenen Nutzungen herausgeben, dazu gehören gem. § 100 BGB auch die Gebrauchsvorteile. Da die Stadt
den Kopierer für fünf Tage genutzt hat, muss sie an Michelsen einen Geldbe-
trag bezahlen.

BASISTEXT   Kündigung

Für das Erlöschen von sog. **Dauerschuldverhältnissen** hat der Gesetzgeber besondere
Regelungen vorgesehen. Ein Dauerschuldverhältnis ist auf **länger dauernde** oder wie-
derholte Leistungen ausgerichtet und nicht auf einen einmaligen Leistungsaustausch
(z. B. Mietvertrag, Arbeitsvertrag). Ein solches Schuldverhältnis erlischt vor allem durch
Kündigung.

Kündigung

ist eine **einseitige empfangsbedürftige Willenserklärung**, die
die **Beendigung des Dauerschuldverhältnisses für die Zukunft**
bewirkt.

Bei der Kündigung wird zwischen **ordentlicher Kündigung** und **außerordentlicher Kündigung** unterschieden.

Die ordentliche Kündigung ist gesetzlich, beispielsweise für den Dienstvertrag, in § 620 Abs. 2, § 621 und § 622 BGB geregelt und ist nur bei Dienstverhältnissen möglich, die auf unbestimmte Zeit eingegangen sind. Bei einer **ordentlichen Kündigung** müssen die **gesetzlichen Kündigungsfristen** gewahrt werden. Besondere Gründe für die Kündigung müssen nicht angegeben werden (Ausnahmen: Kündigung von Arbeitsverhältnissen und von Wohnraum).

Eine ordentliche Kündigung ist **ausgeschlossen** u. a. bei Mitgliedern des Betriebsrates, der Personal- oder Jugendvertretung gem. § 15 KSchG, sie kann ferner vertraglich ausgeschlossen werden; in diesen Fällen kommt dann nur eine außerordentliche Kündigung in Betracht.

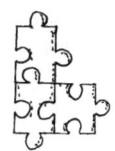

Voraussetzungen einer wirksamen Kündigung   PRÜFUNGSSCHRITTE 8

1. Kündigungserklärung
2. Kündigungsgrund
3. Kein Ausschluss des Kündigungsrechts
4. Evtl. Einhalten einer Kündigungserklärungsfrist

Die **außerordentliche Kündigung** hat das Ziel, das bestehende Dauerschuldverhältnis ohne Einhaltung der Kündigungsfrist vorzeitig zu beenden. Dabei muss es einen **wichtigen Grund** zur Auflösung des Vertrages geben. Auch befristete Verträge, z. B. Mietverträge, können durch außerordentliche Kündigung beendet werden. In der Praxis ist dies vor allem wichtig für Verträge, die mit einer ordentlichen Kündigung nicht aufgehoben werden dürfen, z. B. das Arbeitsverhältnis eines Betriebsratsmitglieds.

Anders als beim Rücktritt besteht bei der Kündigung **kein Rückgewähr-Schuldverhältnis**. Die §§ 346 ff. BGB finden keine Anwendung, so dass die ehemaligen Vertragsparteien grds. ohne jede weitere Auseinandersetzung, wie z. B. der Zahlung von Geld, auseinandergehen.

 **ÜBERSICHT 22**   Kündigung

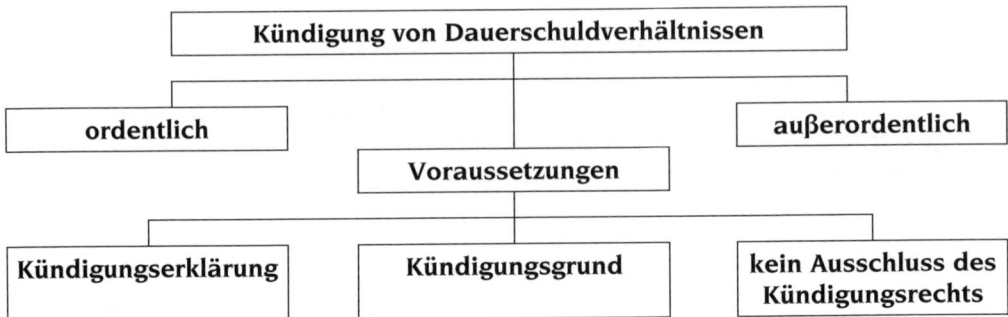

 ÜBUNG 54

Schildern Sie je einen Beispielsfall für eine ordentliche Kündigung und für eine außerordentliche Kündigung durch den Arbeitnehmer und den Arbeitgeber.

Ordentliche Kündigung:

a) Kündigung durch den Arbeitnehmer

b) Kündigung durch den Arbeitgeber

Außerordentliche Kündigung:

a) Kündigung durch den Arbeitnehmer

b) Kündigung durch den Arbeitgeber

ÜBUNG 55

Kreuzen Sie alle richtigen Aussagen an.

☐ 1. Eine ordentliche Kündigung kann gesetzlich (z. B. gem. § 542 Abs. 1, §§ 568 ff., §§ 620 ff. BGB) vorgesehen oder vertraglich vereinbart sein.

☐ 2. Eine ordentliche Kündigung darf nur ausgesprochen werden, wenn dies mit der betroffenen Person vorher vertraglich vereinbart wurde.

☐ 3. Eine außerordentliche Kündigung kann durch vertragliche Vereinbarung der Parteien ausgeschlossen werden.

☐ 4. Vor einer außerordentlichen Kündigung aus wichtigem Grund ist immer eine Abmahnung zu erteilen.

☐ 5. Ein wichtiger Grund für eine Kündigung gem. § 314 BGB ist jeder Grund, den der Kündigende subjektiv als wichtig empfindet.

☐ 6. Ein wichtiger Grund für eine Kündigung i. S. v. § 314 BGB liegt vor, wenn Tatsachen gegeben sind, die unter Berücksichtigung aller Umstände und unter Abwägung der beiderseitigen Interessen die Fortsetzung des Vertrags für den Kündigenden unzumutbar machen.

ÜBUNG 56

Ihr Nachbar bittet Sie um Rat zum Thema Kündigung des Wohnraums und richtet folgende Fragen an Sie. Antworten Sie ihm unter Angabe der einschlägigen Rechtsnorm.

Fragen	Antwort
1. Ist eine Kündigung des Wohnraums zum Zweck der Mieterhöhung zulässig?	
2. Darf der Vermieter kündigen, wenn der Mieter erstmalig die Miete um zwei Tage verspätet gezahlt hat?	
3. Darf der Vermieter einem Mieter kündigen, der den Vermieter ständig erheblich beleidigt, ihm auflauert und ihn bereits vorsätzlich verletzt hat?	
4. Ist eine mündliche Kündigung des Wohnraums durch den Vermieter zulässig?	
5. Kann eine ordentliche Kündigung des Wohnraums immer nur bis zum jeweils 15. des laufenden Monats erfolgen?	

ÜBUNG 57

Fabian Goldmann arbeitet im Team „Sicherheit und Ordnung" der Stadt Welfenheim. Er hat sich bestechen lassen und für 5.000,- EUR eine Konzession an einen völlig unzuverlässigen Gewerbetreibenden, Max Fusch, erteilt. Hierauf angesprochen, teilt er an seine Vorgesetzte, Simone Meister, eine Ohrfeige aus. Kündigen Sie ihm unter Zuhilfenahme des folgenden Briefkopfes.

Stadt Welfenheim
Die Bürgermeisterin
Schloßgarten 13
30470 Welfenheim

Herrn
Fabian Goldmann
Architektendom 6
30470 Welfenheim

Ihr Zeichen	Mein Zeichen	Sachbearbeiter	Telefon	Datum
	10. GO/361	Fr. Kühl	05343-129	heute

Kündigung des Arbeitsverhältnisses

Sehr geehrter Herr Goldmann! ...

...

WISSENSTEST

1. Was ist unter Rechtsfähigkeit zu verstehen? Wer gilt als voll rechtsfähig?

2. Worin liegt der Unterschied zwischen vertretbaren und nicht vertretbaren Sachen?

3. Was besagt das Abstraktionsprinzip?

4. Was bedeutet Geschäftsfähigkeit? Was gilt für die Willenserklärungen von Kleinkindern, Geisteskranken, Betrunkenen?

5. Bei welchen Rechtsgeschäften benötigt ein Jugendlicher nicht die Zustimmung seiner gesetzlichen Vertreter (i. d. R. Eltern)?

6. Welche Arten von Irrtum berechtigen zur Anfechtung?

7. Was ist unter Täuschung und Drohung zu verstehen?

8. Welche Voraussetzungen hat eine wirksame Anfechtung?

9. Wie kommt ein Vertragsschluss zustande (hinsichtlich der Vertragsparteien, Einigung und Wirksamkeit)?

10. Was versteht man unter Vertretung; wie wird die Vertretungsmacht erteilt und welche Wirkungen hat sie?

11. Welche Regelungen kommen zum Tragen bei Überschreitung oder Nichtbestehen der Vertretungsmacht durch den Vertreter?

06 Begründung gesetzlicher Schuldverhältnisse

BASISTEXT   Das Deliktsrecht

Gesetzliche Schuldverhältnisse entstehen zunächst in großer Anzahl aus den Vorschriften des sog. **Deliktsrechts**. Das Deliktsrecht regelt die Wiedergutmachung eines Schadens. Werden unerlaubte Eingriffe in einen fremden Rechtskreis begangen, so entsteht eine Schadensersatzpflicht, ohne dass ein vertragliches Schuldverhältnis dafür vorliegen muss.

Eingriffe sind möglich aufgrund der §§ 823 ff. BGB (sog. **unerlaubte Handlungen**); ferner sehen zahlreiche **Sondertatbestände** eine Haftung vor, wie insbes. die wichtigen Vorschriften des StVG für Unfälle im Straßenverkehr.

Üblicher Weise ist eine wichtige Voraussetzung für einen Anspruch aus Delikt, dass der Schädiger **Schuld daran hat**, dass es zu einer Rechtsverletzung gekommen ist. Das ist der Fall, wenn man ihm vorsätzliches oder fahrlässiges Handeln vorwerfen kann, vgl. § 276 BGB. Da der Schädiger in diesen Fällen, welches im Übrigen die Mehrzahl der Deliktstatbestände darstellt, nur bei **Verschulden** haftet, nennt man diese Gruppe von Normen Ansprüche aus **Verschuldenshaftung**.

> ### Verschuldenshaftung
>
> bedeutet, dass nur dann eine Schadensersatzpflicht besteht, wenn der Schuldner bestimmte Lebensgüter oder Rechte des anderen **schuldhaft (vorsätzlich oder fahrlässig) verletzt** hat.

Die Verschuldenshaftung ist im BGB in **drei Grundtatbeständen** geregelt:

1. Verletzung bestimmter Persönlichkeitsgüter, des Eigentums und sonstiger absoluter Rechte **(§ 823 Abs. 1 BGB),**
2. Verstoß gegen ein Schutzgesetz **(§ 823 Abs. 2 BGB)** und
3. Vorsätzliche sittenwidrige Schädigung **(§ 826 BGB).**

Neben diesen drei Grundtatbeständen gibt es etliche Sondertatbestände, z. B. Haftung für einen Verrichtungsgehilfen **(§ 831 BGB)** oder Haftung für eine Amtspflichtverletzung **(§ 839 BGB).**

Demgegenüber gibt es aber auch, vornehmlich in spezielleren Gesetzen als dem BGB, Tatbestände, bei welchen ein Verantwortlicher **ohne** jedes **Verschulden** haftet. Hier reicht es für eine Verpflichtung zum Schadensersatz also schon aus, dass er eine Gefahr (für eine Person oder eine Sache) hervorgerufen hat, z. B. weil er mit gefährlichen Maschinen (§ 1 HaftpflG, § 33 LuftVG) oder auch Tieren (§ 833 BGB) umgegangen ist. Diese Gruppe deliktischer Anspruchsgrundlagen nennt man Ansprüche aus **Gefährdungshaftung**.

Gefährdungshaftung

ist gegeben, wenn die Schadensersatzpflicht **ohne Rücksicht auf das Verschulden** des Schädigers eintritt.

ÜBERSICHT 23

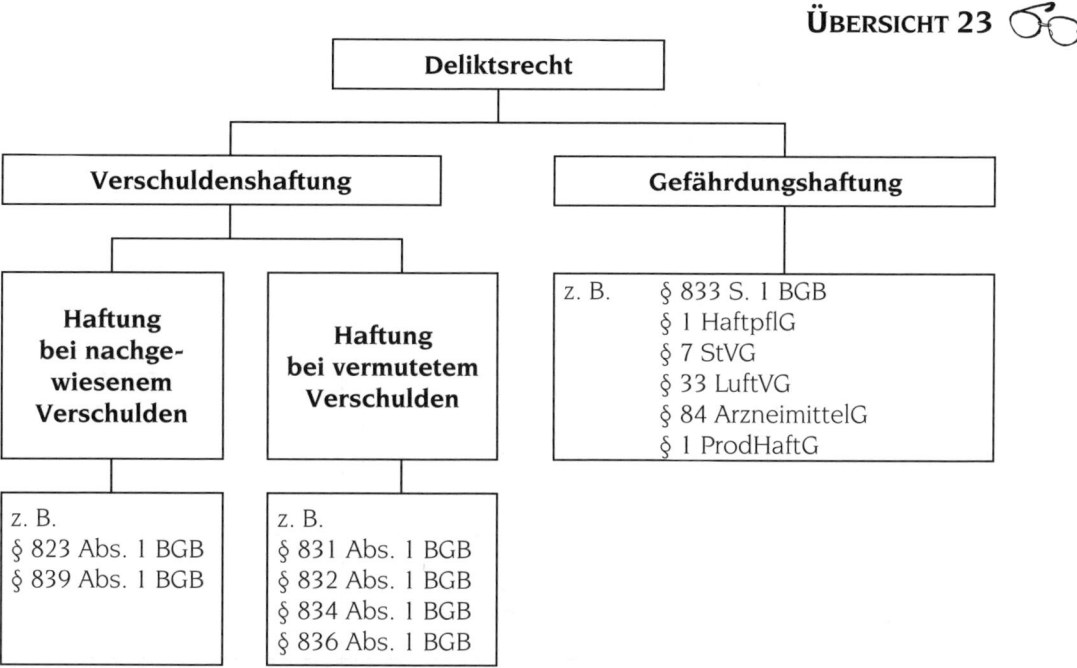

Wie die Übersicht zeigt, erfährt die Verschuldenshaftung noch eine Abstufung in eine Haftung (nur) bei **nachgewiesenem Verschulden** und (schon) bei **vermutetem Verschulden**.

Im ersten Fall tritt eine Schadensersatzpflicht nur ein, wenn der Geschädigte **beweisen kann**, dass der in Anspruch Genommene einen Schaden angerichtet hat.

Beispiel:

Der volljährige Sven Claasen hat beim Fußballspiel die Fensterscheibe des Nachbarn zerstört. Er haftet gem. § 823 Abs. 1 BGB nur dann, wenn ihm ein Verschulden (Vorsatz oder Fahrlässigkeit) zur Last gelegt werden kann.

Zur Verschuldenshaftung gehören aber auch die Fälle, bei denen der Gesetzgeber bei der schädigenden Handlung durch den Schuldner dessen Verschulden vermutet. Der Schuldner hat dann die Möglichkeit, diese **Verschuldensvermutung** zu entkräften, z. B. bei der Haftung des Geschäftsherrn für den Verrichtungsgehilfen gem. § 831 Abs. 1 S. 2 BGB. In der Fachsprache nennt man das **Exkulpation**, was von den lateinischen Begriffen „ex" und „culpa" = aus der Schuld (befreien) bzw. ohne Schuld (handeln), stammt.

Beispiel:
Hildegard Röttger ist Inhaberin eines Möbelgeschäfts. Vor zehn Jahren hat sie Hans Schmidt als Auslieferungsfahrer eingestellt. Hans hat gute Zeugnisse vorgelegt und Hildegard hat ihn ordnungsgemäß in seinen Aufgabenbereich eingewiesen. Regelmäßig hat Hildegard kontrolliert, ob Hans seine Arbeit ordentlich verrichtet. Es hat in den vergangenen Jahren keine Beanstandungen gegeben.
Als Hans vor einer Woche wieder Möbel auszuliefern (und aufzustellen) hat, rutscht beim Transport von Stühlen ein Stuhl vom Transportwagen und verschrammt das Parkett des Kunden Warneke. Dieser begehrt von Hildegard Schadensersatz aus unerlaubter Handlung gem. § 831 Abs. 1 S. 1 BGB in Höhe der Reparaturkosten für das verschrammte Parkett. Hildegard kann den Entlastungsbeweis durch Widerlegung der Verschuldensvermutung führen. Sie haftet nicht für den Schaden.

ÜBUNG 58

Entscheiden Sie, ob ein Fall der Verschuldens- oder der Gefährdungshaftung vorliegt. Geben Sie die betreffende Norm an.

Beispiel	Antwort
1. Amelie Körber lässt bei einem Besuch ihrer Nachbarin versehentlich ein Tablett mit Geschirr auf den Boden fallen.	
2. Wegen der Schusseligkeit seiner Frau hat Klaus Körber fortwährend Streit mit seinem Nachbarn. Eines Tages nimmt der Nachbar bei einem Besuch eine Vase in die Hand, lässt diese fallen und sagt: „Huch!".	
3. Amelie Körber hat einen Cockerspaniel. Eines Tages beißt der Hund den Briefträger.	
4. Klaus Körbers Geselle Mommsen soll bei Familie Herrmann das Dach neu decken. Dabei fällt Mommsen ein Dachziegel auf das Auto des Herrn Herrmann. Dieser will Körber haften lassen.	
5. Eine Woche später leiht Klaus Körber seinem Tenniskollegen Johannes Strolz seinen Pkw. Strolz ist unachtsam und fährt auf die Stoßstange des vor ihm fahrenden Audi TT auf. Der Eigentümer des Audi möchte Ersatz seiner Reparaturkosten von Körber.	
6. Amelie Körber kauft Kondensmilch. Als sie damit Kaffee trinkt, hat sie nach einiger Zeit erhebliche Magenschmerzen. Es stellt sich heraus, dass das Produkt mit unverträglichen Zusatzstoffen versehen ist. Frau Körber begehrt vom Produzenten Ersatz der Arztkosten und ihres Verdienstausfalls.	

Voraussetzungen des § 823 Abs. 1 BGB BASISTEXT

§ 823 Abs. 1 BGB ist eine wichtige Rechtsvorschrift im Bereich der unerlaubten Handlungen. Nach dieser Vorschrift ist zum Schadensersatz verpflichtet, wer vorsätzlich oder fahrlässig ein Rechtsgut oder Recht eines anderen widerrechtlich verletzt. Im Folgenden sollen die Voraussetzungen für einen Anspruch aus § 823 Abs. 1 BGB näher dargestellt werden.

Es muss zunächst eine **Rechtsgutverletzung** vorliegen. Rechtsgüter i. S. d. § 823 Abs. 1 BGB sind das Leben, der Körper, die Gesundheit, die Freiheit oder das Eigentum.

Verletzung des Lebens

ist die **Tötung** eines lebenden Menschen.

Beispiele:
Erschießen eines Menschen, Verhungernlassen eines Babys, nicht aber Vornahme einer Abtreibung, da hier noch kein lebender Mensch vorhanden ist.

Verletzung des Körpers

ist ein **äußerer Eingriff** in die **körperliche Unversehrtheit**.

Beispiele:
Beibringen einer Schnittwunde mit einem Messer, Verursachen einer Prellung.

Verletzung der Gesundheit

ist ein **Eingriff** in die **inneren Lebensvorgänge**.

Beispiele:
Zufügen von Schmerzen, Infizieren mit Viren.

Verletzung der Freiheit

ist die Entziehung der **körperlichen Bewegungsfreiheit** oder die **Nötigung zu einer Handlung**, u. a. durch Drohung oder Zwang.

Beispiele:
Einsperren einer Person in einen Raum, Bedrohen einer Person, damit sie eine Unterschrift auf einer Urkunde vornimmt.

Eigentumsverletzung

ist die **Zerstörung, Beschädigung, Verunstaltung** oder **Entziehung** der Sache.

Beispiele:
Zerkratzen des Autolackes eines fremden Pkw´s bei einem Verkehrsunfall, Fallenlassen einer Blumenvase, Zuparken einer Garagenausfahrt.

Tatbestandsmäßig ist ferner die Verletzung eines „sonstigen Rechtes".

Sonstige Rechte

sind Rechte, die denselben Charakter wie das Eigentum haben und ebenso wie das Leben, der Körper, die Gesundheit und die Freiheit **von jedermann zu beachten** sind.

Beispiele:
Dingliche Rechte wie Hypotheken, das Pfand-, Urheber- oder Besitzrecht, das Namensrecht, das Recht am eingerichteten und ausgeübten Gewerbebetrieb oder das Persönlichkeitsrecht.

Aber:
Vermögensverletzungen, die nicht gleichzeitig Eigentumsverletzungen sind, fallen nicht unter § 823 Abs. 1 BGB, führen jedoch nicht selten zu einem Schadensersatzanspruch gem. § 823 Abs. 2 BGB, z. B. wegen Betruges.

Beispiel:
Kauf eines Ölgemäldes zu einem Preis von 15 Mio. EUR, welches entgegen der Beteuerung der Verkäuferin kein echter Picasso, sondern ein echter Pinski ist.

ÜBUNG 59
Prüfen Sie, ob in den folgenden Beispielen ein Rechtsgut bzw. Recht des § 823 Abs. 1 BGB verletzt ist und geben Sie ggfs. an, welches.

Beispiel	Lösung
1. Anja Berger beschädigt beim Einbiegen auf ihr Grundstück mit ihrem Pkw den Gartenzaun des Nachbarn.	
2. Anschließend läuft sie verkehrswidrig über die Hauptverkehrsstraße und verursacht dabei beinahe einen Unfall. Der scharf bremsende Pkw-Fahrer erleidet ein HWS-Syndrom und hat wochenlang Kopfschmerzen.	
3. Der Nachbar legt ihr eine fingierte Rechnung über die Reparatur des Gartenzaunes vor, die um 300,- EUR überhöht ist. Anja Berger zahlt.	

Beispiel	Lösung
4. Damit nicht genug: Wahrheitswidrig erstattet Anja gegen den Fotografen Strafanzeige wegen sexueller Belästigung. Daraufhin vernimmt die Polizei diesen zwei Stunden lang. Der Fotograf begehrt Schadensersatz von Anja wegen Verdienstausfalls.	
5. Der örtliche Zeitungsreporter hat von dem Beinahe-Unfall ein Foto veröffentlicht und in der Bildunterschrift bemerkt, die Kopfschmerzen des Autofahrers könne er verstehen, denn Anja Berger sehe aus „wie eine Ziege", bei deren Anblick „einem die Milch sauer" werde.	
6. Das will Anja sich nicht bieten lassen und bestellt einen Profi-Fotografen zu einem ganztägigen Fotoshooting zu sich nach Hause. Leider versperrt der verkehrswidrig geparkte Pkw des Fotografen die Hofeinfahrt der benachbarten Druckerei, die deshalb nicht beliefert werden kann. Der Inhaber verlangt vom Fotografen Ersatz des Verdienstausfalls.	
7. In der folgenden Woche will Anja einen wertvollen Perserteppich günstig erwerben, den sie mit einem Gewinn von 2.000,- EUR weiter veräußern kann. Um den Gewinn selbst einzustreichen, mischt sich ein anderer Kunde (Klaus Kunze) in das Verkaufsgespräch ein, täuscht vor, er sei Fachmann und der Teppich sei unecht. Als Anja ohne Teppich frustriert davongezogen ist, kauft ihn Kunze selbst.	

Ist eine Rechtsgutverletzung zu bejahen, bedarf es für einen Anspruch aus § 823 Abs. 1 BGB zweitens einer **Verletzungshandlung**.

Verletzungshandlung

ist jedes **menschliche, äußerlich erkennbare und bewusste Verhalten**, also jedes **Tun oder Unterlassen**, durch das ein in § 823 Abs. 1 BGB genanntes Rechtsgut oder Recht beeinträchtigt wird.

Handeln kann grds. nur **ein Mensch**, also weder ein Tier noch eine Sache. Handeln setzt ferner eine **nach außen** in Erscheinung getretene Aktivität voraus, bloßes „Sich-Denken" oder „innerliches" Planen reicht nicht. Allerdings kann u. U. auch ein bloßes Unterlassen eine Verletzungshandlung darstellen, wenn nämlich eine Rechtspflicht zum Handeln besteht. Schließlich ist Verletzungshandlung nur eine **bewusste** Handlung: Wer schläft oder bewusstlos ist, kann keine Verletzungshandlung begehen.

Beispiele:
Ein Fußball wird gegen eine Fensterscheibe geschossen, die zerspringt. Der Streupflicht bei Schneeglätte wird nicht nachgekommen, so dass Passanten stürzen. Nicht aber: Im Schlaf schlägt Bernhard seiner Frau im Doppelbett ein blaues Auge.

ÜBUNG 60
Entscheiden Sie, ob die folgenden Aussagen über die Tatbestandsvoraussetzungen des § 823 Abs. 1 BGB zutreffen.

Aussage	Antwort
1. Körper- und Gesundheitsverletzung sind dasselbe.	
2. Jan Beerbaum wird von Roland Körber betrogen. Jan erleidet einen Vermögensschaden in Höhe von 5.000,- EUR und hat nach § 823 Abs. 1 BGB Schadensersatz zu leisten.	
3. Fotos einer Person, die keine Person der Zeitgeschichte o. ä. darstellt, dürfen nur mit deren Einwilligung verbreitet werden, denn das Recht am eigenen Bild ist Ausdruck des Persönlichkeitsrechts (des sonstigen Rechts).	
4. Verschweigt eine Mutter ihrem Kind den Namen des leiblichen Vaters, wird das Persönlichkeitsrecht des Kindes verletzt.	•
5. Eine Verletzungshandlung kann nur durch ein Tun begangen werden.	
6. Fußgänger Decker stürzt im Winter auf einem unzureichend gestreuten Gehweg. Ihm steht ein Ersatz der Arztkosten durch den Inhaber des anliegenden Grundstücks zu.	

Die Verletzungshandlung muss für die Rechtsgutverletzung **ursächlich** (kausal) sein, das nennt man **haftungsbegründende Kausalität**.

Ursächlich (kausal)

ist eine Handlung, wenn sie **nicht hinweggedacht** werden kann, ohne dass der konkrete Erfolg entfällt.

Beispiel:

Klaus Decker ist bei der Fahrt mit seinem Pkw unachtsam und erfasst mit dem rechten Kotflügel seines Wagens Sven Claasen, der gerade die Straße überqueren will. Sven erleidet eine Rückenprellung. Es entstehen Arztkosten in Höhe von 200,- EUR. Hätte Klaus den Sven nicht mit dem Pkw angefahren, wären Körper und Gesundheit nicht geschädigt worden. Kausalität liegt vor.

Gegenbeispiel:

Ist Klaus Decker nur deshalb mit dem Auto unterwegs, weil seine Frau ihn zum Einkaufen geschickt hat, hat Frau Decker zwar eigentlich auch eine Ursache für den späteren Verkehrsunfall gesetzt: Hätte sie ihn nicht losgeschickt, wäre er nicht gefahren und hätte Sven nicht verletzt. Hier greift als Korrektur dann die **Adäquanztheorie** ein, wonach nur solche Handlungen überhaupt kausal sein sollen, die nach **allgemeiner Lebenserfahrung** üblicherweise zu den eingetretenen Rechtsgutverletzungen führen. Das Schicken zum Einkaufen führt aber nicht üblicherweise zu Verkehrsunfällen. Sonst wäre bald auch die Mutter von Klaus schadensersatzpflichtig, denn hätte sie ihn nicht geboren ...

Auch die Adäquanztheorie bedarf insoweit einer Ergänzung, als unter wertenden Gesichtspunkten die Frage nach dem **Schutzzweck der Norm** gestellt werden muss. Denn der Gesetzgeber hat mit dem Schadensersatzanspruch aus § 823 Abs. 1 BGB nur die Haftung für ganz bestimmte Vorstellungen über Schäden und Verletzungen verbunden. Wird bei einem Unfall beispielsweise die Ehefrau des Klaus getötet und erleidet dieser daraufhin einen die Gesundheit beeinträchtigenden Schock, so kann er hierfür vom Unfallgegner noch Schadensersatz beanspruchen. Die ohnehin schreckhafte, seelisch labile Anja Berger, die, obwohl sie mit dem Opfer in keinerlei persönlicher Beziehung steht, beim Lesen der Todesnachricht in der Zeitung einen Zusammenbruch erleidet und deswegen mehrere Tage im Krankenhaus verbringen muss, ist hingegen von der Norm nicht geschützt. Sie kann keinen Schadensersatz verlangen.

Beachte:

Die soeben dargestellte **haftungsbegründende** Kausalität ist nicht gleichzusetzen bzw. zu verwechseln mit der sog. **haftungsausfüllenden** Kausalität. Hierbei ist, im Prüfungsaufbau des § 823 Abs. 1 BGB weiter unten, zu prüfen, ob die **Rechtsgutverletzung** kausal für den eingetretenen **Schaden** war. Die **Kausalität** ist also bei § 823 Abs. 1 BGB **zweimal** zu prüfen.

Doppelte Kausalität bei § 823 Abs. 1 BGB:

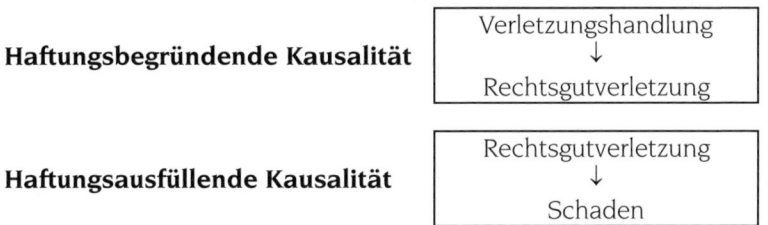

Haftungsbegründende Kausalität

Verletzungshandlung
↓
Rechtsgutverletzung

Haftungsausfüllende Kausalität

Rechtsgutverletzung
↓
Schaden

Vierte Tatbestandsvoraussetzung für einen Anspruch aus § 823 Abs. I BGB ist die sog. **Rechtswidrigkeit** (auch Widerrechtlichkeit) des Handelns.

Rechtswidrigkeit (Widerrechtlichkeit)

liegt vor, wenn für eine Rechtsgutverletzung **keine Rechtfertigungsgründe** vorhanden sind.

Sind die bisherigen Tatbestandsvoraussetzungen gegeben, (also Verletzungshandlung, Rechtsgutverletzung, haftungsbegründende Kausalität = objektiver Tatbestand), zeigt dies ohne weiteres die Rechtswidrigkeit an, es sei denn, es liegen ausnahmsweise **Rechtfertigungsgründe** vor.

 **ÜBERSICHT 24**   Rechtfertigungsgründe

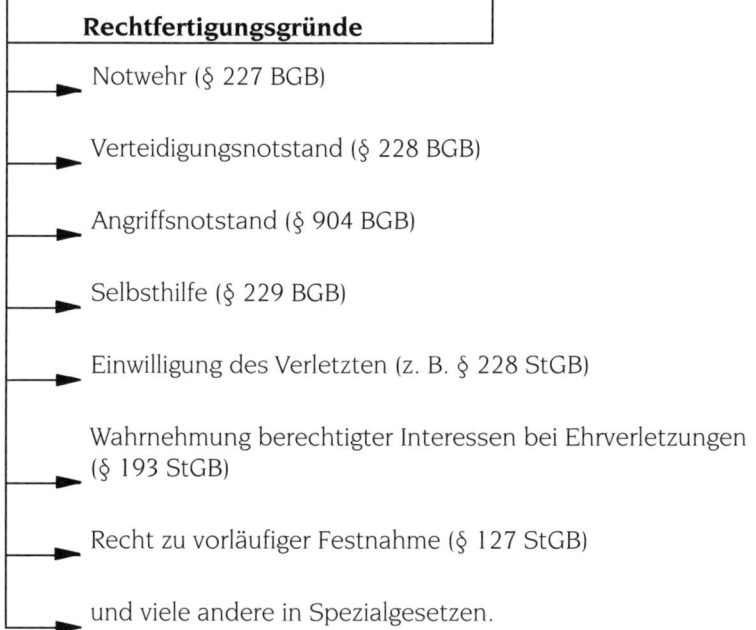

Rechtfertigungsgründe
Notwehr (§ 227 BGB)
Verteidigungsnotstand (§ 228 BGB)
Angriffsnotstand (§ 904 BGB)
Selbsthilfe (§ 229 BGB)
Einwilligung des Verletzten (z. B. § 228 StGB)
Wahrnehmung berechtigter Interessen bei Ehrverletzungen (§ 193 StGB)
Recht zu vorläufiger Festnahme (§ 127 StGB)
und viele andere in Spezialgesetzen.

Notwehr

liegt gem. § 227 BGB vor, wenn ein **gegenwärtiger rechtswidriger Angriff** von der eigenen Person oder von einem anderen (dann sog. **Nothilfe**) abzuwehren ist. Angriff ist eine von einem Menschen drohende Verletzung rechtlich geschützter Interessen.

Beispiel:
Wilfried Scheibe macht einen Spaziergang durch den Wald. Dort wird er von einem Mann angegriffen, der ihm hinter einem Baum auflauert. Wilfried verletzt den Mann, indem er ihn kräftig vor das Schienbein tritt. Es liegt Notwehr gem. § 227 BGB vor und Wilfried muss für den entstandenen Schaden nicht haften.

Wichtig ist, dass die Notwehrhandlung verhältnismäßig sein muss. Stibitzen z. B. Nachbarskinder Kirschen aus dem Garten, liegt zwar ein „Angriff" auf das Eigentum vor, der erboste Eigentümer darf die Kinder aber nicht mit einer Schrotflinte verjagen (so ein tatsächlicher Fall).

Der Rechtfertigungsgrund **Notwehr** wird oft mit dem Rechtfertigungsgrund **Notstand** verwechselt.

Notstand

liegt gem. § 228 BGB vor, wenn von einer **Sache** eine **Gefahr ausgeht** (sog. Notstandslage) und der sich Wehrende die Sache daher zerstört oder beschädigt. § 904 BGB rechtfertigt dagegen die zur Abwehr einer dem Einwirkenden oder einem Dritten drohende Gefahr vorgenommene Einwirkung auf Sachen, von denen die Gefahr <u>nicht</u> ausgeht.

Beispiel:
Ein Briefträger wird von einem Hund angefallen und wehrt sich. Dabei wird der Hund verletzt. Hier besteht durch den Angriff des Hundes (zu behandeln wie eine Sache, § 90 a BGB) eine drohende Gefahr für den Körper und die Gesundheit des Briefträgers und es ist objektiv erforderlich und auch verhältnismäßig, den Angriff des Hundes abzuwehren. Es liegt also ein Rechtfertigungsgrund, nämlich **Verteidigungsnotstand** vor, der Briefträger haftet nicht.

Merke:

Bei der **Notwehr** geht der abgewehrte Angriff von einem **Menschen**, beim **Notstand** geht die abgewehrte Gefahr von einer **Sache** aus.

ÜBUNG 61

Entscheiden Sie, ob der Handelnde nach § 823 Abs. 1 BGB haftet und gehen Sie dabei insbesondere auf die Frage der Rechtswidrigkeit und der Verantwortlichkeit ein.

Beispiel	Lösung
1. Heino Schrader, geübt in Selbstverteidigung, wird beim Abendspaziergang hinterrücks angegriffen. Er wehrt sich mit einem blitzschnellen Schulterwurf. Der Angreifer verlangt Ersatz der Arztkosten.	
2. Am nächsten Morgen wird Heino von einem Schäferhund angegriffen, der sich von „Herrchens" Leine losgerissen hat. Heino wehrt sich mit einem gezielten Handkantenschlag auf die Schnauze des Hundes, der dabei verletzt wird. „Herrchen" verlangt von Heino Ersatz der Kosten für den Tierarzt.	
3. Tags darauf muss Heino zum Zahnarzt, um sich einen Weisheitszahn ziehen zu lassen. Der Zahnarzt Obermann klärt ihn über Kosten und Risiken des Eingriffs auf. Heino ist mit dem Eingriff einverstanden, der sodann kunstgerecht ausgeführt wird. Dennoch erleidet er zwei Tage später pochende Wundschmerzen und verlangt von Obermann Schmerzensgeld als Schadensersatz.	
4. Als es ihm wieder besser geht, spielt er mit seinem 16-jährigen Neffen Frank auf der Straße Fußball. Frank verfehlt die Richtung und schießt mit dem Ball den Keramikblumentopf der Nachbarin, der Rentnerin Else Banter, vor deren Haustür entzwei. Die Nachbarin verlangt von Frank Schadensersatz.	
5. Von dem Keramikblumentopf fliegt ein Splitter auf den Gehweg und verletzt einen Passanten. Dieser verlangt Ersatz der Arztkosten.	

Nach der Prüfung der Widerrechtlichkeit ist der **subjektive Tatbestand** des § 823 Abs. 1 BGB zu begutachten, d. h. zu prüfen ist, ob der Schädiger für seine Handlung **verantwortlich** ist. Im Rahmen der Verantwortlichkeit ist zu fragen, ob der Schädiger **verschuldensfähig** ist und **schuldhaft gehandelt** hat.

Bei der Frage der Verschuldensfähigkeit (**Deliktsfähigkeit**) sind drei Begriffe zu unterscheiden:

- Verschuldensunfähigkeit
- Beschränkte Verschuldensfähigkeit
- Verschuldensfähigkeit .

Liegt Verschuldensfähigkeit i. S. d. Deliktsfähigkeit (siehe oben Kap. 03) vor, ist zu prüfen, ob der Schädiger schuldhaft gehandelt hat. Das ist der Fall, wenn man dem Handelnden Vorsatz oder Fahrlässigkeit vorwerfen kann.

Vorsatz

Vorsätzlich handelt, wer die Handlung mit **Wissen und Wollen** des rechtswidrigen Erfolges begeht.

Beispiel:
Klaus Decker gönnt seinem Nachbarn Johannes Strolz den neu erworbenen Motorroller nicht. Mit einem Hammer zerbeult er den Tank.

Fahrlässigkeit

Fahrlässig handelt, wer **die im Verkehr erforderliche Sorgfalt** außer Acht lässt, § 276 Abs. 2 BGB.

Beispiel:
In dem Restaurant „Wümmekieker" ist die Serviererin Anja unaufmerksam, weil sie an ihre bevorstehende Geburtstagsfeier denkt. Beim Servieren von Getränken achtet sie nicht auf die Türschwelle, stolpert und der Saft landet auf der Jacke des Johannes Strolz.

Letztendlich muss ein **Schaden** entstanden sein, der kausal auf der Rechtsgutverletzung beruht.

Schaden

ist jede unfreiwillige **Vermögenseinbuße**.

 **ÜBERSICHT 25**

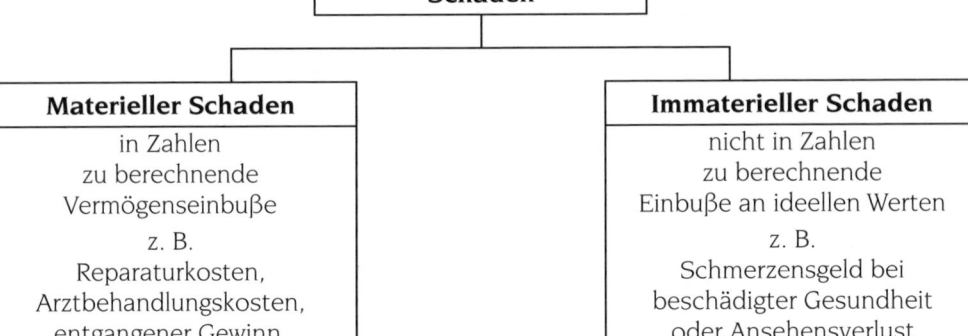

Schaden	
Materieller Schaden	**Immaterieller Schaden**
in Zahlen zu berechnende Vermögenseinbuße z. B. Reparaturkosten, Arztbehandlungskosten, entgangener Gewinn, Minderwert einer beschädigten Skulptur	nicht in Zahlen zu berechnende Einbuße an ideellen Werten z. B. Schmerzensgeld bei beschädigter Gesundheit oder Ansehensverlust

Haftungsausfüllende Kausalität

liegt vor, wenn die **Rechtsgutverletzung kausal** (ursächlich) für den **Schaden** ist.

Beispiel:
Siehe das Beispiel zur haftungsbegründenden Kausalität (S. 149):
Hätte Klaus Decker den Körper und die Gesundheit des Sven Claasen nicht verletzt, wären die Arztkosten nicht entstanden. Die Rechtsgutverletzung ist für den Schaden ursächlich.

Gegenbeispiel:
Sven erleidet durch die Handlung des Klaus so erhebliche Verletzungen, dass er mehrere Tage im Krankenhaus medizinisch versorgt werden muss. Dort wird ihm durch einen Dieb die Geldbörse mit 60,- EUR entwendet.

ÜBUNG 62

Suchen Sie aus einem Lehrbuch einen Fall zur unerlaubten Handlung gem. § 823 Abs. 1 BGB heraus und geben Sie diesen stichwortartig wieder. Geben Sie die genaue Fundstelle an.

Lösung:

Rechtsfolge des § 823 Abs. 1 BGB: Schadensersatz   BASISTEXT

Rechtsfolge des § 823 Abs. 1 BGB ist, dass der Schädiger zum Ersatz des (kausal) entstandenen Schadens verpflichtet ist. Art, Inhalt und Umfang des Schadensersatzanspruchs bemessen sich nach den Grundsätzen der §§ 249 ff. BGB und nach den Spezialvorschriften der § 843 und § 845 BGB.

Schadensersatz

ist ein **geldwerter Ausgleich** dafür, dass eine Person an ihren **Rechtsgütern** eine **unfreiwillige Einbuße** erlitten hat.

Dabei ist der Geschädigte wirtschaftlich so zu stellen, wie er stünde, wenn das schädigende Ereignis nicht eingetreten wäre (**Grundsatz der Naturalrestitution**, § 249 Abs. 1 BGB).

Wenn Schadensersatz für den Verlust von Geld oder Einkünften oder für die Belastung mit Ausgaben zu leisten ist, so besteht die Naturalrestitution gem. § 249 Abs. 1 BGB in einer **Geldzahlung**. Bei der Verletzung einer Person oder Beschädigung einer Sache hat der Geschädigte die Wahl, ob er das verletzte Rechtsgut dem Schädiger zum Zweck der Naturalrestitution anvertrauen möchte oder stattdessen vom Schädiger Geldersatz begehrt (§ 249 Abs. 2 BGB).

Sollte die Naturalrestitution nach § 249 Abs. 1 BGB nicht möglich oder zur Entschädigung des Gläubigers nicht genügend sein, ist gem. § 251 BGB Schadensersatz in Geld zu leisten (**Grundsatz der Schadenskompensation**).

Beispiele:
> Zahlung von Arzt- und Krankenhauskosten, Reparaturkosten für ein beschädigtes Auto, Zahlung von Rente bei Tod des Ehegatten, Zahlung der Reinigung bei Beschmutzen des Mantels, Zahlung entgangenen Gewinns bei verhinderter Weiterveräußerungsmöglichkeit.

ÜBERSICHT 26

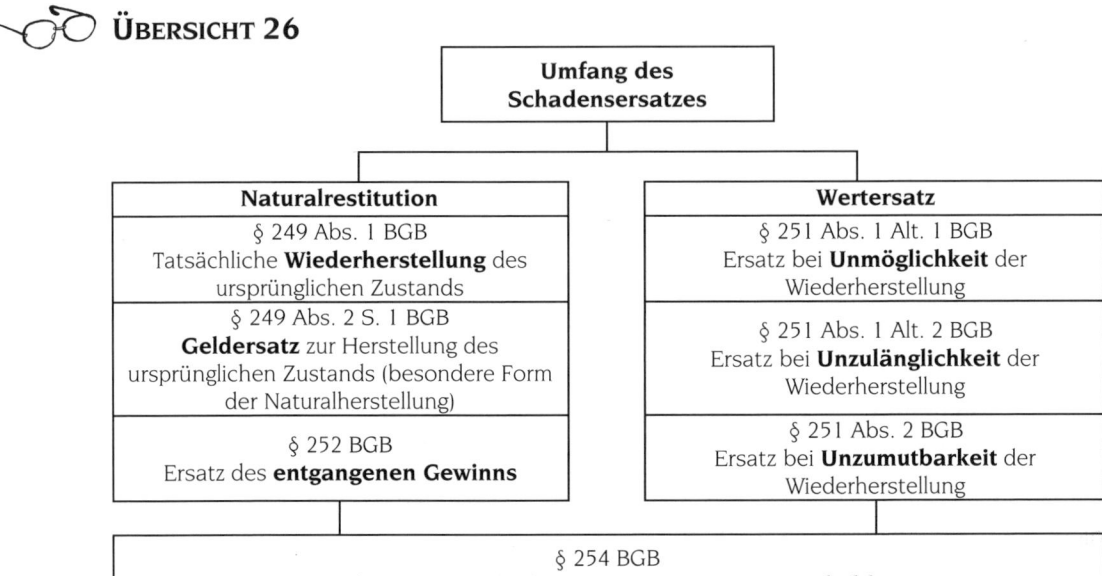

Umfang des Schadensersatzes	
Naturalrestitution	**Wertersatz**
§ 249 Abs. 1 BGB Tatsächliche **Wiederherstellung** des ursprünglichen Zustands	§ 251 Abs. 1 Alt. 1 BGB Ersatz bei **Unmöglichkeit** der Wiederherstellung
§ 249 Abs. 2 S. 1 BGB **Geldersatz** zur Herstellung des ursprünglichen Zustands (besondere Form der Naturalherstellung)	§ 251 Abs. 1 Alt. 2 BGB Ersatz bei **Unzulänglichkeit** der Wiederherstellung
§ 252 BGB Ersatz des **entgangenen Gewinns**	§ 251 Abs. 2 BGB Ersatz bei **Unzumutbarkeit** der Wiederherstellung
§ 254 BGB **Minderung** des Schadensersatzes wegen **Mitverschuldens**	

ÜBUNG 63
Stellen Sie den Umfang des Schadensersatzanspruchs fest.

Beispiel	Lösung
1. Anja begrüßt ihre Freundin Tina. Bei der Umarmung bleibt Anjas Ring in Tinas Pullover „hängen", so dass in den Pullover ein Loch gerissen wird. Tina übergibt Anja den Pullover mit der Bemerkung, sie solle „das wieder in Ordnung bringen".	

Beispiel	Lösung
2. Später ist Anja beim Radfahren unachtsam und fährt auf Tinas Fahrrad auf. Tina lässt das Fahrrad reparieren und verlangt Ersatz der Reparaturkosten von Anja.	
3. Anderntags fährt Anja mit ihrem Pkw Golf auf den Passat von Florian auf. Dieser verlangt von Anja Ersatz der Reparaturkosten und Ersatz für den merkantilen Minderwert des Fahrzeugs, das von nun an ein „Unfallwagen" ist.	

Ein tragischer Arztbesuch   FALL 21

Der im städtischen Krankenhaus angestellte Arzt Dr. Arnold nimmt bei Lisa Gehrke eine Bluttransfusion vor. Die Konserve war mit HIV verseucht, was man bei einer Routinekontrolle hätte erkennen können. Drei Monate später bringt Lisa ein Kind zur Welt. Beide werden später positiv auf HIV getestet.

Aufgabe: Prüfen Sie, ob Lisa gegen Dr. Arnold Ansprüche auf Schadenersatz wegen ihrer eigenen Person und stellvertretend für ihre Tochter hat.

 Notieren Sie die Lösung auf einem besonderen Blatt.

Voraussetzungen des § 823 Abs. 2 BGB   BASISTEXT

Bei der Schadensersatzpflicht nach **§ 823 Abs. 2 S. 1 BGB** geht es im Gegensatz zu § 823 Abs. 1 BGB um den rechtswidrigen und schuldhaften **Verstoß gegen ein Schutzgesetz**, z. B. gegen eine Vorschrift des Strafgesetzbuchs (StGB).

Schutzgesetz

ist jede **Rechtsnorm**, die den **Schutz eines anderen** bezwecken soll. Die Norm **bezweckt den Schutz** eines anderen, wenn sie **dazu dienen** soll, dem einzelnen Bürger Schutz vor Verletzung seiner Rechte, Rechtsgüter oder rechtlich geschützten Interessen zu gewähren.

Beispiele:
* § 223 StGB schützt davor, an seinem Körper verletzt zu werden.
* Förderrichtlinien schützen davor, bei Bedürftigkeit zu verarmen.
* Streikverbote schützen davor, mit dem Geschäftsbetrieb in den Ruin getrieben zu werden.

Die Vorschrift des § 823 Abs. 2 S. 1 BGB soll Fälle erfassen, in denen der Schädiger kein Rechtsgut (oder Recht) i. S. d. § 823 Abs. 1 BGB verletzt, so dass eine Ersatzmöglichkeit aus § 823 Abs. 1 nicht gegeben ist. In einigen Fällen der unerlaubten Handlung ist es aber auch möglich, dass durch dieselbe Handlung der Tatbestand des § 823 Abs. 1 **und** des Abs. 2 BGB zugleich erfüllt wird. Dadurch „verdoppelt" sich aber nicht etwa der Umfang der Schadensersatzpflicht. Der Anspruch wird vielmehr nur auf mehrere Beine gestellt.

Beispiele:
1. Klaus hat einen neuen Pkw erstanden und stellt ihn vor dem Haus ab. Sein Nachbar Wilfried ist auf den neuen Wagen furchtbar neidisch und zieht im Vorübergehen mit dem Schlüssel eine Schramme in den Kotflügel.
   Klaus hat gegen Wilfried einen Anspruch auf Schadensersatz in Höhe der Reparaturkosten aus § 823 Abs. 1 BGB **und** § 823 Abs. 2 S. 1 i. V. m. § 303 StGB.

2. Wilfried kauft von Sven ein gebrauchtes Fahrrad für 200,- EUR. Klaus ist Zeuge des Verkaufsgesprächs. Nachdem das Fahrrad bereits an Wilfried übergeben worden ist, gibt es Streit über den vereinbarten Kaufpreis. In dem sich anschließenden Rechtsstreit bezeugt Klaus, um sich wegen einer „Frauengeschichte" an Wilfried zu rächen, eine Kaufpreisvereinbarung über 400,- EUR. Wilfried wird daraufhin zur Zahlung von 400,- EUR an Sven verurteilt.
   Wilfried hat gegen Klaus einen Anspruch auf Schadensersatz nur aus § 823 Abs. 2 S. 1 BGB i. V. m. § 153 Abs. 1 StGB. Klaus hat eine falsche uneidliche Aussage abgegeben. Ein Anspruch aus § 823 Abs. 1 BGB besteht nicht, da keines der in der Norm genannten Rechtsgüter oder Rechte verletzt ist.

LÜCKENTEXT

Ergänzen Sie den Lückentext um folgende Begriffe:

Allgemeinheit/Bürger/Gesetzen im formellen Sinn/Satzungen/Individualschutz/
Interessen/Schaden/Täter/Vermögen/Verstoß.

Ein weiterer Grundtatbestand der unerlaubten Handlungen gem. § 823 ff. BGB ist die
Rechtsvorschrift des § 823 Abs. 2 S. 1 BGB. Sinn und Zweck dieser Rechtsvorschrift ist
es vor allem, diejenigen Fälle zu erfassen, in denen der .... kein Rechtsgut
bzw. Recht des § 823 Abs. 1 BGB verletzt, sondern dem .... eines anderen,
hier durch einen .... gegen ein Schutzgesetz, einen Schaden zufügt. Der
Handelnde muss durch Verstoß gegen ein Schutzgesetz einen .... adäquat
verursacht haben. Schutzgesetz ist jede Rechtsnorm, die dem .... dienen
soll, das heißt, dem Schutz des einzelnen u. a. vor Verletzung seiner Rechte oder rechtlich geschützten ....

Rechtsvorschriften, die nur die .... schützen sollen, sind keine Schutzgesetze i. S. d. § 823 Abs. 2 BGB, auch wenn sie mittelbar dem einzelnen ....
Schutz gewähren mögen.

Schutzgesetze müssen nicht zwingend Rechtsvorschriften aus ....
.... sein, sondern können auch Rechtsnormen aus Rechtsverordnungen
oder .... darstellen. Schutzgesetze sind oft Vorschriften aus dem Strafge-
setzbuch (StGB).

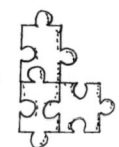

Schadensersatzanspruch aus § 823 Abs. 2 S. 1 BGB   **PRÜFUNGSSCHRITTE 9**

1. Bestehen eines Schutzgesetzes
2. Verstoß gegen dieses Schutzgesetz
3. Rechtsfolge: Ersatz des kausalen Schadens

FALL 22   Meineid lohnt sich nicht

Herr Miller ist Inhaber eines Autohauses. Am 05.01.2010 verklagt er Marlene Resch auf Zahlung des Kaufpreises für einen neuen BMW. Frau Resch hatte sich den Wagen angesehen und gesagt, sie wolle sich den Kauf noch überlegen, das rechte Vertrauen habe sie nicht. Im Prozess wurde Miller als Zeuge vernommen und sagte ohne weiteres Nachdenken unter Eid aus, Frau Resch habe ihn noch am Tage der Besichtigung angerufen und erklärt, sie habe sich zum Kauf entschlossen. Daraufhin wurde Frau Resch rechtskräftig zur Zahlung von 35.000,- EUR verurteilt. Später stellt sich die Unwahrheit der Behauptung heraus. Frau Resch musste einen Kredit aufnehmen und verlangt die Kreditkosten von Miller.

Zu Recht?

 Notieren Sie die Lösung auf einem besonderen Blatt.

BASISTEXT   Voraussetzungen des § 826 BGB

§ 826 BGB schließlich regelt die **sittenwidrige Schädigung**. Dieser Grundtatbestand des Deliktsrechts ist ein „Auffangtatbestand", da mit den Rechtsvorschriften des § 823 Abs. 1 und Abs. 2 BGB nicht alle Handlungen, die schuldhaft begangen werden, erfasst werden können. Um zu haften, muss der Schädiger **vorsätzlich** durch eine **sittenwidrige Handlung** einem anderen einen Schaden zugefügt haben.

Sittenwidrigkeit

Sittenwidrig ist eine **Handlung**, die **gegen die herrschende Rechts- und Sozialmoral** verstößt.

Bei der Beurteilung der Sittenwidrigkeit, die einen moralischen Vorwurf enthält, müssen alle Umstände des Einzelfalls zu einem Gesamteindruck herangezogen werden.
Die Rechtsprechung hat zu der Frage der Sittenwidrigkeit unterschiedliche Fallgruppen entwickelt. Die wichtigsten Fallgruppen sind u. a.:

a) **Verleiten zum Vertragsbruch**

Beispiel:
Roland Körber überredet den Eigentümer eines Liebhaberwagens, den Pkw nicht – wie vertraglich vereinbart – dem Kunden Schmidt zu überlassen, sondern den Pkw ihm gegen einen höheren Kaufpreis auszuhändigen. Roland handelt aus „Rache" gegenüber Schmidt.

b) Missbrauch von Monopolstellungen oder unlauteres Konkurrenzverhalten

Beispiel:
Der Unternehmer Carsten Uhlemann beliefert den Kunden Kai König zu überaus ungünstigen Bedingungen, da Carsten in seinem Unternehmenszweig eine Monopolstellung in der Region hat.

c) Erteilen bewusst falscher Auskünfte

Beispiel:
Der Arbeitgeber bezeichnet den Angestellten Mommsen im Zeugnis als verantwortungsbewusst, obwohl dieser Geld unterschlagen hat, um diese „Pflaume" endlich loszuwerden.

Der Täter muss den Schaden **vorsätzlich** zugefügt haben. Dabei ist nicht erforderlich, dass der Täter die genaue Höhe des Schadens vorausgesehen hat.

Vorsätzliche Zufügung eines Schadens

bedeutet, dass der Täter **Kenntnis von den Tatumständen** hat, die die Sittenwidrigkeit begründen.

Schadensersatzanspruch aus § 826 BGB   PRÜFUNGSSCHRITTE 10

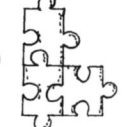

1. Vorsätzliche, sittenwidrige Handlung
2. Schaden
3. Kausalität zwischen Handlung und Schaden
4. Rechtsfolge: Ersatz aller kausalen Schäden

Tante Emma`s letzte Tage   FALL 23

Carsten Uhlemann eröffnet in unmittelbarer Nachbarschaft des seit Jahren eingeführten Ladens der Emma Wedel ein neues Lebensmittelgeschäft. Durch gutes Sortiment, günstige Preise und zuvorkommende Bedienung des jungen Personals erfreut sich der Laden bald großer Beliebtheit. Dagegen bleiben bei der 73-jährigen Emma die Kunden allmählich aus, so dass sie ihren Laden, den sie in 30-jähriger Arbeit aufgebaut hat und der ihre einzige Existenzgrundlage war, aufgeben muss.

Liegt ein Fall des § 826 BGB vor?

 Notieren Sie die Lösung auf einem besonderen Blatt.

161

BASISTEXT **Voraussetzungen des § 831 Abs. 1 BGB**

Mitunter erscheint es entweder gerechter oder erfolgversprechender, nicht den Schädiger selbst in Anspruch zu nehmen, sondern einen Dahinterstehenden. Zertrümmert etwa ein Azubi den Spiegel des Kunden, könnte man daran denken, nicht ihn, sondern den entsendenden Meister haften zu lassen. Diese Möglichkeit sieht § 831 Abs. 1 BGB vor.

1. Zu den Voraussetzungen des § 831 Abs. 1 S. 1 BGB gehört zunächst, dass ein **Verrichtungsgehilfe** gehandelt hat.

> ### Verrichtungsgehilfe
>
> ist derjenige, der mit Wissen und Wollen im **Interesse des Geschäftsherrn** tätig wird und von dessen **Weisungen** abhängig ist.

Beispiel:
Arbeitnehmer, Azubi, Hausangestellte.

2. Der Verrichtungsgehilfe muss eine **rechtswidrige unerlaubte Handlung** gem. § 823 ff. BGB oder nach den Vorschriften eines Spezialgesetzes begangen haben.

3. Außerdem muss der Verrichtungsgehilfe **in Ausführung der Verrichtung** und nicht nur bei Gelegenheit gehandelt haben.

Zu unterscheiden ist der Verrichtungsgehilfe vom sog. **Erfüllungsgehilfen**, dessen sich eine Person bei der Erfüllung vertraglicher Pflichten bedient. Der wesentliche Unterschied besteht darin, dass der Erfüllungsgehilfe weder weisungsgebunden, noch sozial abhängig ist – der Begriff ist demnach weiter. Auch ein Rechtsanwalt oder Arzt kann daher Erfüllungsgehilfe, kaum aber Verrichtungsgehilfe sein.

> ### In Ausführung der Verrichtung
>
> wird gehandelt, wenn ein **unmittelbarer innerer Zusammenhang** zwischen der **aufgetragenen Verrichtung** und der **schädigenden Handlung** besteht.

Beispiel:
Der Bauunternehmer Bär lässt Dachdeckerarbeiten auf einem Haus durchführen. Er beauftragt den Dachdecker Klaus Decker die Arbeiten durchzuführen. Eines Tages fällt Klaus aus Unachtsamkeit ein Ziegel aus der Hand und verletzt einen vorbeigehenden Passanten. Die Handlung fällt nicht aus dem Rahmen der Verrichtung, zu der er bestellt war, heraus. Bär muss also haften.

Stiehlt Klaus hingegen, weil die Gelegenheit günstig ist, ein Portemonnaie, was unbeobachtet auf dem Fenstersims liegt, geschieht der Diebstahl nur „bei Gelegenheit". Bär haftet nicht.

4. Schließlich muss ein **Verschulden des Geschäftsherrn** vorliegen. Dies wird allerdings, das geht aus dem Gesetzestext hervor, vermutet. Der Geschäftsführer kann sich allerdings **exkulpieren**, § 831 Abs. 1 S. 2 BGB, indem er vorträgt, er habe seinen Verrichtungsgehilfen ordnungsgemäß ausgewählt und hinreichend überwacht.

5. Letztendlich muss geprüft werden, ob eine **Pflichtverletzung des Geschäftsherrn** für die Schädigung **ursächlich** ist, auch dies wird gesetzlich unterstellt. Der Geschäftsherr kann aber auch diese Vermutung entkräften.

Es war einmal eine schöne, alte Vase ...　　FALL 24

Hildegard Röttger ist Möbelhändlerin. Ihr ordnungsgemäß eingewiesener Mitarbeiter Jochen Hase arbeitet seit 19 Jahren ohne Beanstandungen und überaus sorgfältig. Röttger überwacht die Arbeit des Hase regelmäßig.

Am 02. Mai bestellt Lisa Schmidt einen Wohnzimmertisch bei Röttger. Röttger weist Hase an, den Tisch an Lisa Schmidt zu liefern und dort im Wohnraum aufzustellen. Hase ist beim Transport unachtsam: Als er den Tisch in Kopfhöhe über den Flur vor sich herträgt, reißt er mit einem Tischbein eine große Vase vom Sideboard, die zu Boden fällt und zerstört wird. Die Vase hat einen Wert von 100,- EUR.

Aufgabe:　　Prüfen Sie, ob Lisa Schmidt gegen Jochen Hase und Hildegard Röttger einen Anspruch auf Schadensersatz für die zerstörte Vase in Höhe von 100,- EUR aus unerlaubter Handlung hat. Tragen Sie Ihre Lösung in die Tabelle ein.

1.　Ansprüche Schmidt gegen Hase auf Schadensersatz wegen der zerstörten Vase aus § 823 BGB

1.1　Anspruch Schmidt gegen Hase aus § 823 Abs. 1 BGB

Voraussetzungen des § 823 Abs. 1 BGB	Lösung
1. Rechtsgutverletzung	
2. Verletzungshandlung	
3. Haftungsbegründende Kausalität	
4. Rechtswidrigkeit	
5. Verschulden	
Ergebnis:	•

1.2 Anspruch Schmidt gegen Hase aus § 823 Abs. 2 BGB i. V. m. Schutzgesetz

Voraussetzungen des § 823 Abs. 2 BGB	Lösung
1. Bestehen eines Schutzgesetzes	
2. Verstoß gegen dieses Schutzgesetz	
3. Ergebnis:	

2. Anspruch Schmidt gegen Röttger auf Schadensersatz wegen der zerstörten Vase aus § 831 Abs. 1 S. 1 BGB

Voraussetzungen des § 831 Abs. 1 S. 1 BGB	Lösung
1. Verrichtungsgehilfe	
2. Rechtswidrige, unerlaubte Handlung des Verrichtungsgehilfen gem. § 823 BGB	
3. Handeln in Ausführung der Verrichtung	
4. Verschulden des Geschäftsherrn (Keine Entlastung)	
5. Ergebnis:	

BASISTEXT   **Voraussetzungen einer Amtshaftung**

Außer den besprochenen unerlaubten Handlungen der § 823, § 826 und § 831 BGB kennt das BGB noch weitere, die jeweils spezielle Fall- bzw. Haftungskonstellationen beinhalten. Lesen Sie sich etwa auch einmal § 832 (Haftung eines Aufsichtspflichtigen) und § 833 BGB (sog. Tierhalterhaftung) durch.

Für die im Staat tätigen Mitarbeiter ist jedoch vor allem auch § 839 BGB eine wichtige Norm.

Diese Norm sieht vor, dass im Falle einer sog. **Amtspflichtverletzung** entweder der Beamte selber (sog. **Eigenhaftung** nach § 839 Abs. 1 BGB) oder evtl. sogar der Staat (sog. **Staatshaftung** nach Art. 34 GG i. V. m. § 839 Abs. 1 BGB) haftet.

ÜBERSICHT 27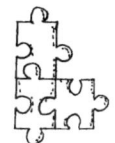

Handelt der Beamte nicht hoheitlich, sondern nimmt er rein fiskalische Interessen der Körperschaft wahr, besteht eine Haftung nur nach § 839 Abs. 1 S. 1 BGB. Eine Haftung nach Art. 34 GG i. V. m. § 839 BGB kommt hier nicht zum Tragen, sondern der Beamte haftet selbst (Eigenhaftung). Dabei muss der Beamte im Gegensatz zur Staatshaftung **Beamter im staatsrechtlichen Sinne** sein, d. h. es muss ihm eine Urkunde ausgehändigt worden sein, mit der er in das Beamtenverhältnis berufen worden ist. Ist der Schädiger kein Beamter in diesem Sinne, haftet er nicht aus § 839 Abs. 1 S. 1 BGB, sondern ggf. aus §§ 823 ff. BGB.

Handelt der Beamte hingegen hoheitlich, dann hat der Geschädigte u. U. nicht einen Anspruch gegen den Beamten aus § 839 Abs. 1 BGB, sondern der Staat selber wird verpflichtet (sog. Staatshaftung).
Gem. Art. 34 S. 1 GG i. V. m. § 839 BGB ist der Staat schadensersatzpflichtig, wenn der Beamte in Ausübung eines ihm anvertrauten öffentlichen Amtes die ihm einem Dritten gegenüber obliegende Amtspflicht verletzt (Staatshaftung).

Schadensersatzanspruch **PRÜFUNGSSCHRITTE 11**
aus Art. 34 GG i. V. m. § 839 BGB

1. Hoheitliche Betätigung
2. Schaden in Ausübung eines öffentlichen Amtes
3. Amtspflichtverletzung
4. Rechtswidrigkeit
5. Verschulden
6. Rechtsfolge: Ersatz kausaler Schäden durch Geldzahlung

In den Fällen der Staatshaftung muss der Schädiger nicht zwingend Beamter im staatsrechtlichen Sinne sein, es ist also keine Berufung in das Beamtenverhältnis nötig, erforderlich ist lediglich, dass im Schadenzeitpunkt ein **öffentliches Amt** ausgeübt wurde.

Ausübung eines öffentlichen Amtes

bedeutet, dass die Zielsetzung der Tätigkeit dem **Bereich hoheitlicher Betätigung** zuzuordnen ist und zwischen dieser **Zielsetzung** und der **schädigenden Handlung** ein **innerer Zusammenhang** besteht.

Beispiel:
Der Sachbearbeiter Meier der Bauabteilung der Stadt Welfenheim fährt mit dem Dienstwagen zum Grundstück eines Bürgers, um vor Ort zu beurteilen, ob das dortige Wochenendhaus abgerissen werden muss. Hier ist das Ziel des Handelns die Vorbereitung einer Abrissverfügung, also eine Tätigkeit hoheitlicher Art. Daher ist auch die Autofahrt hoheitlich zu beurteilen, beide Tätigkeiten bilden eine Einheit. Sollte Meier schuldhaft einen Verkehrsunfall verursachen, ist die anstellende Körperschaft nach Art. 34 GG i. V. m. § 839 Abs. 1 BGB zum Schadensersatz verpflichtet.

Der Schaden muss **in Ausübung eines öffentlichen Amtes** erfolgt sein und nicht nur bei Gelegenheit.

Beispiel:
Stiehlt Meier bei der Besichtigung des Grundstücks 200,- EUR aus dem Wochenendhaus des Bürgers oder unternimmt Meier vor der Besichtigung des Grundstücks eine Schwarzfahrt mit dem Dienstwagen und verursacht dabei schuldhaft einen Unfall, handelt er nicht in Ausübung eines öffentlichen Amtes und die Anstellungskörperschaft kommt für den Schaden nicht auf.

Weitere Voraussetzung für eine Staatshaftung ist, dass der Beamte eine **Amtspflicht** gegenüber dem Geschädigten **verletzt** hat.

Amtspflichtverletzung

liegt vor, wenn der Beamte die sich u. a. aus gesetzlichen Vorschriften, Dienst- und Verwaltungsvorschriften ergebenden **Pflichten nicht beachtet**.

Beispiele:
Verletzung von Strafgesetzen durch den Beamten, Verletzung der Auskunftspflichten, Zuständigkeitsvorschriften oder der Amtsverschwiegenheit.

Im Übrigen muss die **schädigende Handlung rechtswidrig** sein und der Schädiger muss **schuldhaft** gehandelt haben. Letztendlich muss ein **Schaden** entstanden sein.
Der Anspruch auf Schadensersatz geht (von Ausnahmen abgesehen) nur auf Ersatz von Geld. Eine Wiedergutmachung in anderer Form ist ausgeschlossen. Hat der Beamte vorsätzlich oder grob fahrlässig gehandelt, kann der Staat gegen den Beamten Rückgriff nehmen nach Art. 34 S. 2 GG.

Die Gefährdungshaftung BASISTEXT

Im Unterschied zur Verschuldungshaftung der §§ 823 ff. BGB hängt die Haftung bei der sog. **Gefährdungshaftung** nur davon ab, dass sich eine bestimmte von den Verantwortlichen beherrschte Gefahr verwirklicht hat. Die Gefährdungshaftung setzt insoweit nicht einmal eine **rechtswidrige Handlung** voraus. Zurechnungsgrund ist hier allein der Umstand, dass jemand ein spezifisches Risiko der Gefährdung anderer geschaffen hat, indem er eine bestimmte Tätigkeit entfaltet, eine bestimmte Sache nutzt oder eine bestimmte Anlage betreibt.

Wenn es dabei zu der Schädigung eines Dritten kommt und sich in dieser Schädigung gerade das typische Gefahrrisiko der Tätigkeit, Sache oder Anlage verwirklicht, so muss derjenige, der die Gefahr geschaffen hat, dafür aufkommen.

Normen, die eine Gefährdungshaftung anordnen, sind z. B.

* **Tierhalterhaftung** für Luxustiere, § 833 S. 1 BGB
* Haftung des Unternehmens einer **Schienen-/ Schwebebahn**, § 1 HaftpflG
* Haftung des Halters eines **Luftfahrzeugs**, § 33 LuftVG
* Haftung des Unternehmens für **Arzneimittelschäden**, § 84 ArzneimittelG
* Haftung des **Produktherstellers**, § 1 ProdHaftG
* Haftung des Fahrzeughalters, § 7 StVG.

Im Folgenden soll nur kurz auf die Haftung des Fahrzeughalters eingegangen werden.

Schadensersatzanspruch aus § 7 StVG PRÜFUNGSSCHRITTE 12

1. Halter
2. Eines Kraftfahrzeugs
3. Personen- oder Sachschaden
4. Bei dem Betrieb des Kfz
5. Kein Ausschluss der Haftung
6. Rechtsfolge: Ersatz kausaler Schäden

Entscheidend ist nach obigem Prüfungsmuster vor allem, dass der Schaden beim **Betrieb eines Kfz** entstanden ist. In Betrieb ist ein Kfz so lange, wie der Betriebsvorgang, also die Fahrt, noch nicht endgültig abgeschlossen ist. Der Betrieb beginnt mit dem Ingangsetzen des Motors und endet mit Motorstillstand außerhalb des öffentlichen Verkehrsbereiches.

Beim Betrieb des Kfz

ist der Schaden entstanden, wenn der Unfall in einem **unmittelbaren örtlichen und zeitlichen Zusammenhang** mit den Betriebsvorgängen oder mit bestimmten Betriebseinrichtungen des Fahrzeugs steht.

Beispiele:
Fahren mit dem Pkw, Auswerfen von Streugut aus einem Streukraftfahrzeug, Einparken auf Seitenstreifen. Nicht: Abstellen des Pkw auf öffentlichem Parkraum.

Die Ersatzpflicht ist gem. § 7 Abs. 2 StVG ausgeschlossen, wenn der Unfall durch **höhere Gewalt** verursacht und/oder wenn die Anzeigepflicht nach § 15 StVG verletzt wird. Ferner sieht § 12 StVG **Haftungshöchstbeträge** vor und es kommt eine **Haftungsteilung** gem. § 17 StVG bei Verursachung des Unfalls durch Mehrere in Betracht.

FALL 25   Teure Spritztour

Ernst Bäseke leiht sein Auto gegen Erstattung der Benzinkosten dem Fred Krause für einen Besuch bei dessen Freundin. Voller Vorfreude öffnet Fred, bei seiner Freundin angekommen, schwungvoll die Wagentür und zerbeult dabei den linken Kotflügel des neben ihm parkenden Golf von Agnes Rind.

Aufgabe: Prüfen Sie, ob Agnes Schadensersatzansprüche
                1. gegen Ernst und/oder
                2. gegen Fred hat.

 Notieren Sie die Lösung auf einem besonderen Blatt.

Merke:

Ein Verkehrsunfall kann zur Haftung sowohl des Halters (gem. § 7 StVG) als auch des Fahrers (gem. § 18 StVG) führen, wobei Letzterer aber nur aus Verschuldenshaftung in Anspruch genommen werden kann. Haften beide, haften sie als **Gesamtschuldner**.

Kommunaler Schadensausgleich   BASISTEXT

Wie Sie oben gesehen haben, haftet eine Kommune für die von ihren Bediensteten begangenen Fehler wie jede andere Privatperson auch. Da bei dem vielfältigen Aufgabengebiet der Kommunen aber ein wesentlich höheres Haftungsrisiko besteht als bei Privatpersonen, ist fraglich, auf welche Weise dieses Risiko sinnvoll und ausreichend abgesichert werden kann.

Viele Kommunen haben sich zu Selbsthilfeeinrichtungen verbunden, da sie Großschadensfälle nicht wie der Bund oder die Länder aus eigenen Haushaltsmitteln zahlen können. Der Sinn dieser Zusammenschlüsse liegt darin, die beschriebenen Haftungsrisiken auf die Kommunen zu verteilen und das eigene Risiko dadurch zu verringern.

Große Kommunalversicherer in Deutschland sind der **Kommunale Schadensausgleich Westdeutscher Städte (KSA)** und der **Haftpflichtschadensausgleich der Deutschen Großstädte (HADG)**.

Der KSA und der HADG wurden 1910 bzw. 1924 gegründet und sind nicht eingetragene Vereine. Beim KSA können Städte, Gemeinden und Gemeindeverbände Mitglied werden. Beim HADG ist die Mitgliedschaft möglich bei Städten mit mehr als 100.000 Einwohnern. Dort sind Mitglieder z. B. die Städte Hannover, Bremen und Hamburg.

Über die Mitglieder sind beim KSA und HADG mitversichert (d. h. sie haben ebenfalls Deckungsschutz) diejenigen Unternehmen, an denen die Mitglieder mit mindestens 50% beteiligt sind, z. B. Krankenhäuser, Energieversorger, Sparkassen.

Neben diesen beiden Versicherern gibt es noch acht weitere Kommunalversicherer, außerdem auch Spezialversicherungsunternehmen, z. B. für den öffentlichen Personennahverkehr. Alle Kommunalversicherer haben sich zu einer Interessengemeinschaft, der Bundesarbeitsgemeinschaft Deutscher Kommunalversicherer (BADK), zusammengeschlossen.

Die ungerechtfertigte Bereicherung   BASISTEXT

Ein weiteres wichtiges Rechtsinstitut, das zu gesetzlichen Schuldverhältnissen führen kann, stellt die sog. **ungerechtfertigte Bereicherung** dar. Das Recht der ungerechtfertigten Bereicherung bezweckt, einen Vermögenszuwachs, der nicht gerechtfertigt ist, rückgängig zu machen.

Mit anderen Worten soll der Vermögenszuwachs demjenigen wieder zukommen, dem er tatsächlich zusteht.

In § 812 Abs. 1 BGB befinden sich **zwei Grundtatbestände** des Bereicherungsrechts, zum einen die Bereicherung durch die **Leistung eines anderen** (Leistungskondiktion), zum anderen die Bereicherung **in sonstiger Weise** (Nichtleistungskondiktion).

 **ÜBERSICHT 28**

```
                    ┌─────────────────────────┐
                    │      Ungerechtfertigte    │
                    │        Bereicherung       │
                    └─────────────────────────┘
              ┌──────────────┴──────────────┐
```

Leistungskondiktion	Nichtleistungskondiktion
z. B.	z. B.
§ 812 Abs. 1 S. 1 Alt. 1 BGB	§ 812 Abs. 1 S. 1 Alt. 2 BGB
§ 812 Abs. 1 S. 2 Alt. 1 und 2 BGB	§ 816 Abs. 1 S. 1 und 2, Abs. 2 BGB
§ 813 Abs. 1 S. 1 BGB	§ 822 BGB
§ 817 S. 1 BGB	

 **BASISTEXT**   **Die Leistungskondiktion**

Leistungskondiktion

liegt vor, wenn jemand etwas **durch die Leistung** eines anderen **ohne rechtlichen Grund erlangt**.

Die **Leistungskondiktion** gelangt in der Praxis vor allem in den Fällen zur Anwendung, in denen auf Grund der rechtlichen Trennung des Verpflichtungsgeschäfts von dem Verfügungsgeschäft (Abstraktionsprinzip) ungerechte Ergebnisse entstehen.

Ihren Namen hat die **Leistungs**kondiktion daher, dass eine Person einer anderen Person etwas bewusst und gewollt gegeben (geleistet) hat, obwohl es für diese Leistung gar keine rechtliche Verpflichtung gab.

Der folgende Beispielfall einer typischen Leistungskondiktion soll dies verdeutlichen:

Die 16-jährige Sarah Beerbaum kauft ohne Wissen ihrer Eltern im Sporthaus Müller ein Paar Skier. Da sie verspricht, den Kaufpreis i. H. v. 300,- EUR am Monatsende zu zahlen und da Müller Sarah schon lange kennt, darf sie die Skier schon jetzt mitnehmen.

Der Kaufvertrag, das Verpflichtungsgeschäft, ist nicht wirksam, denn Sarah ist gem. § 106, § 2 BGB beschränkt geschäftsfähig und kann den vorliegenden Ratenkauf nicht gem. §§ 107 ff. BGB wirksam abschließen. Unberührt hiervon steht die Betrachtung des Eigentumsübergangs an den Skiern, dem Verfügungsgeschäft. Da dies für Sarah nur rechtlich vorteilhaft ist, ist Sarah gem. § 929 S. 1, § 107 BGB Eigentümerin geworden. Schlecht für Müller! Die Skier ist er los, Geld bekommt er nicht.

Das Problem lässt sich über § 812 Abs. 1 S. 1 Alt. 1 BGB lösen: Sarah hat durch die Leistung des Müller etwas, nämlich Eigentum und Besitz an den Skiern, erhalten und dies ohne rechtlichen Grund, da der Kaufvertrag, der der Eigentumsübergabe zugrunde liegen sollte, ja unwirksam ist.

Für einen Herausgabeanspruch auf Grund der Bereicherung durch die Leistung eines anderen (Leistungskondiktion) nach § 812 Abs. 1 S. 1 Alt. 1 BGB müssen die folgenden Voraussetzungen erfüllt sein:

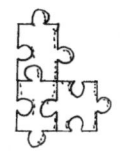

Anspruch aus Leistungskondiktion   **PRÜFUNGSSCHRITTE 13**

1. Jemand muss **etwas erlangt** haben

> **Etwas** ist jeder Vermögensvorteil.

Beispiele: Eigentum, Besitz, Ersparnis von Schulden, Forderungen.

2. **Durch die Leistung** eines anderen

> **Leistung** ist die bewusste und zweckgerichtete Vermehrung fremden Vermögens.

Beispiel: Gewollte Zahlung eines Kaufpreises durch den Käufer an den Verkäufer, um den Kaufvertrag zu erfüllen.

3. **Ohne rechtlichen Grund**

> **Der Rechtsgrund fehlt**, wenn die Verbindlichkeit, die der Leistende erfüllen wollte, nicht bestand, insbesondere, wenn der Vertrag unwirksam ist oder ein gesetzliches Schuldverhältnis nicht bestand.

Beispiel: Übereignung des Werklohns bei nichtigem Werkvertrag oder Schadensersatzzahlung bei unerlaubter Handlung nicht an den Geschädigten, sondern versehentlich an eine andere Person mit gleichem Namen.

In § 812 Abs. 1 BGB werden drei verschiedene **Einzelfälle einer Leistungskondiktion** aufgeführt.

 **ÜBERSICHT 29**   **Fälle der Leistungskondiktion gem. § 812 Abs. 1 BGB**

§ 812 Abs. 1 BGB		
1. Der Rechtsgrund **fehlt von vornherein** § 812 Abs. 1 S. 1 Alt. 1 BGB	2. Der Rechtsgrund **entfällt im Nachhinein** § 812 Abs. 1 S. 2 Alt. 1 BGB	3. Der bezweckte **Erfolg tritt nicht ein** § 812 Abs. 1 S. 2 Alt. 2 BGB

 **ÜBUNG 64**

Entscheiden Sie, welche der o. g. Variante der Leistungskondiktion des § 812 Abs. 1 BGB auf folgende Sachverhalte zutrifft. Begründen Sie Ihre Lösung.

Sachverhalt	Lösung
1. Jan ist sechs Jahre alt. Vor einiger Zeit hat er 10,- EUR von seiner Tante bekommen und kauft sich in einem Spielzeuggeschäft davon ein kleines Spielzeugauto. Die Eltern sind verärgert über den eigenmächtigen Kauf und verlangen vom Geschäftsinhaber den Kaufpreis heraus. Zugleich wollen sie das Spielzeugauto zurückgeben.	
2. Marius Dähn verkauft Daniel Düsentrieb einen gebrauchten Pkw zum Kaufpreis von 500,- EUR und händigt ihm den Pkw sofort aus. Daniel soll den Kaufpreis erst in einer Woche zahlen. Einen Tag nach dem Verkauf des Pkw stellt sich heraus, dass Marius sich verschrieben hat und statt für 500,- EUR für 5.000,- EUR verkaufen wollte. Marius ficht daraufhin seine Willenserklärung an und verlangt den Pkw von Daniel heraus.	

Sachverhalt	Lösung
3. Anja Berger vereinbart mit ihrem Nachbarn, dass er in der Zeit vom 1. April bis 30. September ihren Garten für insgesamt 400,- EUR pflegt und zahlt ihm das Geld vorab aus. Bis Juli hat der Nachbar sich nicht einmal auf dem Grundstück blicken lassen. Anja verlangt die 400,- EUR zurück.	
4. Sarah Beerbaum ist 16 Jahre alt und kauft sich einen DVD-Player für 200,- EUR. Als die Eltern nachträglich davon erfahren, sind sie verärgert und verlangen von dem Händler den Kaufpreis gegen Rückgabe des DVD-Players heraus.	

Zahlendreher   FALL 26

Florian Schmidt benötigt für seine Computeranlage einen Drucker. Er fragt telefonisch in einem Geschäft an, ob dort ältere, preiswerte Modelle erhältlich sind. Der Geschäftsinhaber Gunzelmann sagt, für 40,- EUR könne Florian den ordnungsgemäß funktionierenden Drucker, Typ „office" haben. Das sei ein Sonderpreis. Als der Drucker an Florian geliefert wird, sucht er am selben Tag Gunzelmann in seinem Geschäft auf und gibt ihm 40,- EUR. Gunzelmann stellt dabei fest, dass er sich am Telefon versprochen hat und statt 40,- EUR den wahren Kaufpreis von 400,- EUR nennen wollte. Er ficht seine Willenserklärung gegenüber Florian erfolgreich an und verlangt den Drucker von ihm heraus.

Aufgabe: Prüfen Sie, ob Gunzelmann gegen Florian einen Anspruch auf Herausgabe des Druckers hat.

Notieren Sie die Lösung auf einem besonderen Blatt.

BASISTEXT   **Die Nichtleistungskondiktion**

Nichtleistungskondiktion

ist jeder Bereicherungstatbestand, der **nicht zur Leistungs-kondiktion** gehört. Zu den Ansprüchen wegen Bereicherung in sonstiger Weise zählt insbesondere die **Eingriffskondiktion**.

Die Nichtleistungskondiktion gibt es in vielen Fallgestaltungen. Bei allen ist, daher der Name, bezeichnend, dass der Anspruchsgegner das „Etwas" nicht bewusst und gewollt, d. h. durch eine Leistung des Anspruchstellers erhalten hat, sondern auf (irgend-)eine andere Weise.

Folgender Beispielfall soll den Inhalt der Nichtleistungskondiktion verdeutlichen:

Die Bewohner eines Hauses haben einen gemeinsamen Weinkeller eingerichtet, bei welchem jeder sich einen kleinen delikaten Vorrat eingerichtet hat. Eines Tages bekommt Hartmut aus der 3. Etage überraschend Besuch von seiner „alten Liebe" Gisela. Weltgewandt will er ein „Gläschen Wein" anbieten, steht jedoch im Keller unerwartet vor seinem leeren Regal. Kurzerhand nimmt er allen Mut zusammen und zugleich eine Flasche französischen Rotwein von dem Mieter Klaus, 2. Etage. Eine Leistungskondiktion liegt nicht vor, da Hartmut nicht durch eine Leistung des Klaus ungerechtfertigt bereichert wurde, sondern ein Eingriff des Hartmut in das Recht des Klaus gegeben ist. Ein Fall der Bereicherung in sonstiger Weise, der Nicht-leistungskondiktion gem. § 812 Abs. 1 S. 1 Alt. 2 BGB, und zwar der Unterfall der Eingriffskondiktion, liegt vor.

Folgende Voraussetzungen müssen für einen Anspruch auf Herausgabe wegen **Bereicherung in sonstiger Weise (Nichtleistungskondiktion)** gem. § 812 Abs.1 S. 1 Alt. 2 BGB erfüllt sein:

Anspruch aus Nichtleistungskondiktion   **PRÜFUNGSSCHRITTE 14**

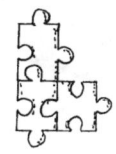

1. **Keine Anwendbarkeit einer Leistungskondiktion**	Die **Nichtleistungskondiktion** ist **subsidiär** anwendbar.
2. Jemand muss **etwas erlangt** haben	**Etwas** ist jeder Vermögensvorteil.
3. **In sonstiger Weise**	Die Bereicherung erfolgt **in sonstiger Weise,** nämlich nicht durch Leistung des Gläubigers, sondern z. B. durch Eingriff in dessen Rechte.
4. **Auf Kosten des Anspruchsinhabers**	Dies bedeutet, dass dem Vermögensvorteil des Bereicherten **unmittelbar** ein Vermögensnachteil des Entreicherten gegenüberstehen muss.
5. **Ohne rechtlichen Grund**	Eine Bereicherung ohne rechtlichen Grund erfolgt, wenn der erlangte Vorteil **einer anderen Person**, nämlich dem Bereicherungsgläubiger, **zusteht**.

Gefräßige Schafe   **FALL 27**

Eugen de Buhr ist Schäfer. Eines Abends hat er ein wenig zuviel Schlehenwein genossen und verliert seine Schafherde aus den Augen. Diese nutzt die Gunst der Stunde und grast eine umzäunte Weide des Bauern Beppo ab. Beppo verlangt von Eugen Ersatz.

Zu Recht?

 Notieren Sie die Lösung auf einem besonderen Blatt.

175

BASISTEXT   **Der Sonderfall der ungerechtfertigten Bereicherung gem. § 816 BGB**

Von Rechts wegen kann immer nur der Inhaber eines Rechts, z. B. der Eigentümer oder der Besitzer einer Sache, wirksam über sein Recht an der Sache verfügen. Ausnahmsweise ist auch die Verfügung eines **Nichtberechtigten** über ein fremdes Recht wirksam. Dabei können ungerechte Ergebnisse entstehen, die durch § 816 BGB korrigiert werden sollen.

§ 816 BGB enthält **drei Tatbestände** im Zusammenhang mit Nichtberechtigten:

- Die **entgeltliche** Verfügung eines **Nichtberechtigten** (§ 816 Abs. 1 S. 1 BGB)
- Die **unentgeltliche** Verfügung eines **Nichtberechtigten** (§ 816 Abs. 1 S. 2 BGB)
- Die Leistung **an einen Nichtberechtigten** (§ 816 Abs. 2 BGB).

 **ÜBERSICHT 30**   **Fälle der Eingriffskondiktion gem. § 816 BGB**

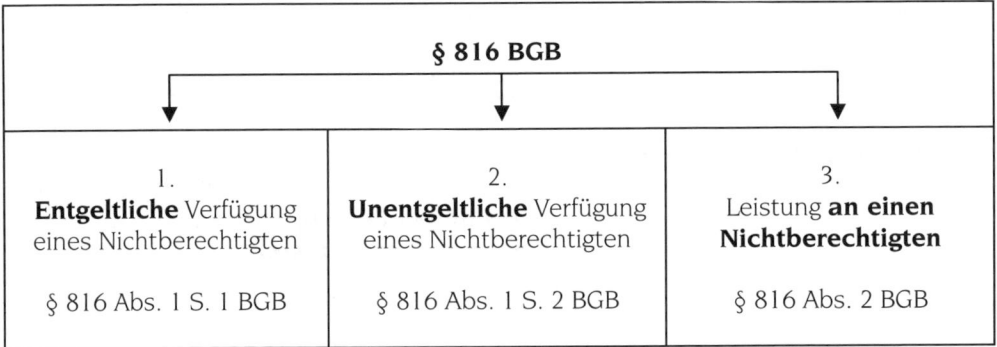

§ 816 BGB		
1. **Entgeltliche** Verfügung eines Nichtberechtigten § 816 Abs. 1 S. 1 BGB	2. **Unentgeltliche** Verfügung eines Nichtberechtigten § 816 Abs. 1 S. 2 BGB	3. Leistung **an einen Nichtberechtigten** § 816 Abs. 2 BGB

In § 816 Abs. 1 BGB unterscheidet der Gesetzgeber zunächst zwischen der **entgeltlichen** und der **unentgeltlichen** Verfügung eines Nichtberechtigten.

Verfügung i. S. d. § 816 BGB

ist jedes Rechtsgeschäft, das die Rechtslage eines Gegenstandes **unmittelbar begründet**, **inhaltlich ändert** oder **aufhebt**.

Beispiele:
Veräußerung eines Grundstücks, Bestellung eines Pfandrechts, Verpachtung eines Gartens.

176

Entgeltlichkeit

Entgeltlich ist eine Verfügung, wenn der Verfügende einen **Vermögensverlust** erleidet.

Beispiel:
Verkauf oder Tausch, nicht aber Schenkung von Sachen.

Anspruch aus § 816 Abs. 1 S. 1 BGB   PRÜFUNGSSCHRITTE 15

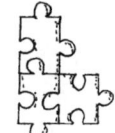

1. Entgeltliche Verfügung
2. Eines Nichtberechtigten
3. Wirksamkeit der Verfügung gegenüber dem Berechtigten
4. Rechtsfolge: Herausgabe des durch die Verfügung Erlangten durch den Nichtberechtigten

Beispiel:
Bauunternehmer Bär hat von dem Pkw-Händler Gunzelmann einen Pkw Golf gemietet. Bär verkauft den gemieteten Pkw für 8.000,- EUR an den Nachbarn Sven Claasen, der annimmt, Bär sei der rechtmäßige Eigentümer des Pkw. Bär muss an Gunzelmann 8.000,- EUR herausgeben.

Im Gegensatz zu der entgeltlichen Verfügung hat im Fall der **unentgeltlichen Verfügung** der Nichtberechtigte **keine Gegenleistung** erlangt, die er dem wahren Rechtsinhaber herausgeben könnte. Bereichert ist allerdings der Empfänger der Leistung, der Dritte. Infolgedessen muss gem. § 816 Abs. 1 S. 2 BGB bei der unentgeltlichen Verfügung eines Nichtberechtigten **der Dritte** das Empfangene an den wahren Berechtigten herausgeben.

Beispiel:
Anja Berger schenkt ihrer gutgläubigen Freundin Tina Schmidt einen von Florian geliehenen MP3-Player. Tina muss den MP3-Player gem. § 816 Abs. 1 S. 2 BGB an Florian herausgeben.

Anspruch aus § 816 Abs. 1 S. 2 BGB   PRÜFUNGSSCHRITTE 16

1. Unentgeltliche Verfügung
2. Eines Nichtberechtigten an einen Dritten
3. Rechtsfolge: Herausgabe des Erlangten durch den Dritten

Die **Leistung an einen Nichtberechtigten** gem. § 816 Abs. 2 BGB betrifft die Fälle, in denen der Schuldner an den falschen „Gläubiger" (den Nichtberechtigten) leistet. Ist die Leistung des Schuldners an den Falschen gegenüber dem richtigen Gläubiger auf Grund der § 407, § 408 BGB wirksam, hat dies zur Folge, dass der Nichtberechtigte dem richtigen Gläubiger das Geleistete gem. § 816 Abs. 2 BGB herauszugeben hat.

Beispiel:
Amelie Körber schuldet ihrem Onkel Wilfried 800,- EUR aus einem Kaufvertrag. Wilfried tritt diesen Anspruch an seinen Freund Jan Beerbaum ab. Amelie weiß nichts von der erfolgten Abtretung und überweist die 800,- EUR auf das Bankkonto ihres Onkels. Wilfried ist verpflichtet, den Betrag von 800,- EUR an den richtigen Gläubiger, Jan, herauszugeben.

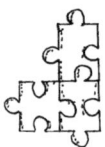

PRÜFUNGSSCHRITTE 17   **Anspruch aus § 816 Abs. 2 BGB**

1. Leistung an einen Nichtberechtigten
2. Wirksamkeit der Leistung gegenüber dem Berechtigten
3. Rechtsfolge: Herausgabe des Erlangten durch den Nichtberechtigten

ÜBUNG 65
Überprüfen Sie in den folgenden Beispielen die geltend gemachten Ansprüche.

Beispiel	Lösung
1. Mark Fieber schenkt, um die Führerscheinprüfung im theoretischen Teil zu bestehen, seinem Fahrlehrer Roland 100,- EUR. Kurze Zeit später bereut er seine Tat und begehrt Rückzahlung des Geldbetrags. Ist der Fahrlehrer Roland zur Herausgabe des Geldbetrags in Höhe von 100,- EUR verpflichtet?	
2. Mark Fieber und seine Ehefrau sind Inhaber zweier Pkw. Für beide Wagen haben sie Vollkasko-Versicherungen bei unterschiedlichen Versicherungsunternehmen abgeschlossen. Als der jährliche Versicherungsbetrag für Marks Wagen fällig ist, zahlt er versehentlich an das falsche Versicherungsunternehmen und möchte das Geld zurückhaben. Hat Mark einen Anspruch auf Herausgabe des Versicherungsbeitrags?	

Beispiel	Lösung
2. Tina Fieber leiht Anja ein Notenheft. Anja denkt fälschlich, dies sei ein Geschenk und verkauft das Notenheft für 12,- EUR an die ahnungslose Paula. Kann Tina von Anja 12,- EUR verlangen?	
4. Sven Claasen hat seinen Pkw für 3.000,- EUR an Klaus Decker verkauft und den Kaufpreis schon erhalten. Der Pkw soll drei Tage später von Klaus abgeholt werden. Bevor es dazu kommt, überrollt ein Lkw den geparkten Pkw, so dass an dem Wagen Totalschaden entsteht. Muss Sven dem Klaus die gezahlten 3.000,- EUR herausgeben?	

Merke:

> **§ 812 Abs. 1 S. 1 Alt. 1 BGB** ist immer zuerst zu prüfen, wenn es um einen Fall aus dem Bereicherungsrecht geht. Nur wenn diese Vorschrift für den Sachverhalt nicht einschlägig ist, dürfen andere Bereicherungstatbestände erörtert werden.

Der Umfang des Bereicherungsanspruchs   BASISTEXT

Sind die Voraussetzungen für einen Bereicherungsanspruch erfüllt, ist **das Erlangte** herauszugeben. Der Umfang des Herausgabeanspruchs ist in §§ 818 ff. BGB geregelt. Der Bereicherte hat grundsätzlich **das Erlangte** in natura herauszugeben. Darüber kann der Entreicherte gem. § 818 Abs. 1 BGB vom Bereicherten gezogene **Nutzungen** und **Ersatzgegenstände** (Gegenstände, die an die Stelle des Erlangten getreten sind) herausverlangen. Ist die Herausgabe unmöglich oder ist der Empfänger der Leistung aus einem anderen Grund zur Herausgabe außer Stande, muss gem. § 818 Abs. 2 BGB **Wertersatz** in Höhe des Verkehrswerts geleistet werden.

Ein Anspruch aus ungerechtfertigter Bereicherung besteht gem. § 818 Abs. 3 BGB dann nicht, wenn der Anspruchsgegner **nicht (mehr) bereichert** ist.

Das ist z. B. der Fall, wenn das übereignete Auto zerstört wird, die vermietete Wohnung ausgebrannt oder das erschlichene Fünf-Gänge-Menü aufgegessen ist.

Haftet der Schuldner jedoch „verschärft", z. B. dann, wenn der Bereicherungsanspruch rechtshängig, d. h. vor einem Gericht eingeklagt war (§ 818 Abs. 4 BGB) oder er den Mangel des rechtlichen Grundes kannte bzw. später erfuhr (§ 819 Abs. 1 BGB), kann er sich nicht auf Entreicherung berufen und muss in voller Höhe Wertersatz leisten.

ÜBUNG 66

Prüfen Sie, wer in den folgenden Fällen gegen wen welchen Anspruch aus ungerechtfertigter Bereicherung hat.

Beispiel	Lösung
1. Sarah Beerbaum, 16 Jahre alt, hat eine antike Landkarte von Tibet für 400,- EUR beim Händler Gunzelmann gekauft. Das Geld hatte sie ihren Eltern aus dem Portmonee entwendet.	
2. Feinkosthändler Kurt Kefers liefert versehentlich an Friederike Schmidt eine Party-Platte mit Fischhäppchen. Friederike isst alles auf.	
3. Amelie Körber hat einen von Tina Schmidt geliehenen Koffer an Hildegard Röttger für 50,- EUR verkauft. Hildegard hat den Koffer gutgläubig erworben.	
4. Anja Berger kauft von Friederike Schmidt eine antike Milchkanne für 100,- EUR. Zwei Tage später verkauft Anja die Milchkanne an Hartmut für 200,- EUR weiter. Friederike ficht im Nachhinein ihre Willenserklärung wegen Irrtums erfolgreich an. Der Kaufvertrag ist unwirksam. Ein Sachverständiger schätzt den Wert der Milchkanne auf 180,- EUR.	
5. Anja Berger hat Amelie Körber eine DVD im Wert von 25,- EUR geliehen. Amelie verkauft die DVD für 15,- EUR an den gutgläubigen Florian, der Eigentümer der Kassette wird.	

Kaufe nie von einem Dieb   **FALL 28**

Die Dienstwagen der Stadt Welfenheim werden auf einem unbewachten Parkplatz vor dem Verwaltungsgebäude abgestellt. Am 10. Juli entwendet Roland Körber dort einen Pkw VW Passat der Stadt Welfenheim. Nachdem er Papiere und Autokennzeichen gefälscht hat, gibt er sich der ahnungslosen Anja Berger gegenüber als Eigentümer aus, verkauft ihr am 12. Juli das Fahrzeug zum Preis von 2.000,- EUR und übergibt ihr den Pkw samt Papieren.

Aufgaben: 1. Prüfen Sie, ob die Stadt Welfenheim gegen Anja Berger einen Anspruch auf Herausgabe des Pkw hat.
2. Prüfen Sie, ob die Stadt Welfenheim gegen Roland Körber einen Anspruch auf Herausgabe des von Anja Berger an ihn gezahlten Kaufpreises in Höhe von 2.000,- EUR hat.

Hinweis: § 823, § 985, § 1007 BGB sind nicht zu untersuchen.

 Notieren Sie die Lösung auf einem besonderen Blatt.

Die Geschäftsführung ohne Auftrag   **BASISTEXT**

Das dritte gesetzliche Schuldverhältnis, das wir hier besprechen werden, sind die Vorschriften zur sog. **Geschäftsführung ohne Auftrag (GoA).** Sie ist in den §§ 677 ff. BGB geregelt.

Typisch für die Geschäftsführung ohne Auftrag ist, dass jemand **für einen anderen tätig** wird, **ohne** von ihm **beauftragt** zu sein. Die Geschäftsführung ohne Auftrag ist ein **unvollkommen zweiseitiges Schuldverhältnis**, denn es werden Pflichten nur für **einen**, den Geschäftsherrn begründet.

Die Geschäftsführung ohne Auftrag ist vom bloßen **Gefälligkeitsverhältnis**, das aus rein freundschaftlichen oder gesellschaftlichen Motiven entsteht, abzugrenzen. Bei der Geschäftsführung ohne Auftrag gibt es einen **Geschäftsübernahmewillen**, beim Gefälligkeitsverhältnis nicht.

Beispiel:

Florian Schmidt fragt seinen Freund Wilfried Scheibe, ob er ihn am folgenden Samstag mit dem Pkw abholen und zu einem Fußballspiel mitnehmen kann.

Hier ist ein sog. Gefälligkeitsverhältnis anzunehmen, das, sollte Wilfried nicht erscheinen und die Vereinbarung nicht einhalten, keinen Schadensersatzanspruch des Florian gegenüber Wilfried auslöst.

Das Recht der Geschäftsführung ohne Auftrag hat keinen einheitlichen Tatbestand, sie tritt in unterschiedlichen Erscheinungsformen (Typen) auf.

Zunächst einmal ist die **„unechte" Geschäftsführung ohne Auftrag** von der „echten" Geschäftsführung ohne Auftrag, zu unterscheiden.

 **ÜBERSICHT 31**

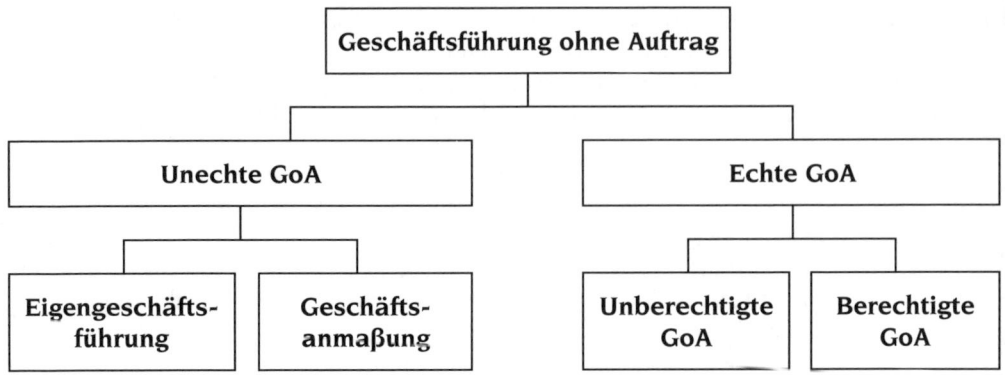

Unechte Geschäftsführung ohne Auftrag

liegt vor, wenn der Geschäftsführer ein fremdes Geschäft besorgt und entweder irrtümlich glaubt, es liege ein eigenes Geschäft vor (**Eigengeschäftsführung**) oder ihm bewusst ist, dass er unberechtigt ein fremdes Geschäft als sein eigenes tätigt (**Geschäftsanmaßung**).

Beispiele:
- Beim Entrümpeln seines Kellers entdeckt Fabian Möhle ein altes, aber gerade deswegen wertvolles Radio. Fabian verkauft das Gerät auf dem Flohmarkt und geht von dem Erlös chic essen. Was er nicht wusste: Der Nachbar hatte sein Radio aus Versehen im falschen Keller abgestellt (Eigengeschäftsführung).
- Zugleich hatte Fabian auf dem Flohmarkt eine ebenfalls im Keller gefundene alte Ordenssammlung verkauft, hier war ihm allerdings aufgefallen, dass das nicht seine war, sondern die seines Schwiegervaters (Geschäftsanmaßung).

Bei der unechten GoA ist kennzeichnend, dass der Handelnde gerade nicht für einen anderen, sondern **für sich selbst** tätig werden will. Daraus ergibt sich, dass die Regeln für die Geschäftsführung ohne Auftrag keine Anwendung finden. Vielmehr haftet der Handelnde nach den auch sonst geltenden Vorschriften über die unerlaubte Handlung (§§ 823 ff. BGB) bzw. ungerechtfertigte Bereicherung (§§ 812 ff. BGB). Allerdings eröffnet § 687 Abs. 2 BGB auch die Möglichkeit, dass der Geschädigte wie ein Geschäftsführer nachträglich das getätigte Eigengeschäft als Handelnder genehmigt – Vorteil ist, dass dem Geschädigten dann doch die Rechte aus §§ 677 ff. BGB zustehen und er z. B. Herausgabe des Erlangten (§ 687 Abs. 2, § 681, § 667 BGB) erhalten kann.

Eine „echte" Geschäftsführung ohne Auftrag i. S. d. §§ 677 ff. BGB setzt also immer voraus, dass jemand für einen anderen bewusst ein Geschäft führt. Dies kann man sodann noch – mit Konsequenzen – unterteilen in **berechtigte** und **unberechtigte** Geschäftsführung ohne Auftrag.

Berechtigte Geschäftsführung

liegt immer dann vor, wenn die ungebetene Wahrnehmung fremder Interessen **dem Interesse** oder dem **Willen des Geschäftsherrn entspricht** (§ 677, § 679, § 683 BGB).

Beispiele:
- Tina Schmidt entdeckt, dass es im Nachbarhaus brennt. Sie verständigt die Feuerwehr und hilft, den Brand zu löschen.
- Johannes Strolz sieht einen Passanten, der auf dem Gehweg stolpert und stürzt. Johannes fährt den Passanten zum nächsten, 20 km weiter befindlichen Krankenhaus.

Bei der berechtigten Geschäftsführung ohne Auftrag hat der Geschäftsführer dem Geschäftsherrn die Übernahme der Geschäfte anzuzeigen, die Entscheidung des Geschäftsherrn abzuwarten und ist zur ordnungsgemäßen Führung der Geschäfte verpflichtet (§ 677 BGB). Der Geschäftsherr hat **Ersatz der Aufwendungen** des Geschäftsführers zu leisten (§ 683 S. 1 BGB). In den obigen Beispielfällen erhält Tina daher die Telefonkosten, Johannes die Benzinkosten ersetzt. Aus Gerechtigkeitsgründen haben beide ferner Ansprüche auf Ersatz etwaiger Schäden (z. B. an der Kleidung der Tina oder an der Sitzgarnitur des Johannes).

Von der berechtigten Geschäftsführung ohne Auftrag ist schließlich die **unberechtigte Geschäftsführung** ohne Auftrag zu trennen.

Unberechtigte Geschäftsführung

liegt dann vor, wenn die Geschäftswahrnehmung **nicht dem Interesse** oder **Willen des Geschäftsherrn entspricht**. Der Geschäftsführer hat sie dann zu unterlassen.

Beispiel:
Monika und Marlene gehen essen. Gerade als Marlene einmal kurz „für kleine Blondinen" ist, kommt die Rechnung. Kurzerhand schnappt sich Monika die Geldbörse von Marlene, bezahlt deren Rechnung und gibt auch ein üppiges Trinkgeld. Da Marlene zumindest die Höhe des Trinkgeldes wohl gern selbst bestimmt hätte, liegt eine unberechtigte Geschäftsführung ohne Auftrag vor.

Die unberechtigte Geschäftsführung hat kein besonders gesetzliches Schuldverhältnis zur Folge, so dass die Rechtsbeziehungen nicht über §§ 677 ff. BGB, sondern über §§ 812 ff. BGB (ungerechtfertigte Bereicherung) und §§ 823 ff. BGB (unerlaubte Handlung) abgewickelt werden.

§ 678 BGB gibt allerdings dem „Geschäftsherrn" einen besonderen Schadensersatzanspruch, wenn der Geschäftsführer erkennen musste, dass seine Handlung mit dem Willen des anderen in Widerspruch stand.

ÜBUNG 67

Prüfen Sie, ob in den folgenden Fällen ein Anspruch aus GoA besteht. Geben Sie die einschlägigen Normen an.

Fall	Ihre Antwort
1. Sabine Ebmeier befährt mit ihrem Pkw vorschriftsmäßig die Landstraße. Der entgegenkommende Radfahrer Rolf Clausing gerät ohne Verschulden plötzlich unmittelbar vor den Pkw der Sabine. Sabine reißt den Wagen nach rechts, fährt in einen Acker und erleidet Verletzungen. Ansprüche der Sabine gegen Rolf?	
2. Rolf ist Anhänger einer Sekte, welche die Vornahme von Operationen an Menschen verbietet. Als Rolf den Arzt Dr. Arnold aufsucht, nimmt dieser trotz Widerspruchs von Rolf eine kleine, unumgängliche Operation vor. Kann Dr. Arnold von Rolf hierfür ein Honorar verlangen?	
3. Auf der Nachhausefahrt findet Dr. Arnold die bei dem Unfall verletzte Sabine bewusstlos im Unfallwagen und bringt sie ins Krankenhaus. Er möchte, dass Sabine die Rechnung für die Reinigung der blutbefleckten Autopolster bezahlt.	
4. Einige Wochen später beteiligt sich Rolf, der Handelsvertreter ist, längere Zeit am Einfangen der entlaufenen Katze der Marlene. Er erkennt dabei, dass er hierdurch zu spät zu Vertragsverhandlungen kommt. Später, als Marlene einen Kinobesuch ausschlägt, verlangt er von ihr Ersatz der tatsächlich entgangenen Provision.	

Fall	Ihre Antwort
5. Tags darauf schreit Marlene beim Schwimmen zum Scherz laut um Hilfe. Rolf, der Marlene retten will, beschädigt beim eiligen Ablegen das Ruder seines Segelbootes. Er begehrt von Marlene Ersatz der Reparaturkosten.	
6. Durch Verschulden eines Feuerwerkers brennt beim Feuerwerk ein Kirchturm aus. Die Stadt Welfenheim übernimmt den Wiederaufbau und verlangt von dem Feuerwerker Ersatz der Kosten.	

Blinder Passagier FALL 29

Der am 20.04.1992 geborene Max Bäseke flog am 27.02.2010 mit einer Maschine der Lufthansa von München nach Hamburg. Das Ticket für diese Strecke hatte er sich von seinem Taschengeld gekauft. In Hamburg gelang es ihm, sich mit den Transitpassagieren wieder in das Flugzeug zurückzuschmuggeln und an dem Weiterflug nach New York teilzunehmen, ohne dass er hierfür ein gültiges Ticket erworben hatte. In New York wurde ihm die Einreise verweigert, da er kein gültiges Visum hatte. Da Max völlig mittellos war, ließ ihn die örtliche Lufthansa-Agentur eine Verpflichtungserklärung über 2.000,- US Dollar unterschreiben, stellte ihm einen Flugschein für die Rückreise aus und beförderte ihn noch am selben Tag mit einer Lufthansa-Maschine nach München.

Die Eltern hatten von den Eskapaden ihres Sohnes keine Ahnung; sie verweigerten ausdrücklich die Genehmigung für den Flug.
Die Lufthansa, deren Maschinen auf beiden Flügen nur zu 2/3 besetzt waren, verlangt von Max, der über ein kleines ererbtes Vermögen verfügt, für den Flug von Hamburg nach New York den tariflichen Flugpreis von 890,- EUR und für den Rückflug nach München den Preis von 961,- EUR.

Aufgabe: Prüfen Sie, ob die Lufthansa gegen Max
1. Ansprüche wegen des Hinfluges und/oder
2. Ansprüche wegen des Rückfluges hat.
Beziehen Sie dabei alle in Betracht kommenden Anspruchsgrundlagen in Ihre Prüfung ein.

 Notieren Sie die Lösung auf einem besonderen Blatt.

WISSENSTEST

1. Wie zeigt sich das Abstraktionsprinzip bei Abschluss und Erfüllung eines Kaufvertrages?

2. Welche Pflichten ergeben sich für den Verkäufer und den Käufer aufgrund des Kaufvertrages?

3. Welche Ansprüche hat der Käufer, wenn die Kaufsache mangelhaft ist?

4. Was unterscheidet den Dienstvertrag vom Werkvertrag und vom Auftrag?

5. Die Gewährleistungsvorschriften des Werkvertragsrechts unterscheiden sich von denen des Kaufrechts. Wodurch?

6. Wie kann jemand, der einem Unfallopfer Erste Hilfe leistet, seine Aufwendungen zurückverlangen?

7. Ist die BGB-Gesellschaft eine juristische Person?

8. Was versteht man unter Bürgschaft?

9. Bei der ungerechtfertigten Bereicherung unterscheidet man zwei Hauptarten der Kondiktion? Welche?

10. In welchem Fall kann sich der Bereicherte auf den Wegfall der Bereicherung berufen?

11. Was unterscheidet in § 823 BGB die Absätze 1 und 2?

12. Was ist unter Exkulpation im Zusammenhang mit § 831 BGB zu verstehen?

07 Grundzüge des Sachenrechts

Das Sachenrecht **BASISTEXT**

Das dritte Buch des BGB (Sachenrecht) regelt die **Rechtsverhältnisse der Sachen**. Das Sachenrecht hat die Funktion, Rechtsobjekte (Sachen und Rechte) bestimmten Personen zuzuordnen.

Die Bestimmungen bewirken einen sog. „Friedensschutz", d. h. durch die Rechtsnormen des Sachenrechts wird geklärt, wie sich der Umfang der Herrschaftsmacht einer Person über Sachen und Rechte gestaltet. Im Sachenrecht gibt es inhaltlich fest eingegrenzte **Typen von Herrschaftsrechten**, das sind die sog. **dinglichen Rechte**. Man spricht dabei auch von einen „numerus clausus" der dinglichen Rechte oder einem „Typenzwang", was bedeutet, dass man an einer Sache nur die Rechte begründen kann, die das BGB vorsieht. Das Sachenrecht beinhaltet im Wesentlichen folgende Typen: Eigentum, Erbbaurecht, Dienstbarkeit, Nießbrauch, Bergrechtliches Nutzungsrecht, Vor- und Wiederkaufsrecht an Grundstücken, Reallasten, Besitz, Pfandrecht und Vormerkung.

In der Praxis (und für Sie in Klausuren!) sind vor allem zwei Sachenrechte bedeutsam: Der Besitz und das Eigentum.

Besitz

> ist das **tatsächliche Herrschaftsverhältnis** einer Person über eine Sache (§ 854 Abs. 1 BGB).

Beispiele:
  Den Stuhl, auf dem Sie gerade sitzen, besitzen Sie. Gleiches gilt für Ihre Aktentasche, Ihre Gesetzessammlung und Ihr Frühstücksbrot.

Eigentum

> ist das **rechtliche Herrschaftsverhältnis** einer Person über eine Sache (§ 903 S. 1 BGB).

Beispiele:
  Der Stuhl, auf dem Sie gerade sitzen, steht zwar (derzeit) in Ihrem Besitz, Eigentümer ist aber möglicherweise jemand anderes, z. B. Ihr Bildungsinstitut. Wie das mit Ihrer Aktentasche, Ihrer Gesetzessammlung und Ihrem Frühstück aussieht, wissen nur Sie selbst.

Zu erkennen ist der wesentliche Unterschied zwischen Eigentum und Besitz:
Der Eigentümer kann grundsätzlich, wenn gesetzliche Bestimmungen nicht entgegenstehen, **nach Belieben** mit der Sache verfahren und andere von der Einwirkung ausschließen. Der Besitzer, als nur zur tatsächlichen Nutzung berechtigt, darf das nicht.

Hier kann man nun etwas Interessantes feststellen:
Während der geschulte Jurist die Begriffe „Besitz" und „Eigentum" streng voneinander trennt, erfolgt dies in der Umgangssprache so nicht.

Beispiel:
Familie Schmidt unternimmt einen Ausflug in den Welfenheimer Forst. Um sich nach langer Wanderung zu stärken, kehrt die Familie in die Gaststätte „Zur Waldschänke" ein. Unter dem Namensschild der Gaststätte an der Front des Gebäudes ist ein weiteres großes Schild angebracht: „Fachwerkhaus in Familienbesitz seit 1889". Die Kinder fragen den Vater, was „Familienbesitz" bedeutet.
Im rechtlichen Sinne meint „Familienbesitz" nur die tatsächliche Inhaberschaft, den unmittelbaren Besitz des Grundstücks mit dem Fachwerkhaus; gleichfalls die unternehmerische Betriebsführung und die Gaststättenerlaubnis (die gleichwohl nicht von der „Familie" sondern von Einzelpersonen innegehalten ist).
Umgangssprachlich ist darüber hinaus aber gemeint, dass sich seit 1889 das Grundstück im Eigentum der Familie befindet, das durch Erbschaft weitergereicht wurde. Möglicherweise ist damit (wohl) auch der tatsächliche Betrieb der Gaststätte, also ihr unmittelbarer Besitz gemeint.

ÜBUNG 68

Prüfen Sie, wer Besitz und wer Eigentum an den folgenden Sachen hat.

Beispiel	Antwort
1. Otto hat sich einen Rasenmäher im Elektrogeschäft gekauft.	Besitz: Eigentum:
2. Hildegard leiht sich von Sigrid einen Kugelschreiber.	Besitz: Eigentum:
3. Hildegard fällt der Kuli bei einer Schifffahrt aus der Hand und versinkt im Meer.	Besitz: Eigentum:
4. Anneliese verpachtet ihr Grundstück an Sabine.	Besitz: Eigentum:
5. Marko stiehlt Emil die Geldbörse.	Besitz: Eigentum:
6. Marko schießt ein Reh und nimmt es mit nach Hause.	Besitz: Eigentum:

Erwerb und Verlust des Besitzes **BASISTEXT**

Besitz ist, wie bereits dargelegt, die tatsächliche Herrschaft über eine Sache. Daraus ergibt sich, dass schon **mit Erlangung der tatsächlichen Gewalt** Besitz begründet wird (vgl. § 854 Abs. 1 BGB). Unerheblich ist, ob der Besitzer zum Besitz berechtigt ist oder nicht; auch der Dieb wird von der Rechtsordnung (zunächst) als Besitzer behandelt, dem Besitzansprüche zustehen.

Beim **Besitzerwerb** durch Erlangung der tatsächlichen Gewalt handelt es sich um einen **reinen Realakt**, nicht also um ein Rechtsgeschäft. Insofern ist für den Erwerb des Besitzes unerheblich, ob die Person (voll) geschäftsfähig ist oder nicht; entscheidend ist allein, ob ein sog. **Besitzerwerbswille** vorhanden ist.

Beispiel:
Dem sechsjährigen Jan läuft ein herrenloser Hund zu. Jan nimmt ihn mit nach Hause. Als Sechsjähriger ist Jan zwar noch nicht einmal beschränkt geschäftsfähig, da § 854 Abs. 1 BGB jedoch für die Inbesitznahme lediglich einen Realakt verlangt, ist Jan bei Vorliegen eines natürlichen Besitzerwerbswillens ohne Weiteres Besitzer geworden. (Ob er den Hund allerdings behalten darf, werden die Eltern gem. § 1626 BGB bestimmen – leider).

(Nur) ausnahmsweise besteht Besitz auch ohne tatsächliche Sachherrschaft: So geht nach § 857 BGB der Besitz an allen Sachen mit dem Tode des Erblassers auf den Erben über, ohne dass dem Erben dies bewusst sein muss (sog. **Erbenbesitz**). Vielleicht sind Sie gerade Besitzer eines Ferraris geworden, da Ihr reicher Erbonkel in Amerika verstorben ist!

Andererseits bestimmt § 855 BGB, dass ein sog. **Besitzdiener** kein Besitzer einer Sache ist, wenngleich er zweifellos die tatsächliche Gewalt innehat. Erforderlich ist ein **soziales Abhängigkeitsverhältnis** zu einem anderen. Typische Besitzdiener sind Beamte, Angestellte und Arbeiter.

Besitzdiener

ist, wer die **tatsächliche Herrschaft über eine Sache für einen anderen** in dessen Haushalt, Erwerbsgeschäft o. ä. ausübt und in Bezug auf die Sache **weisungsgebunden** ist.

Beispiel:
An Ihrem künftigen Arbeitsplatz sind Sie also **nicht** Besitzer des Schreibtisches, PC´s oder Kugelschreibers.

Die **Besitzaufgabe** stellt das Spiegelbild zur Besitzbegründung nach § 854 Abs. 1 BGB dar und erfordert Aufgabe oder Verlust der tatsächlichen Gewalt, § 856 Abs. 1 BGB.

Beispiel:
> Der Heizungsmonteur Heinzelmann hat die von ihm zu liefernden Heizkörper schon in das neu gebaute Gemeindezentrum gebracht und sie zum Teil schon probeweise eingebaut. Nicht schon mit der bloßen Anlieferung, wohl aber mit dem schon teilweise erfolgten Einbau hat Heinzelmann seinen natürlichen Besitzaufgabewillen manifestiert, § 856 Abs. 1 BGB. Er hat seinen Besitz verloren/aufgegeben.

ÜBUNG 69

Prüfen Sie, wer Besitzer ist.

Beispiel	Antwort
1. Der fünfjährige Ferdinand wird von seinem Onkel Sebastian gebeten, während eines zweijährigen Auslandsaufenthalts des Onkels dessen Wellensittich zu versorgen.	
2. In Amerika wird Onkel Sebastian von dem Zahnarzt Rissmann probeweise eine Goldfüllung in den Backenzahn eingesetzt.	
3. Ferner lässt Onkel Sebastian seinen Pkw in der Kfz-Werkstatt von Michael Packson reparieren. Dazu bleibt das Auto drei Wochen in der Reparaturhalle stehen.	
4. Ein Angestellter von Michael klaut aus dem Handschuhfach einen Fotoapparat, um ihn zu behalten.	
5. Tante Melissa lässt bei ihrem Besuch bei ihrer Nichte Maja bewusst ein Buch über die Altertümer der Welt in der Wohnung zurück in der Hoffnung, Maja möge das Buch lesen und Wissen über dieses Gebiet erwerben. Maja ist an dem Buch nicht interessiert.	

Arten des Besitzes BASISTEXT

Das Bürgerliche Gesetzbuch kennt nicht „den" Besitz als solchen. Vielmehr hat der Gesetzgeber verschiedene Arten von Besitz vorgesehen, um vielfältigen Nutzungsmöglichkeiten Rechnung zu tragen und um dem Eigentümer eine (restliche) Besitzposition zu belassen, wenn er, z. B. als Vermieter oder Verpächter, einer anderen Person Besitzpositionen (gegen Entgelt) eingeräumt hat.

Wichtig ist zunächst die Unterscheidung zwischen **unmittelbarem** und **mittelbarem Besitz**.

Unmittelbarer Besitz

Unmittelbaren Besitz hat derjenige, der die **tatsächliche Gewalt** über eine Sache ausübt.

Beispiel:
Der Mieter einer Wohnung, der Entleiher eines Buches, der Dieb, der Inhaber eines Pfandhauses.

Mittelbarer Besitz

Mittelbaren Besitz hat derjenige, der einem anderen **die Nutzung** einer Sache auf Zeit **gestattet**.

Beispiel:
Der Vermieter einer Wohnung, der Verleiher eines Buches.

Nach der **Willensrichtung des Besitzers** ist zweitens zwischen dem **Eigenbesitz** und dem **Fremdbesitz** zu unterscheiden.

Eigenbesitz

hat derjenige, der eine Sache **als ihm gehörend** besitzt, § 872 BGB.

Beispiel:
Der stolze Häuslebauer besitzt Grundstück und Haus als ihm gehörend; er ist der Eigenbesitzer.

Fremdbesitz

steht demjenigen zu, der eine Sache **in Anerkennung fremden Eigentums besitzt**.

Beispiel:
Der Mieter einer Wohnung „besitzt" sie und weiß dabei, dass die Wohnung nicht ihm gehört.

Nach dem **Umfang der Berechtigung** differenziert man zwischen **Alleinbesitz, Teilbesitz** und **Mitbesitz**.

> ### Alleinbesitz, Teilbesitz, Mitbesitz
> **Alleinbesitz** hat, wer die Gewalt über eine Sache **zu 100%** ausübt.
> **Teilbesitz** hat, wer die Gewalt über eine Sache nur **zu einem Teil** von 1% bis 99% ausübt, § 865 BGB.
> **Mitbesitz** hat, wer die Gewalt über eine Sache zu 100% hat, dies aber nur gemeinsam mit anderen, § 866 BGB.

Beispiel:
Jörg Moser hat seine Zweitwohnung an drei Mitglieder einer Wohngemeinschaft vermietet, die jeweils einen getrennten Mietvertrag über die drei Zimmer der Wohnung haben. Küche und Bad werden gemeinsam genutzt.
Hier besteht **Teilbesitz** an den jeweils zum Wohnen benutzten Räumen. Weil Bad und Küche gemeinsam genutzt werden, besteht insofern **Mitbesitz. Alleinbesitz** hat hier nur der Vermieter Jörg – dies allerdings wird nicht wie die drei Studenten als unmittelbarer, sondern als mittelbarer Besitzer.

Zusammenfassend ergibt sich, dass an einer Sache **mehrere Personen Besitzrechte** (unterschiedlicher Art) haben können.

ÜBUNG 70
Ordnen Sie folgende Besitzarten den Umschreibungen zu. Benennen Sie zudem die jeweils einschlägige Rechtsnorm.

Unmittelbarer Besitz/ Mittelbarer Besitz/ Besitzdienerschaft/ Eigenbesitz/ Fremdbesitz.

Umschreibung	Besitzart
1. Wer eine indirekte Beziehung zur Sache hat, weil er die Sache einem anderen überlassen hat, ist:	
2. Wer aus einem sozialen Abhängigkeitsverhältnis heraus in einer bestimmten Weise mit einer Sache umzugehen hat, ohne selbst Besitzer zu sein, ist:	
3. Wer eine Sache als nicht ihm gehörend behandelt, ist:	
4. Wer die direkte tatsächliche Herrschaft über eine Sache ausübt, ist:	
5. Wer eine Sache als ihm gehörend besitzt, egal ob zu Recht oder nicht, ist:	

ÜBUNG 71

Stellen Sie fest, wer unmittelbarer, wer mittelbarer, wer Eigenbesitzer und wer Fremd-besitzer ist (Mehrfachbezeichnungen sind möglich).

Beispiel	Besitzer
1. Konstantin lenkt seinen Pkw.	
2. Konstantin ist Chauffeur beim Landkreis Weserberg und lenkt den Dienstwagen des Landrats.	
3. Konstantin hat ferner ein kleines Mietwagen-unternehmen. Er vermietet einen Pkw VW Golf für eine Woche an seine Kollegin Grit.	
4. Grit möchte sich einen neuen Pkw anschaffen und hat sich mit dem Pkw-Händler Vogt auf ein Finanzierungsleasing über einen VW Passat geeinigt.	
5. Der PC-Fachmann Menke holt einen PC der Stadt Welfenheim zur Überprüfung ab und repariert ihn in seiner Werkstatt.	

Beeinträchtigung und Verlust des Besitzes   BASISTEXT

Nicht immer kann der Besitzer einer Sache ungestört seinen Besitz ausüben.

Beispiele:

- Pit ist Mieter einer Wohnung in Welfenheim. Er kann nachts nicht schlafen, weil sein Nachbar von 23 Uhr bis um 3 Uhr auf dem Schlagzeug spielt.
- Claudia hat sich von Anna einen Rucksack für eine Wanderung des Sportvereins geborgt. Als Claudia den Rucksack auf eine Bank vor einer Gaststätte legt und auf einer nahe gelegenen Lichtung ein Reh fotografiert, entwendet ein Dieb den Rucksack.

Der Gesetzgeber schützt den Besitzer gegen alle Handlungen Dritter, die den Besitz durch Besitzentziehung oder Besitzstörung beeinträchtigen, durch die Regelungen der §§ 859 ff. BGB.

Die zentrale Voraussetzung für die Anwendbarkeit dieser Rechtsvorschriften ist die **Besitzentziehung** oder **Besitzstörung** durch **verbotene Eigenmacht**.

Verbotene Eigenmacht

liegt vor, wenn jemand dem Besitzer **ohne dessen Willen** den **Besitz entzieht** oder ihn im **Besitz stört** (§ 858 Abs. 1 BGB).

Gem. § 859 BGB darf der Besitzer einer beweglichen Sache in Ausübung der **Selbsthilfe** dem Täter dieselbe unter bestimmten Voraussetzungen wieder wegnehmen. Demgegenüber legt § 861 Abs. 1 BGB fest, dass im Fall **verbotener Eigenmacht** der Besitzer ein Recht auf **Wiedereinräumung des Besitzes**, also einen Herausgabeanspruch, gegenüber dem unberechtigt Besitzenden hat.

Beispiel:
Marko hat sich im Skiurlaub ein Snowboard gemietet. Dies wird ihm gestohlen. Marko kann von dem Dieb die Herausgabe des Snowboards gem. § 861 Abs. 1 BGB verlangen.

Wird der Besitz durch verbotene Eigenmacht eines anderen beeinträchtigt und wird der Besitzer dadurch in seinem Besitz gestört, kann der Besitzer von dem Störer die **Beseitigung der Störung** verlangen (§ 862 Abs. 1 BGB). Falls zu befürchten ist, dass die Störung fortgesetzt wird, kann der Besitzer auf Unterlassung klagen.

Beispiel:
Michael Fieber stellt seinen Pkw in seiner Garage auf seinem Grundstück ab. Nachbar Neumann parkt seinen Pkw häufig vor dem Garagentor von Michael, so dass dieser dadurch morgens mehrfach nicht pünktlich zu seiner Arbeitsstelle gelangt. Michael ermahnt Neumann regelmäßig, diese Störungen zu unterlassen. Als Neumann sein Verhalten fortsetzt, klagt Michael erfolgreich auf Unterlassung.

 **ÜBERSICHT 32**

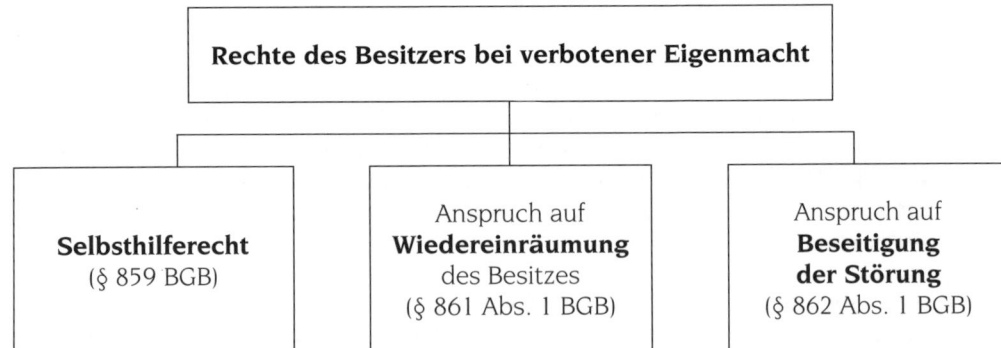

ÜBUNG 72

Entscheiden Sie, ob der Besitzer rechtmäßig handelte. Benennen Sie ggfs. eine einschlägige Rechtsnorm.

Beispiel	Lösung
1. Klaus Bonke ist Mieter eines Reihenhauses. Nachbarin Fiona bekämpft das Ungeziefer an ihren Rosen mit stark riechender Brennnesselbrühe, die sie in einer Tonne an der Grundstücksgrenze aufbewahrt. Klaus kann wegen der Geruchsbelästigung die Fenster des Hauses nicht mehr öffnen. Er verlangt die Entfernung der Gartentonne.	
2. Klaus bewahrt eine von Mario geborgte Taschenuhr zu Hause auf. Als er am Abend nach Hause kommt, ertappt er einen Einbrecher beim Diebstahl der Uhr. Klaus verfolgt den fliehenden Dieb und entreißt ihm die Taschenuhr.	
3. Als Klaus am nächsten Tag mit dem Lieferwagen seines Chefs Bier ausfährt, versucht ein dreister Dieb, die Barkasse aus dem Führerhaus zu stehlen. Im Umgang mit Dieben inzwischen erfahren, entwendet Klaus dem Dieb die Beute im letzten Moment.	
4. Auf dem Tennisplatz nimmt ein Dieb in einem unbeobachteten Moment den Tennisschläger von Klaus an sich und verschwindet damit. Am nächsten Wochenende überrascht Klaus den Dieb, als der mit dem Schläger auf einem anderen Platz spielt. Wütend rennt Klaus auf die Person zu und entreißt ihr das begehrte Stück.	

Inhalt und Arten des Eigentums   BASISTEXT

Der Eigentümer einer Sache hat viele Rechte: Er kann die Sache grds. selbst verwenden, anderen zur Nutzung überlassen oder veräußern. Er kann die Sache auch beschädigen, zerstören oder nach Bedarf ungenutzt lassen. Möchte ein Dritter die Sache verwenden, benötigt er die Zustimmung des Eigentümers. Der Eigentümer ist ermächtigt, andere von der Einwirkung auf sein Eigentum auszuschließen.

Neben vielfältigen Rechten am Eigentum bestehen auch **Pflichten**: Grds. hat das Eigentum dem **Wohl der Allgemeinheit** zu dienen und soll nicht nur Einzelnen nützen, das Eigentum entfaltet also eine sog. **Sozialbindung** (Art. 14 Abs. 2 GG). Dieses Ziel wird u. a. verwirklicht durch die Vorschriften des Natur- und Denkmalschutzrechts oder durch die gesetzliche Beschränkung der Vertragsgestaltungsfreiheit in den Fällen der Wohnraummiete. Auch der Eigentümer selbst kann sich Beschränkungen in der Nutzung seines Eigentums auferlegen, beispielsweise dadurch, dass er sich vertraglich verpflichtet, die Sache und ihre Nutzungsmöglichkeit durch den Vertragspartner zu billigen.
Schließlich darf die Nutzung des Eigentums durch den Einzelnen nicht gegen Rechte anderer verstoßen, z. B. im Nachbarschaftsrecht.

Auch beim Eigentum kann man, wie ja auch schon beim Besitz, verschiedene Formen unterscheiden: nämlich **Alleineigentum**, **Miteigentum** und **Gesamthandseigentum**.

ÜBERSICHT 33

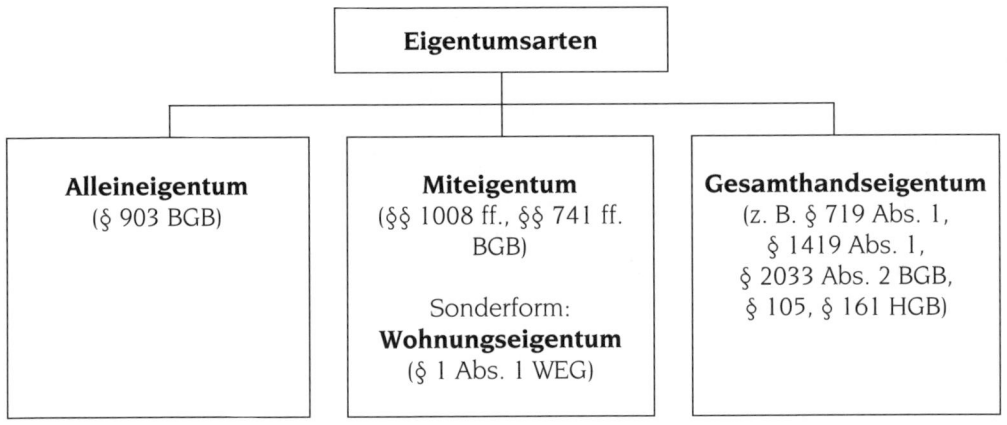

Alleineigentum

bedeutet, dass eine Person **allein** das ausschließliche **Herrschaftsrecht** über eine Sache hat.

Beispiel:
    Oma Heidi schenkt Marc zum Geburtstag ein Skateboard. Marc ist Alleineigentümer.

Das Alleineigentum ist das stärkste Sachenrecht, das das BGB kennt. Ein Alleineigentümer kann, freilich in den Grenzen des Strafrechts, grds. völlig frei über seine Sache verfügen, d. h. sie verkaufen, zerstören, vermieten ...

Miteigentum

bedeutet, dass **mehreren Personen** das Eigentum an der Sache nach **Bruchteilen** zusteht. Sie bilden eine sog. **Bruchteilsgemeinschaft**, § 741 BGB.

Beispiel:
Oma Heidi schenkt Marc und Jan zusammen zu Weihnachten eine Autosammlung (100 Stück). Beide sind Miteigentümer.

Auch beim Miteigentum kann jeder Miteigentümer über sein Eigentumsrecht frei verfügen, z. B. seinen Eigentumsanteil an jemanden abtreten. Über die Sache im Ganzen können jedoch nur alle Miteigentümer gemeinschaftlich verfügen. Im obigen Beispiel kann Marc also seine 50 Autos an Svenja verkaufen, nicht aber alle 100.

Gesamthandseigentum

besteht an Sachen, die zum Vermögen einer **Gesamthandgemeinschaft** gehören.

Am Gesamthandvermögen und an den einzelnen Sachen hat **jeder Gesamthänder einen Anteil**, über den er als solchen aber **nicht verfügen** kann. Verfügungsberechtigt sind nur alle Gesamthandeigentümer **gemeinschaftlich**.

Beispiel:
Als Oma Heidi stirbt, werden ihre Söhne Jörg, Gero, Lars und Fabian Erben und bilden eine Erbengemeinschaft. Jeder der vier Söhne könnte über seinen Anteil (Erbteil=25%) auch teilweise verfügen (§ 2033 Abs. 1 S. 1 BGB), nicht jedoch z. B. über den von der Oma hinterlassenen Pkw oder einen Teil daran (§ 2033 Abs. 2 BGB).

Gesetzliche Beispiele für Gesamthandeigentum im BGB sind die **Gesellschaft** gem. §§ 705 ff. BGB, die **Gütergemeinschaft** gem. §§ 1415 ff. BGB und die **Erbengemeinschaft** gem. §§ 2032 ff. BGB.

ÜBUNG 73

Entscheiden Sie, was für eine Art des Eigentums jeweils gegeben ist.

1. Die begeisterten Segler Heino, Arnold und Michael Armbrecht wollen aus Kostengründen ein Segelboot gemeinsam erwerben und in ihrer Freizeit nach vorheriger Absprache abwechselnd benutzen. Heino, Arnold und Michael tragen den Kaufpreis in Höhe von 100.000,- EUR untereinander im Verhältnis 50:30:20. Dementsprechend teilen sie auch das zeitanteilige Nutzungsrecht und die Unterhaltskosten auf.

Eigentumsart: _____

2. Heino Armbrecht wird demnächst Rentner. Da er künftig auf Teneriffa leben möchte, verkauft er sein Auto an seinen Freund Arnold.

Eigentumsart: _____

3. Heino und Adele haben geheiratet und im Ehevertrag Gütergemeinschaft vereinbart. Adele kauft einen Kühlschrank. Nachdem Heino jedoch bald nicht mehr in seine Hosen passt, verschließt Adele den Kühlschrank. Sie meint, der Schrank gehöre ihr sowieso alleine. Sie habe ihn schließlich gekauft.

Eigentumsart: _____

BASISTEXT   Erwerb des Eigentums durch Gesetz

So wie man generell rechtsgeschäftliche und gesetzliche Schuldverhältnisse unterscheidet, ist auch bei dem „Rechtsgeschäft Eigentumserwerb" dies durch Vertrag oder per Gesetz möglich.

Der **Eigentumserwerb durch Gesetz** hat nur wenige Voraussetzungen: Es bedarf keinerlei Einigung oder Äußerung, sondern es genügt, dass ein gesetzlicher Tatbestand erfüllt wird. Die wichtigsten Fälle in der Praxis sind die Verbindung oder Vermischung oder die Verarbeitung von Sachen (§§ 946–948, § 950 BGB).

ÜBUNG 74

Erschließen Sie sich am Beispiel des Fundes (§§ 965 ff. BGB) Rechte und Pflichten, die sich aus dem gesetzlichen Eigentumserwerb ergeben können.

Gehen Sie dabei von folgender Situation aus:
Joachim hat am 01.12. auf der Straße eine Geldbörse (Wert: 20,- EUR) mit 50,- EUR Bargeld gefunden.

Welche der folgenden Behauptungen sind richtig, welche falsch?

Behauptung	Antwort
1. Joachim ist am 01.12. Eigentümer des Fundes geworden.	
2. Joachim kann den Fund verschweigen.	
3. Joachim muss die Geldbörse grundsätzlich verwahren.	

Behauptung	Antwort
4. Joachim kann stattdessen den Fund bei der zuständigen Behörde abliefern.	
5. Wird der Eigentümer/ Verlierer nicht gefunden, wird Joachim mit Ablauf von sechs Monaten nach dem Fund der neue Eigentümer.	
6. Wird der Empfangsberechtigte rechtzeitig gefunden, hat Joachim einen Anspruch auf die Hälfte des Werts des gesamten Fundes.	
7. Hat Joachim mehrere notwendige Telefonate geführt, um den Empfangsberechtigten ausfindig zu machen, muss er diese Kosten selber tragen.	

Erwerb des Eigentums an beweglichen Sachen vom Berechtigten

LÜCKENTEXT

Ergänzen Sie den Text um folgende Begriffe:
Abtretung/Auslegung/Besitz an der Sache/Besitzkonstitut/Eigentumswechsel/
Einigung/konkludent/Realakt/Übereignung/Übergabe/verfügender Vertrag.

Bewegliche Sachen können auf unterschiedliche Weise durch den Berechtigten übertragen werden. Die häufigste Art der Eigentumsübertragung ist die .... und .... gem. § 929 BGB. Das ist der Grundtatbestand der Übereignung beweglicher Sachen.

§ 929 S. 1 BGB setzt voraus, dass sich der Veräußerer und der Erwerber einer Sache über den .... einigen. Die Einigung wird in der Regel .... erklärt, z. B. mit der Übergabe der geschuldeten Sache oder mit Zahlung des Kaufpreises. Bei der Einigung muss jede Partei mit ihrem Verhalten zum Ausdruck bringen, dass sie den Eigentumswechsel an bestimmten Sachen herbeiführen will. Im Zweifelsfall ist durch .... gem. § 133, § 157 BGB zu ermitteln, ob die Parteien den Eigentumswechsel wollten. Die Einigung ist ein sog. ....

In Vollziehung der Einigung muss der Veräußerer dem Erwerber die Sache übergeben.

Das bedeutet, dass der Erwerber den (unmittelbaren oder mittelbaren) .... auf Veranlassung des Veräußerers erwirbt und der Veräußerer seinen Besitz an der Sache vollständig verliert. Die Übergabe ist ein ....

Möchte dagegen der bisherige Eigentümer die Sache nach der Übereignung noch länger in Besitz behalten, besteht die Möglichkeit, die gem. § 929 S. 1 BGB für eine Übereignung notwendige Übergabe der Sache durch Vereinbarung eines Rechtsverhältnisses zu ersetzen, durch das der bisherige Eigentümer gegenüber dem Erwerber weiterhin zum Besitz der Sache berechtigt bleibt. Dies ist eine Vereinbarung über ein sog. Besitzmittlungsverhältnis gem. § 930 BGB. Die Übereignung erfolgt in diesem Fall durch Besitzmittlungsverhältnis oder .... (lat: Verabredung über den Besitz).

Eine dritte Möglichkeit der Übertragung des Eigentums durch den Berechtigten ist die Übereignung durch Abtretung des Herausgabeanspruchs.

Diese Form der Übereignung kommt dann in Betracht, wenn der bisherige Eigentümer zum Zeitpunkt der .... nicht unmittelbarer Besitzer der Sache ist, weil er sie beispielsweise verliehen oder vermietet hat. Damit der Eigentümer im Fall der Übereignung nach § 929 S. 1 BGB die Sache nicht von dem unmittelbaren Besitzer holen muss, um sie dem Erwerber zu übergeben, erleichtert § 931 BGB diese Situation. Danach kann die Übereignung auch dadurch erfolgen, dass an die Stelle der Übergabe eine .... des Herausgabeanspruchs gegen den unmittelbaren Besitzer an den Erwerber erfolgt.

ÜBERSICHT 34

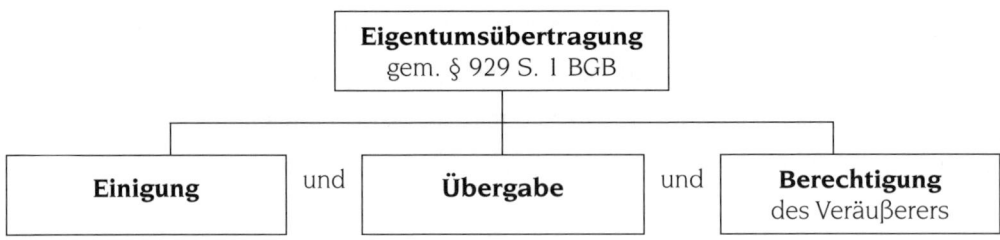

ÜBUNG 75

Ordnen Sie die folgenden Rechtsvorschriften der Übersicht 35 zu.

§ 931 BGB	§ 932 Abs. 1, § 935 Abs. 1 BGB	§ 1922 Abs. 1 BGB
§§ 937–945 BGB	§§ 965–984 BGB	§ 929 S. 1 BGB
§ 930 BGB	§§ 946–957 BGB	§§ 958–964 BGB

ÜBERSICHT 35

```
┌─────────────────────────────────────────────────────────────┐
│       Übertragung des Eigentums an beweglichen Sachen         │
└─────────────────────────────────────────────────────────────┘
```

Durch Rechtsgeschäft		Kraft Gesetzes

Übertragung des Eigentums durch Berechtigten

- Einigung und Übergabe

- Einigung und Besitzkonstitut

- Einigung und Abtretung des Herausgabeanspruchs gegen einen Dritten

Übertragung des Eigentums durch Nichtberechtigten

- Ersitzung

- Verbindung, Vermischung, Verarbeitung

- Aneignung

- Fund

- Erbfolge

BASISTEXT   **Erwerb des Eigentums
an beweglichen Sachen vom Nichtberechtigten**

Nicht jeder Veräußerer einer Sache ist zur Eigentumsübertragung auch berechtigt. Der Erwerber kann die Berechtigung des Veräußerers oftmals aber nicht überprüfen. Wenn der Erwerber einer Sache stets befürchten müsste, das Eigentum nicht erwerben zu können, würde wohl kaum jemand überhaupt noch etwas kaufen. Andererseits darf der Eigentümer nicht ungeschützt bleiben. Deshalb müssen Regeln gelten, die einerseits das bedrohte Eigentum schützen, andererseits aber in bestimmten Fällen den Interessen des Warenverkehrs Vorrang geben und das Vertrauen der am Wirtschaftsverkehr Beteiligten stärken.

Das BGB regelt diese Problematik mit den Vorschriften über den **gutgläubigen Erwerb** des Eigentums an beweglichen Sachen in den §§ 932 ff. BGB. Liegen dessen Voraussetzungen vor, so verschafft der nicht berechtigte Veräußerer dem Erwerber durch seine Verfügung das Eigentum an der beweglichen Sache.

Der gutgläubige Eigentumserwerb gem. § 932 Abs. 1 S. 1 BGB hat folgende Voraussetzungen:

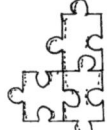

PRÜFUNGSSCHRITTE 18   **Gutgläubiger Erwerb des Eigentums**

1. Veräußerung (Einigung und Übergabe) nach § 929 S. 1 BGB
2. Nichtberechtigung des Veräußerers
3. Guter Glaube des Erwerbers
4. Kein Abhandenkommen der Sache (vgl. § 935 Abs. 1 BGB).
5. Rechtsfolge: Erwerb des Eigentums an der Sache vom Nichtberechtigten

Guter Glaube

Gutgläubig ist, wer **keine Kenntnis** oder **grob fahrlässige Unkenntnis** von der Nichtberechtigung des Veräußerers hat.

Beispiel:
Florian erwirbt von Michael eine Münzsammlung. Michael hatte die Münzsammlung von Heino für eine Woche „zur Ansicht" erhalten. Florian war der Ansicht, die Münzsammlung würde Michael gehören.

Gegenbeispiel:
Zugleich erwirbt Florian von Michael ein Buch, in dem vorne der Name von Heino verzeichnet ist.

Nichtberechtigter

i. S. d. § 932 Abs. 1 BGB ist, wer über das Eigentum verfügt, obwohl ihm die dafür erforderliche **Verfügungsgewalt** nicht (allein) zusteht.

Beispiel:

Im obigen Beispiel hat Michael kein Recht, über die Münzsammlung zu verfügen. Er hat allenfalls das Recht, die Münzsammlung eine Woche in Besitz zu haben. Natürlich darf er erst recht nicht das Buch von Heino verkaufen.

Abhandenkommen

i. S. d. § 935 Abs. 1 S. 1 BGB liegt vor, wenn der Eigentümer oder sein Besitzmittler den unmittelbaren Besitz an der Sache ohne (nicht notwendig „gegen") seinen Willen verloren hat.

Beispiel:

Im obigen Beispiel ist dem eigentlichen Eigentümer Heino die Münzsammlung nicht abhanden gekommen, da er sie freiwillig aus den Händen gegeben hatte. Anders wäre es gewesen, wenn Michael dem Heino die Sammlung unbemerkt gestohlen hätte und sie dann an Florian weiterverkauft. Das dürfte bei dem Buch der Fall sein.

ÜBUNG 76

Überprüfen Sie den Eigentumswechsel in der anschließenden Fallfolge. Geben Sie die einschlägigen Rechtsnormen an.

Fallfolge	Lösung
1. Klaus Bonke kauft sich bei der Firma „Teichmann-Technik" eine Digitalkamera für 400,- EUR, bezahlt sie bar und nimmt sie gleich mit. Hat Bonke Eigentum erworben?	
2. Ein paar Wochen später verleiht er sie an Mario Meier, der im Urlaub „ein paar schöne Fotos" machen will. Als Mario im Urlaub das Geld knapp wird, verkauft er die Kamera für 200,- EUR an Madame Butterfly, die ihn für den Eigentümer hält, und übereignet ihr das gute Stück. Hat Madame B. Eigentum erworben?	
3. Die Freude über den Kauf währt nicht lange, denn schon am nächsten Tag wird Madame B. am Strand – als sie gerade ein wenig eingedöst ist – von Carlo Cavellini um die Kamera „erleichtert". Hat Carlo Eigentum erworben?	

Fallfolge	Lösung
4. Noch am selben Abend verkauft Carlo die Kamera in der Bar „Zum Kakadu" gegen Zahlung von 200,- EUR an Detlev Pralle, der von dem Diebstahl nichts ahnt, und übereignet sie ihm. Hat Detlev Eigentum erworben?	
5. Klaus hatte sich neben der Digitalkamera noch eine Zubehörtasche gekauft. Diese hat er in der Mittagspause auf einer Parkbank liegen gelassen. Der Azubi Gustav Knoke nimmt sie an sich und verkauft sie seinem Mit-Azubi Kalle Blonkwitz für 50,- EUR. Der hat zuvor von seinem Ausbilder gehört, dass Klaus seine neue Ausrüstung im Park verloren hat.	

BASISTEXT **Ansprüche aus dem Eigentum**

Wichtigster Anspruch aus dem Eigentum ist der **Herausgabeanspruch nach § 985 BGB**. Aber auch die Ansprüche des Eigentümers gegen den unrechtmäßigen Besitzer (§§ 987 ff. BGB) sowie die Gegenansprüche des unrechtmäßigen Besitzers (§§ 994 ff. BGB) sind von hoher, praktischer Bedeutung. Außerdem hat der Eigentümer einen weiteren Herausgabeanspruch aus § 1007 BGB sowie einen **Unterlassungs- und Beseitigungsanspruch** aus § 1004 BGB.

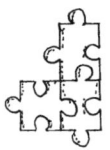

PRÜFUNGSSCHRITTE 19 **Anspruch auf Herausgabe aus § 985 BGB**

1. Anspruchsteller (Gläubiger) ist Eigentümer der Sache
2. Anspruchsgegner (Schuldner) ist im Besitz (§ 854, § 868 BGB) der Sache
3. Kein Besitzrecht des Besitzers
4. Rechtsfolge: Anspruch auf Herausgabe der Sache gem. § 985 BGB sowie Ansprüche aus §§ 987 ff. BGB auf Nutzungsersatz und Schadensersatz

Beispiel:

 Jörg Moser hat sein Auto an Monika Goldmann vermietet und kündigt ihr jetzt den Vertrag. Monika hatte durch den Mietvertrag ein Besitzrecht nach § 986 Abs. 1 BGB, das jedoch durch die Kündigung des Mietvertrages erloschen ist. Jörg hat – freilich nach Ablauf einer evtl. Kündigungsfrist – einen Anspruch auf Herausgabe gem. § 985 BGB.

Hat der unrechtmäßige Besitzer **Nutzungen** während seiner Besitzzeit gezogen, so muss er diese gem. § 987 BGB ebenfalls herausgeben. Allerdings gilt dies nur, wenn der Besitzer **bösgläubig** war, d. h. wusste, dass er die Sache ohne Recht im Besitz hatte oder wenn er bereits zur Herausgabe **verklagt** war und dann noch Nutzungen gezogen hat, § 990 Abs. I BGB.

Darüber hinaus ist ein bösgläubiger oder verklagter Besitzer gem. § 989, § 990 BGB verpflichtet, **Schäden zu ersetzen**, die die Sache zu dieser Zeit erlitten hat.
Hat der Besitzer Vermögensopfer erbracht, um die Sache zu erhalten oder gar zu verbessern, z. B. hat er ein Pferd gefüttert, kann er die sog. notwendigen **Verwendungen** gem. § 994, § 996 BGB vom Eigentümer ersetzt verlangen.

Das Eigentümer-Besitzer-Verhältnis   ÜBERSICHT 36

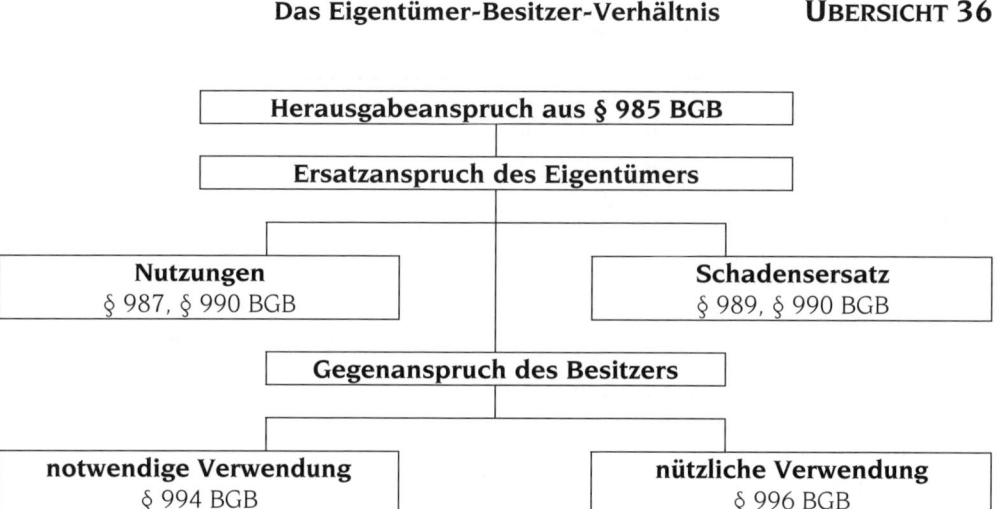

| Herausgabeanspruch aus § 985 BGB |
| Ersatzanspruch des Eigentümers |

| Nutzungen § 987, § 990 BGB | Schadensersatz § 989, § 990 BGB |

| Gegenanspruch des Besitzers |

| notwendige Verwendung § 994 BGB | nützliche Verwendung § 996 BGB |

ÜBUNG 77

Händler Günther Heimann verkauft und übergibt dem Sammler Maik Immel eine alte Geige mit dem im Instrument befindlichen Zettel „Antonio Stradivarius Cremonensis 1743". Das Instrument gehört dem Violin-Virtuosen Francesco Guillani.
Guillani fragt, ob er bei den folgenden Fallvarianten von Immel die Herausgabe der Geige gem. § 985 BGB verlangen kann.

Fallvariante	Lösung
1. Heimann hatte sich das Instrument geliehen, um es anlässlich einer Ausstellung zu zeigen, hatte sich dann aber gegenüber dem Immel als Eigentümer aufgespielt.	

Fallvariante	Lösung
2. Bei gleichem Sachverhalt wie 1. hatte Heimann zwar auf die Eigentümerstellung des Guillani hingewiesen, gleichzeitig aber behauptet, er sei zum Verkauf des Instruments berechtigt.	
3. Heimann hatte die Violine gutgläubig von einem gewissen Dieter erworben, aber erst nach dem Verkauf an Immel festgestellt, dass das Instrument dem Guillani gestohlen worden war. Wegen des guten Geschäfts unternahm Heimann nichts weiter.	
4. Heimann war ursprünglich zum Verkauf des Instrumentes für eine Mio. EUR ermächtigt, diese Vollmacht war jedoch inzwischen erloschen; der gutgläubige Immel hatte sich jedoch beim Kauf auf die von Heimann vorgelegte und vom Guillani unterzeichnete Vollmachts-urkunde verlassen.	
5. Heimann verkaufte entgegen den Weisungen des Guillani die Violine für weniger als eine Mio. EUR; aus der Vollmachtsurkunde ging die Preisanweisung nicht hervor.	

Außer aus § 985 BGB kann dem Eigentümer ein Herausgabeanspruch aus § 1007 Abs. 1 BGB oder aus § 1007 Abs. 2 BGB zustehen.

PRÜFUNGSSCHRITTE 20 **Anspruch auf Herausgabe aus § 1007 Abs. 1, 2 BGB**

1. Gläubiger war Besitzer der Sache
2. Schuldner ist Besitzer der Sache
3. Kein guter Glaube des Schuldners
   (kein Besitzrecht oder Sache ist früherem Besitzer abhanden gekommen)
4. Rechtsfolge: Herausgabe der Sache, sofern kein Ausschluss des Anspruchs gem. § 1007 Abs. 3 BGB

Schließlich wird der Eigentümer durch die Vorschrift des § 1004 BGB geschützt, der nicht einen Anspruch auf Herausgabe gewährt, sondern Schutz vor anderen **Beeinträchtigungen des Eigentums** bietet.

Beispiel:
Jörg Moser hat auf seinem Grundstück einen Baum umgesägt, der auf das Grundstück von Monika Goldmann fällt. Monika kann gem. § 1004 Abs. 1 S. 1 BGB Beseitigung verlangen. Falls darüber hinaus Jörg einen Hund hat, der immer auf dem Grundstück der Monika seine Geschäfte macht, kann Monika nach § 1004 Abs. 1 S. 2 BGB Unterlassung verlangen.

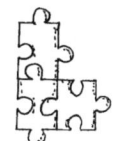

Anspruch aus § 1004 BGB   PRÜFUNGSSCHRITTE 21

1. Objektiv widerrechtliche Beeinträchtigung des Eigentums
2. Beeinträchtigung durch den Anspruchsgegner (Störer)
3. Keine Duldungsverpflichtung
4. Rechtsfolge: Beseitigungsanspruch gem. § 1004 Abs. 1 S. 1 BGB bei Fortdauer der Beeinträchtigung oder Unterlassungsanspruch gem. § 1004 Abs. 1 S. 2 BGB bei Wiederholungsgefahr oder drohender Erstgefahr

Üble Teppichgeschäfte   FALL 30

Die Stadt Welfenheim benötigt einen Teppich für den Sitzungssaal. Der zuständige Sachbearbeiter des Teams „Innere Dienste", Marius Schubert, einigt sich mit dem Inhaber des Einrichtungshauses Gernot Hämmerle am 08. November bei einem Besichtigungstermin auf einen Kauf des Teppichs zu einem Kaufpreis in Höhe von 2.000,- EUR, die Lieferung des Teppichs soll durch Hämmerle am 15. November erfolgen.

Bis dahin – so die weitere vertragliche Einigung beider Parteien – verbleibt der Teppich zu Werbezwecken weiter im Ausstellungsraum des Einrichtungshauses. Am 14. November sieht der Kunde Kurt Böltau den Teppich. Er ist von dem einzigartigen Design begeistert und legt einen Scheck i. H. v. 25.000,- EUR auf den Ladentisch. Hämmerle, derzeit in Geldnot, kann nicht widerstehen und verkauft den Teppich noch an diesem Tage an Böltau, der sogar 28.000,- EUR geboten hatte und den Teppich gleich mitnimmt.

Aufgabe: Prüfen Sie, ob die Stadt Welfenheim von Kurt Böltau die Herausgabe des Teppichs verlangen kann.

 Notieren Sie die Lösung auf einem besonderen Blatt.

Abwandlung:

Hämmerle hat den Teppich vereinbarungsgemäß an die Stadt Welfenheim geliefert. Nach zwei Jahren gibt die Stadt ihm den Teppich zur Reparatur, da er durch normalen Verschleiß ausgefranst ist. Hämmerle soll den reparierten Teppich spätestens am 04. Dezember in der Verwaltung abliefern.

An diesem Tage meldet er sich fernmündlich und teilt mit, er könne den Teppich leider nicht zurückbringen, da dieser versehentlich in die Verkaufsabteilung für gebrauchte Teppiche gelangt sei und an die Kundin Christa Keller verkauft und übergeben worden sei. Die Kundin konnte nicht wissen, dass der Teppich dem Hämmerle nicht gehörte.

Aufgabe: Prüfen Sie, ob die Stadt Welfenheim gegen Christa Keller den Herausgabeanspruch des Eigentümers hat.

 Notieren Sie die Lösung auf einem besonderen Blatt.

 **ÜBERSICHT 37**

Herausgabeansprüche im BGB

Verlangt jemand schlicht „die Herausgabe" einer Sache, prüfen Sie immer folgende Ansprüche durch:

1. § 985 BGB
2. § 1007 Abs. 2 BGB
3. § 1007 Abs. 1 BGB
4. § 861 Abs. 1 BGB

 FALL 31   **Schwups di wups, weg war er ...**

Im Strandbad liegt die Studentin der Rechtswissenschaften, Hermine Eigen, und befasst sich mit zivilrechtlichen Problemen. Nachdem sie sich ausgiebig mit § 229 BGB beschäftigt hat, legt sie ihren tragbaren CD-Spieler, dessen einzigartige farbige Lackierung sie selbst entworfen hat, unter ihre Sachen und geht baden.

Als sie zurückkehrt, ist das Gerät gestohlen. Zwei Wochen später sieht sie es an gleicher Stelle wieder, nunmehr bei dem ihr bekannten Manfred Meier. Als dieser zum Baden geht, ergreift Hermine die Gelegenheit und das Gerät, was Manfred beobachtet. Er kommt zurückgerannt und fragt entrüstet, was das denn solle – er habe letzte Woche das Gerät nichts ahnend auf dem Flohmarkt von „Detlef" erworben. Detlef war der Dieb, der das Gerät von Hermine entwendet hat.

Aufgabe: Prüfen Sie, welche Ansprüche Manfred (M) gegen Hermine (H) hat.

 Notieren Sie die Lösung auf einem besonderen Blatt.

Erwerb des Eigentums an unbeweglichen Sachen BASISTEXT

Während bei beweglichen Sachen das Eigentum durch Übergabe der Sache und Einigung über den Eigentumsübergang übertragen wird (§ 929 S. 1 BGB), ist der Eigentumserwerb an Grundstücken aus Gründen der Rechtssicherheit strenger geregelt.

Die Übertragung des Eigentums an **Grundstücken** erfolgt durch eine **Einigung** der Parteien über die Rechtsänderung und eine **Eintragung in das Grundbuch** gem. § 873 Abs. 1 BGB. Die Einigung wird als **Auflassung** bezeichnet (§ 925 Abs. 1 S. 1 BGB). Die Auflassung ist formgebunden. Wird sie nicht vor dem Grundbuchamt, dem Amtsgericht oder vor einem Notar bei gleichzeitiger Anwesenheit beider Parteien erklärt, ist sie gem. § 125 S. 1 BGB nichtig. Dieses Formerfordernis hat den Sinn, die Beteiligten auf die besondere Bedeutung der Grundstücksübereignung hinzuweisen. Außerdem soll eine rechtskundige Stelle für die Einhaltung der Vorschriften Sorge tragen.

Der schuldrechtliche Vertrag, nämlich der Kaufvertrag über das Grundstück, und die Auflassung sind zwei unterschiedliche Verträge (Abstraktionsprinzip). Auch beim Verpflichtungsgeschäft, dem Kaufvertrag, gelten aber strengere Formvorgaben als sonst, hier ist nämlich § 311 b Abs. 1 S. 1 BGB anzuwenden, wonach die gerichtliche oder notarielle Beurkundung des Kaufvertrags erforderlich ist. Ein Verstoß gegen diese Formvorschrift führt zur Nichtigkeit des Kaufvertrags. Nach § 311 b Abs. 1 S. 2 BGB ist der Vertrag jedoch gültig, wenn die Auflassung und die Eintragung in das Grundbuch erfolgen.

Das Grundbuch LÜCKENTEXT

Setzen Sie folgende Begriffe in den Lückentext ein:
Auskunft/Erbbaurecht/formelle Grundbuhrecht/Grundbuchblatt/Grundbuchordnung/
Hypotheken/notarielleGrundbuchrecht/Parzellennummer/Rechtsverhältnisse/Sachenrecht/
Verzeichnisse/Wegerecht/Zuständigkeit.

Das Grundbuch ist ein Register, das .... über .... von Grundstücken erteilt. Es wird von den Grundbuchämtern geführt, die zu den Amtsgerichten gehören. Innerhalb der Amtsgerichte sind die Rechtspfleger für die Eintragungen zuständig. Beispiele für den Inhalt des Grundbuchs: Informationen über die Größe des Grundstücks, die Belastungen und Angaben über bisherige Eigentümer.

In der .... ist das .... geregelt.

Beispiel: Regelung der .... für das Führen von Grundbüchern, Regelung der Zuständigkeit für die einzelnen Grundbuchämter für die in ihrem Bezirk gelegenen Grundstücke.

Das .... ist im .... des BGB normiert. Beispiele: Vorschriften über Entstehen und Erlöschen von Rechten an Grundstücken (§ 873, § 925 BGB). Grundsätzlich erhält jedes Grundstück ein .... , das bei zahlreichen Eintragungen aus mehreren Einzelblättern bestehen kann.

Das Grundbuch ist in unterschiedliche .... gegliedert, in das Bestandsverzeichnis sowie Abteilung I, II und III.

Im Bestandsverzeichnis befinden sich Angaben z. B. über die Lage, die Größe, die Bebauung und .... des Grundstücks. In Abteilung I des Grundbuchs wird z. B. der Name des Eigentümers und ggf. der Kaufpreis für das Grundstück erfasst.

Ein evtl. bestehendes .... , ... oder Verfügungsbeschränkungen durch eine Zwangsvollstreckung gehen aus Abteilung II hervor.

.... , Grundschulden und andere Belastungen des Grundstücks sind in Abteilung III eingetragen.

ÜBUNG 78

Setzen Sie folgende Informationen in das richtige Verzeichnis des Grundbuchs in den folgenden Praxismustern ein:

Karl Kurmeyer, geb. am 25.11.1930, ist Eigentümer eines Bauernhofs in Welfenheim, Flurstück 102. Die Gebäude- und Hoffläche hat eine Größe von 12 ha. Die dazugehörige Waldfläche beträgt 4 ha.

Herr Kurmeyer hat seinem Nachbarn, dem Landwirt Fritz Kaune, gestattet, mit seinen landwirtschaftlichen Maschinen zu seiner Ackerfläche über das Grundstück des Kurmeyer zu fahren. Dieses Wegerecht entlang eines über das Grundstück des Kurmeyer verlaufenden Baches „Die Ache" ist zugunsten des Kaune unter Benennung des Flurstücks seines Grundstücks Nr. 103 in das Grundbuch eingetragen worden. Vor zwei Monaten hat Herr Kurmeyer einen Kredit für die Modernisierung des Bauernhofs bei der Sparkasse Welfenheim aufgenommen. Als Sicherheit ist zu Gunsten der Sparkasse eine Grundschuld in Höhe von 30.000,- EUR in das Grundbuch eingetragen worden.

Verzeichnisse des Grundbuchs	Eintragungen
Bestandsverzeichnis	
Abteilung I	
Abteilung II	
Abteilung III	

Eintragungen im Grundbuch (Grundbuchblätter)   PRAXISMUSTER 3

–1–

Amtsgericht   Grundbuch von   Blatt   Bestandsverzeichnis   Einlegeblatt

Laufende Nummer der Grundstücke	Bisherige laufende Nummer der Grundstücke	Bezeichnung der Grundstücke und der mit dem Eigentum verbundenen Rechte				Größe		
		Gemarkung (Vermessungsbezirk)	Karte		Wirtschaftsart und Lage	ha	a	qm
			Flur / Flurstück	Liegenschaftsbuch				
		a	b	c/d	e			4
1	2			3				

–2–

Bestand und Zuschreibungen		Abschreibungen	
Zur lfd. Nr. der Grund-stücke		Zur lfd. Nr. der Grund-stücke	
5	6	7	8

Fortsetzung auf Einlegeblatt

−3−

Einlegeblatt **Abt.**

I

Amtsgericht

Grundbuch von

Blatt

Erste Abteilung

Laufende Nummer der Eintragungen	Eigentümer	Laufende Nummer der Grundstücke im Bestandsverzeichnis	Grundlage der Eintragung
1	2	3	4

–4–

Amtsgericht **Grundbuch von** **Blatt** **Zweite Abteilung** II

Lasten und Beschränkungen

Laufende Nummer der Eintragungen	Laufende Nummer der betroffenen Grundstücke im Bestandsverzeichnis	Lasten und Beschränkungen
1	2	3

–5–

Amtsgericht **Grundbuch von** **Blatt** **Dritte Abteilung** Einlegeblatt Abt. III

Laufende Nummer der Eintragungen	Laufende Nummer der belasteten Grundstücke im Bestandsverzeichnis	Betrag	Hypotheken, Grundschulden, Rentenschulden
1	2	3	4

BASISTEXT   **Das Pfandrecht**

Abgesehen von Besitz und Eigentum kann man auch **andere Nutzungsrechte** an einer Sache haben. Bei einer **Reallast** (§ 1105 BGB) hat man das Recht, in bestimmten Zeitabständen Nutzungen aus einem fremden Grundstück zu ziehen.
Bei einer **Dienstbarkeit** (§§ 1018 ff. BGB), etwa einem Wegerecht, hat man das Recht, ein fremdes Grundstück z. B. zu passieren (um etwa zur eigenen Garage zu gelangen).
Bei einem **Vorkaufsrecht** (§§ 1094 ff. BGB) hat man bei jeder Veräußerung der Sache die Möglichkeit, als erster Käufer zum Zuge zu kommen.
Von Interesse ist hier das **Pfandrecht**. Pfandrechte dienen grundsätzlich der Sicherung einer Forderung. Man unterscheidet Pfandrechte nach dem bezogenen Gegenstand:

Pfandrecht an beweglichen Sachen (§§ 1204–1259 BGB)
Beispiel:
>   Die Modedesignerin Anja möchte ein Modeatelier eröffnen und nimmt bei ihrer Bank einen Kredit in Höhe von 20.000,- EUR auf. Als Sicherheit übergibt sie der Bank Wertpapiere in Höhe des Kreditbetrages.

Pfandrecht an Grundstücken (§§ 1113–1203 BGB)
Beispiel:
>   Anja möchte auf einem Grundstück ein Einfamilienhaus errichten. Die Bank verlangt als Sicherheit die Bestellung einer Hypothek und gewährt Anja den gewünschten Kredit i. H. v. 150.000,- EUR.

Pfandrecht an Rechten und Forderungen (§§ 1273–1296 BGB)
Beispiel:
>   Anja hat gegen Marko eine Forderung aus einem Kaufvertrag i. H. v. 10.000,- EUR. Marko zahlt nicht. Nachdem außergerichtliche Mittel ausgeschöpft sind, betreibt Anja die Zwangsvollstreckung und pfändet das Arbeitseinkommen von Marko.

Grundpfandrechte sind Pfandrechte an Grundstücken, nämlich **Hypothek** (§§ 1113–1190 BGB), **Grundschuld** (§§ 1191–1198 BGB) und **Rentenschuld** (§§ 1199–1203 BGB). Hypothek und Grundschuld haben gemeinsam, dass der Berechtigte die Zahlung einer Geldsumme aus dem Grundstück verlangen darf. Dies erfolgt durch zwangsweise Ver-steigerung des Grundstücks (§ 1147 BGB).
Ein Unterschied besteht darin, dass der Berechtigte im Fall der Hypothek das **Bestehen einer Forderung** als Voraussetzung nachzuweisen hat, bei der Grundschuld ist diese Voraussetzung nicht gegeben.
Ein weiterer Unterschied besteht darin, dass bei einer Hypothek für die Forderung des Berechtigten der Schuldner selbst und das Grundstück haften, bei der Grundschuld ist eine persönliche Haftung des Schuldners nicht möglich.
In der Praxis ist die Grundschuld für den Berechtigten z. T. das vorteilhaftere Grundpfandrecht, da dort eine Forderung durch den Berechtigten nicht nachgewiesen werden muss.

ÜBUNG 79

Entwickeln Sie eine Übersicht zu den „Pfandrechten" und verwenden Sie dabei folgende Begriffe:

An beweglichen Sachen/An Rechten und Forderungen/Grundpfandrechte/Grundschuld/Hypothek/Rentenschuld

ÜBERSICHT 38

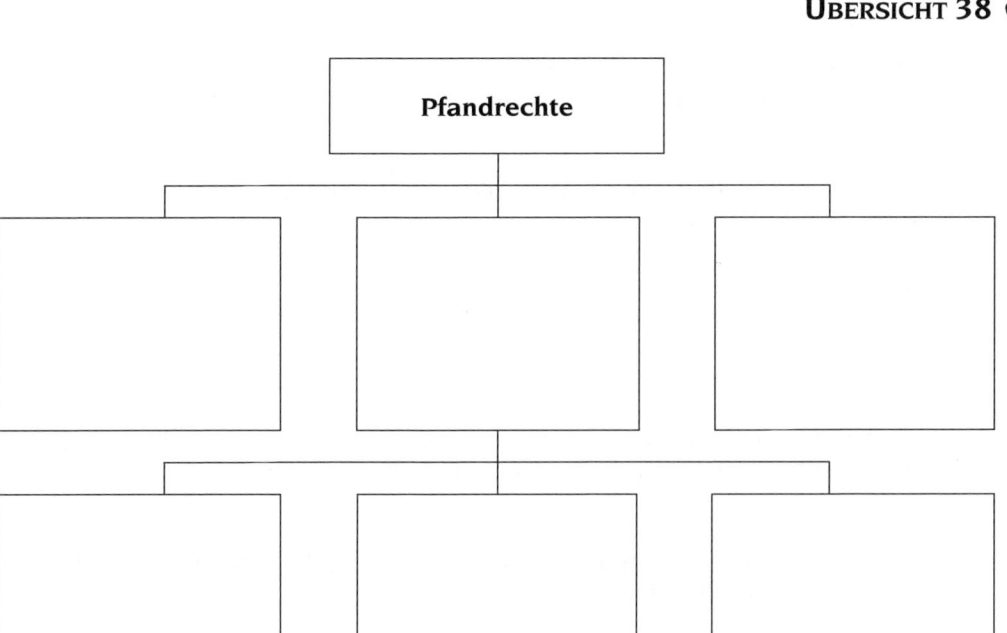

WISSENSTEST

1. Was versteht man unter Besitz? Welche Arten von Besitz unterscheidet man?

2. Was bedeutet „verbotene Eigenmacht"; welche Ansprüche ergeben sich daraus für den Besitzer?

3. Welche Bedeutung hat das Grundbuch? Weshalb kann ein gutgläubiger Dritter auch auf falsche Eintragungen darin vertrauen?

4. Wie erwirbt man Eigentum an einem Grundstück und wie wird das Eigentum an einem Grundstück übertragen?

5. Der Eigentumserwerb an beweglichen Sachen ist eines der zentralen Themen des BGB. Welche Arten sind darin vorgesehen?

6. Der Regelfall der Eigentumsübertragung vom Berechtigten ist § 929 BGB. Zählen Sie die darin genannten Voraussetzungen einzeln auf.

7. Welche Rolle spielt der gute Glaube an die Verfügungsbefugnis beim Eigentumserwerb vom Nichtberechtigten?

8. Welche Voraussetzungen hat der Herausgabeanspruch (§ 985 BGB) des Eigentümers gegen den Besitzer?

9. Wie kann man eine Hypothek erwerben? Welche Ansprüche hat der Hypothekar bei Fälligkeit?

10. Was versteht man unter Pfandrecht? Welche Ansprüche hat der Pfandgläubiger bei Fälligkeit?

08 Grundzüge des Zivilprozessrechts

Gerichtsbarkeiten in Deutschland   BASISTEXT

„Recht haben und Recht bekommen ist nicht (immer) das Gleiche", sagt der Volksmund. Dahinter verbirgt sich, dass es manchmal erforderlich ist, seinen Anspruch zwangsweise durchzusetzen. Dies erfolgt mit Hilfe der Gerichte. Die Rechtsprechung (Judikative) ist neben der Gesetzgebung (Legislative) und Verwaltung (Exekutive) gem. Art. 20 Abs. 2 GG der dritte Teil der Staatsgewalt. Die Aufteilung der Staatsgewalt auf diese drei Bereiche kennen Sie bereits als sog. „Gewaltenteilung". Der Gedanke, die Staatsgewalt auf mehrere „Gewaltenträger" aufzuteilen, hat übrigens auch zur Namenfindung der in der Bundesrepublik vorfindlichen Gerichtsbarkeiten beigetragen:

So gibt es einmal die **ordentliche Gerichtsbarkeit**. Die ordentlichen Gerichte sind nach § 12, § 13 GVG vor allem für **alle privatrechtlichen Streitigkeiten** und **alle Straftaten** zuständig.

Daneben gibt es aber noch weitere Gerichtsbarkeiten, deren Zuständigkeiten auf spezielle Fachgebiete begrenzt sind. Zu nennen sind die **Verwaltungsgerichte**, die **Arbeits**- und **Sozialgerichte** sowie die **Finanzgerichte**. In gewisser Hinsicht übergeordnet sind schließlich das **BVerfG** und der **EuGH**.

Woher kommt nun der Name „ordentliche Gerichtsbarkeit"? Die Bezeichnung findet ihre Grundlage darin, dass bei Entstehung des Gerichtsverfassungsgesetzes (GVG) nur die dort aufgezählten Zivil- und Strafgerichte unabhängige Gerichte i. S. d. Gewaltenteilungsprinzips waren, während die anderen Gerichtsbarkeiten organisatorisch noch der Verwaltung (Exekutive) zugeschlagen waren. Aus nachvollziehbaren Gründen heißen diese aber nicht „unordentliche Gerichte", sondern schlicht „sonstige".

ÜBUNG 85

Vervollständigen Sie die folgende Übersicht um diese Begriffe:
Arbeitsgerichte/BVerfG/EuGH/Finanzgerichte/Freiwillige Gerichte/Ordentliche/Sonstige/Sozialgerichte/Strafgerichte.

ÜBERSICHT 39

EuGH

....

....

....................Gerichtsbarkeit
• Streitige Gerichte
• ....
• ....

.... Gerichtsbarkeit
• Verwaltungsgerichte
• ....
• ....
• ....

BASISTEXT — Ordentliche Gerichte

Die **ordentlichen Gerichte** haben vielfältige Aufgaben zu erfüllen. Zunächst befinden sie über **alle privatrechtlichen Streitigkeiten**, die sich im gesellschaftlichen Miteinander ergeben: So, ob ein Vertrag wirksam entstanden ist; ob der Beklagte verpflichtet ist, Schadensersatz zu leisten usw. Kurz kann man sagen, in diesem Bereich geht es um die Prüfung bzw. Feststellung, ob Ansprüche bestehen sowie ggfs. um die zwangsweise Durchsetzung dieser Ansprüche.

Des Weiteren entscheiden die ordentlichen Gerichte aber auch über alle **Straftaten**. Hier geht es um die Frage, ob jemand, der Angeklagte, einen Straftatbestand verwirklicht hat und daher mit Geldstrafe oder Freiheitsentzug zu bestrafen ist.

Drittens obliegen den ordentlichen Gerichten noch weitere bestimmte gerichtliche Angelegenheiten (sog. **freiwillige Gerichtsbarkeit**).
Die freiwillige Gerichtsbarkeit ist im Gesetz über die Angelegenheiten der freiwilligen Gerichtsbarkeit vom 17.05.1898 (FGG) geregelt. Sie entscheidet im Gegensatz zur streitigen Gerichtsbarkeit nicht über die Durchsetzung von Ansprüchen, sondern regelt u. a. Vormundschafts-, Betreuungs- und Pflegschaftsangelegenheiten (§§ 35 ff., §§ 65 ff. FGG). Auch Unterbringungsangelegenheiten für psychisch Kranke werden von den Amtsgerichten gem. §§ 70 ff. FGG entschieden. Nachlasssachen sind darüber hinaus Entscheidungsgegenstand der Freiwilligen Gerichtsbarkeit (§§ 72 ff. FGG).

Hier trifft das Amtsgericht als Nachlassgericht die Entscheidung z. B. über die Sicherung eines Nachlasses, die Erteilung eines Erbscheins und die Eröffnung von Testamenten. Schließlich ist neben anderen Angelegenheiten die Freiwillige Gerichtsbarkeit, und zwar das Amtsgericht als Registergericht, in Registersachen (§§ 125 ff. FGG) zuständig. Vom Registergericht werden Eintragungen insbesondere im Vereinsregister (§§ 159 ff. FGG), Handelsregister (§§ 125 ff. FGG) und Genossenschaftsregister (§ 147 FGG) vorgenommen. Zu den Registersachen gehören auch die Grundbuch- und Wohnungseigentumssachen.

 ## ÜBERSICHT 40

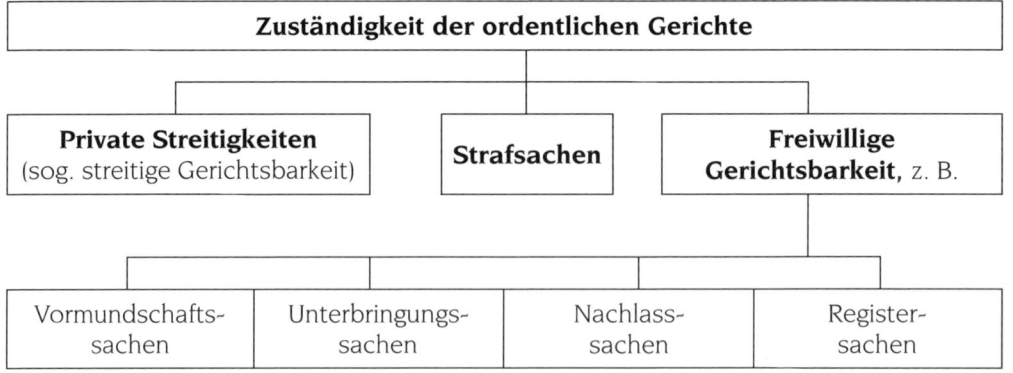

Eintragungen im Handelsregister

Handelsregister
Amtsgericht Hannover

Für die in ( ) gesetzten Angaben
des Geschäftszweiges und der Anschrift
keine Gewähr!

Praxismuster 4

Neueintragungen HRA

HRA 27056, 5. 2. 2004, REW GmbH + Co. AUTO-SAUBER KG, Hannover (Helmkestr. 22; Gegenstand des Unternehmens sind Anschaffung, Betrieb und Betreuung von Autowaschanlagen, die Übernahme von Dienstleistungen dieses Zusammenhangs sowie alle damit zusammenhängenden Geschäfte. Die Gesellschaft ist zu allen Geschäften und Maßnahmen berechtigt, welche dem Gegenstand des Unternehmens dienen. Sie kann zu diesem Zweck auch andere Unternehmen gründen, erwerben sowie Zweigniederlassungen errichten). Kommanditgesellschaft. Beginn: 1. 3. 2003. Persönlich haftende Gesellschafterin: Temperenz-System Gesellschaft mit beschränkter Haftung, Umweltenergieanlagen, Hannover. Sie ist alleinvertretungsberechtigt.
HRA 27057, 5. 2. 2004, The Master Club Inhaber Andre´ Voigt e.K., Hannover (Im Heidkampe 105; Vermittlung von Versicherungen und Durchführung und Organisation von Veranstaltungen). Geschäftsinhaber: Andre´ Voigt, geb. am 5. 3. 1976, Hannover.
HRA 27058, 9. 2. 2004, F. + J. GmbH & Co. KG, Hannover (Ostfeldstr. 29; die Vermögenslage in Grundbesitz und anderen Vermögensgegenständen, die Verwaltung und Verwertung eigenen und fremden Grundbesitzes, ohne daß eine Tätigkeit nach § 34 c Gewerbeordnung ausgeübt wird). Kommanditgesellschaft, die mit dem Tag der Eintragung begonnen hat. Persönlich haftende Gesellschafterin: August-W. Frucht Verwaltungsgesellschaft mbH Sitz: Hannover. Sie ist alleinvertretungsberechtigt und von den Beschränkungen des § 181 BGB befreit.

Veränderungen HRA

HRA 12104, 5. 2. 2004, Henke & Paulmann, Hemmingen-Westerfeld (Gutenbergstr. 4). Dr. Max Krückeberg, geboren am 17. 7. 1915, Lauenau, ist nicht mehr persönlich haftender Gesellschafter.
HRA 25234, 9. 2. 2004, VVB GmbH & Co. Beteiligungs KG, Hannover (Breite Str. 4). Die Gesellschaft ist aufgelöst. Günter Kahn, geboren am 11. 1. 1940, Hannover und Roland Kahn, geboren am 16. 10. 1968, Hannover, sind zu Liquidatoren bestellt. Sie sind jeweils alleinvertretungsberechtigt und von den Beschränkungen des § 181 BGB befreit.
HRA 25748, 9. 2. 2004, Wittrock & Uhlenwinkel GmbH & Co. Vertriebs KG, Langenhagen (Rehkamp 13). Die Prokura für Hans-Jürgen Bracht ist erloschen.

Löschungen HRA

Folgende Firma ist gem. § 31 Abs. II HGB von Amts wegen gelöscht:
HRA 24723, 9. 2. 2004, AS-Reiseservice Angela Seeberger, Hannover.
HRA 22316, 29. 1. 2004, W. Bode Bauunternehmen GmbH & Co KG, Langenhagen (Langenhagener Str. 69). Die Gesellschaft ist aufgrund des Beschlusses des Insolvenzgerichts Hannover vom 23. 1. 2004 aufgelöst.
HRA 25393, 2. 2. 2004, T/ABG Wassersysteme GmbH & Co. Abwasser Krebsbach KG, Hannover (Ahrensburger Str. 5). Die Gesellschaft ist aufgrund des Beschlusses des Insolvenzgerichts Hannover vom 27. 1. 2004 (AZ: 909 IN 1019/03 - 0 -) aufgelöst.
HRA 25376, 5. 2. 2004, T/ABG Wassersysteme GmbH & Co. Trinkwasser Nesse-Böber KG, Hannover (Ahrensburger Str. 5). Die Gesellschaft ist aufgrund des Beschlusses des Insolvenzgerichts Hannover vom 29. 1. 2004 aufgelöst.
HRA 12128, 9. 2. 2004, Freimann & Fuchs Inhaber Ernst Bernhard Schäfer, Hannover.
HRA 18476, 5. 2. 2004, Möbel Künzel, Fritz Künzel & Sohn GmbH & Co. KG, Hannover.
HRA 24509, 5. 2. 2004, Grundstücksgesellschaft Bornheide 23 Steinmetz + Hollmann KG, Hannover. Die Gesellschaft ist aufgelöst. Die Gesellschaft ist erloschen.
HRA 27045, 5. 2. 2004, Germania-Apotheke Bettina Müller-Ulbrich e. Kfr., Hannover.

Quelle:
Hannoversche Allgemeine Zeitung

ÜBUNG 86

Folgende Personen möchten Ihre Rechtsangelegenheit gerichtlich entscheiden lassen und bitten Sie um Rat, was für ein Gericht zuständig ist. Gehen Sie dabei nach diesem Muster vor:

Beispiel	Lösung
Klaus wird von einem Dieb die Geldbörse gestohlen. Klaus zeigt den Dieb bei der Polizei an.	Ordentliche Gerichtsbarkeit Strafgericht
1. Charlotte hat einen antiken Bilderrahmen für 100,- EUR an Kurt verkauft. Kurt weigert sich, zu zahlen.	
2. Zwölf Freunde gründen einen Verein zur Förderung des Inline-Skating und wollen dessen Eintragung in das Vereinsregister des zuständigen Amtsgerichts beantragen.	
3. Joachim hat gegen den Steuerbescheid des Finanzamtes Hildesheim Einspruch eingelegt und ist auch mit dem Bescheid über den Einspruch nicht einverstanden.	
4. Ferner wurde Joachims Antrag auf Baugenehmigung abgelehnt. Mit seinem Verpflichtungswiderspruch war er erfolglos. Joachim meint, dies sei zu Unrecht geschehen.	
5. Joachims Bruder Franco ist Gärtner und ist mit seinem Rentenablehnungsbescheid nicht einverstanden. Er erhebt gegen den Ablehnungsbescheid Klage.	
6. Auf dem Nachhauseweg wurde Franco von dem unachtsamen Radfahrer Gernot angefahren. Franco begehrt Ersatz seiner Arztkosten und Schmerzensgeld. Er möchte außerdem, dass Gernot für sein Verhalten bestraft wird.	

Zuständigkeit der ordentlichen Gerichte in Zivilsachen

BASISTEXT   **Sachliche Zuständigkeit**

Damit ein Kläger vor Gericht Erfolg hat, ist nicht nur wichtig, dass er den richtigen Gerichtszweig (ordentlich oder sonstig) gewählt hat. Der Kläger muss auch das zuständige Gericht angerufen haben. Bei der Frage der Zuständigkeit der ordentlichen Gerichte wird zwischen **sachlicher** und **örtlicher Zuständigkeit** unterschieden.

Die **sachliche** Zuständigkeit eines Gerichts richtet sich nach der **Art der Streitsache**, bei der **örtlichen** Zuständigkeit ist ausschlaggebend, an welchem **Ort** der Rechtsstreit verhandelt werden soll.

Bei der sachlichen Zuständigkeit sind **Amtsgerichte** in Zivilsachen sachlich zuständig für alle vermögensrechtlichen Streitigkeiten mit einem Streitwert bis einschließlich 5.000,- EUR (§ 23 Nr. 1 GVG). Unabhängig vom Streitwert entscheiden Amtsgerichte u. a. über Mietstreitigkeiten bei Wohnraum, Familien- und Kindschaftssachen (§ 23 Nr. 2, § 23 a, § 23 b GVG); sie sind ferner für Mahnverfahren zuständig. Die **Landgerichte** sind hingegen zuständig bei vermögensrechtlichen Streitigkeiten mit einem höheren **Streitwert** als 5.000,- EUR (§ 71 Abs. 1 GVG) oder bei Amtspflichtverletzungen (§ 71 Abs. 2 Nr. 2 GVG), bei Streitigkeiten der Kaufleute untereinander, Streitigkeiten aus Gesellschaftsverträgen, aus Scheck- und Wechselgeschäften (§ 72, § 73 GVG). Die **Oberlandesgerichte** sind zuständig im Wesentlichen für die Berufung gegen erstinstanzliche Urteile der Landgerichte, auch für bestimmte bürgerlich-rechtliche Streitigkeiten z. B. vergaberechtliche Angelegenheiten und Strafsachen als Gericht erster Instanz (im Strafrecht z. B. bei Hochverrat, Landesverrat). Der **Bundesgerichtshof** entscheidet u. a. über **Revisionen** (§ 133, § 135 GVG) und **Beschwerden** gegen Entscheidungen der Oberlandesgerichte.

ÜBUNG 87

Entscheiden Sie, welches Gericht sachlich zuständig ist.

Sachverhalt	Lösung
1. Clarissa, die beruflich Modedesignerin ist, hat der Schauspielerin Sylvia Lamé 20 Modellkleider geliefert. Als Frau Lamé nicht zahlt, möchte Clarissa klagen. Der Streitwert beträgt 6.000,- EUR.	
2. In Saal 2 wird gerade der Dieb verurteilt, der Clarissa´s Handtasche mit 500,- EUR gestohlen hat.	
3. Der Lebensmittelhändler Wiesner liefert zu der Geburtstagsfeier von Clarissa Lebensmittel im Wert von 120,- EUR. Als Clarissa nur die Hälfte des vereinbarten Betrages zahlt, beantragt Lorenz den Erlass eines Mahnbescheides.	
4. Ein Jahr später wendet sich Clarissa auf dem Klagewege gegen das Urteil im Fall 1, in welchem das Gericht die Klage im vollen Umfang abgewiesen hat. Clarissa hält das Urteil für falsch.	
5. Clarissas Bruder Gerrit besucht die Stadtbibliothek in Welfenheim. Er leiht dort fünf Bücher bis zum 31.03. aus. Als Gerrit die Bücher erst am 20.04. zurückgibt, erhebt die Stadtbibliothek, eine öffentliche Einrichtung, nach den dortigen Benutzungsbedingungen ein Säumnisgeld in Höhe von insgesamt 25,- EUR. Da Gerrit nicht zahlt, erhebt die Stadtbibliothek Klage.	

Regelungen über die **örtliche Zuständigkeit** befinden sich in der Zivilprozessordnung (ZPO). Die örtliche Zuständigkeit wird dort „Gerichtsstand" genannt. Der allgemeine Gerichtsstand und die besonderen Gerichtsstände sind dabei zu unterscheiden.

Allgemeiner Gerichtsstand einer Person ist das Gericht, das grds. für alle zu erhebenden Klagen zuständig ist, sofern kein Ausnahmefall gegeben ist. Der allgemeine Gerichtsstand der natürlichen Personen ist i. d. R. der Wohnsitz (§ 12, § 13 ZPO), bei juristischen Personen der Sitz (§ 17, § 18 ZPO).

Besondere Gerichtsstände, z. B. der Gerichtsstand der gewerblichen Niederlassung, der Ort der unerlaubten Handlung oder der Aufenthaltsort des Beklagten, sind in §§ 20 ff. ZPO geregelt.

Sind mehrere Gerichte örtlich zuständig, dann hat der Kläger das **Wahlrecht** (§ 35 ZPO), es sei denn, es gibt einen Gerichtsstand mit zwingendem Vorrang (ausschließlicher Gerichtsstand).

ÜBUNG 88
Stellen Sie fest, bei welchem Gericht und an welchem Ort die Klage anhängig zu machen ist.

Sachverhalt	Antwort
1. Tobias ist Mieter einer Altbauwohnung in Lüneburg. Als der Vermieter den monatlichen Mietzins von 350,- EUR auf 400,- EUR erhöht, will Tobias Klage erheben gegen die seiner Meinung nach ungerechtfertigte Mieterhöhung. Der Vermieter hat seinen Wohn- und Geschäftssitz in Wiesbaden.	
2. Tobias, immer noch wohnhaft in Lüneburg, besucht einen Freund in München. Auf einem Spaziergang in der Innenstadt stolpert Tobias auf dem Gehweg und beschädigt dabei ungewollt mit dem Regenschirm das Auto von Toni Gernhuber aus Augsburg. Als Gernhuber 6.000,- EUR Reparaturkosten von Tobias fordert, will er in dieser Höhe nicht zahlen. Gernhuber will privatrechtliche Klage gegen Tobias erheben.	

ÜBUNG 89

Florian hat Maximilian (beide wohnhaft in Hildesheim) seine Schleifmaschine für Heimwerkerarbeiten (Wert: 150,- EUR) geliehen. Als Maximilian die Rückgabe der Schleifmaschine verweigert, möchte Florian ihn gerichtlich zur Herausgabe der Schleifmaschine zwingen.

Beantworten Sie Florians Fragen, indem Sie die zutreffenden Antworten ankreuzen.

Florians Fragen	Antworten	
1. Vor welchem Gericht ist die Klage zu erheben?	Amtsgericht Hildesheim	☐
	Landgericht Hildesheim	☐
	Bundesgerichtshof Karlsruhe	☐
2. Besteht Anwaltszwang?	Ja	☐
	Nein	☐
3. In welcher Form darf Klage erhoben werden?	Mündlich	☐
	Schriftlich	☐
	Zu Protokoll des Urkunds- beamten der Geschäftsstelle	☐
	Per Telefax	☐
	Per Telefon	☐
4. Darf man sich den entscheidenden Richter selbst aussuchen?	Ja	☐
	Nein	☐
5. Wer entscheidet diesen Rechtsstreit?	Ein Notar	☐
	Ein Rechtspfleger	☐
	Ein Richter	☐
	Ein Richter und zwei Schöffen	☐
6. Endet ein Rechtsstreit immer mit einem Urteil oder ist auch ein anderer Abschluss des Verfahrens denkbar?	Nur durch Urteil	☐
	Vergleich denkbar	☐
	Geldstrafe denkbar	☐
	Einspruch denkbar	☐

PRAXISMUSTER 5   Urteil

Amtsgericht Welfenheim
4 C 392/04

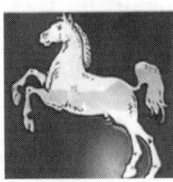

Urteil
Im Namen des Volkes!

In dem Rechtsstreit
der Stadt Welfenheim, Schloßgarten 13, 30470 Welfenheim,
gesetzlich vertreten durch die Bürgermeisterin

– **Klägerin** –

gegen

den Kfz-Händler Benjamin Masche, Dudenweiler Str. 14, 30465 Welfenheim

– **Beklagter** –

– Prozessbevollmächtigter: Rechtsanwalt Dr. Ochsenknecht,
Grabenstraße 12, 30441 Welfenheim –

hat das Amtsgericht Welfenheim auf die mündliche Verhandlung vom 20.04.2010 durch die Richterin am Amtsgericht Schneidbrenner für Recht erkannt:

Tenor

Der Beklagte wird verurteilt, an die Klägerin 1.050,- EUR nebst Zinsen i. H. v. 5 Prozentpunkten über dem jeweiligen Basiszinssatz seit dem 01.02.2010 zu zahlen.
Die Kosten des Rechtsstreits werden dem Beklagten auferlegt.
Das Urteil ist vorläufig vollstreckbar.

Tatbestand

Die Beteiligten streiten sich über den Kauf eines Dienstwagens, der nach Meinung der Klägerin mangelbehaftet ist ...
[Im Tatbestand eines Urteils wird der Lebenssachverhalt wiedergegeben.]

Entscheidungsgründe

Die Klage ist zulässig und begründet.
Die Klägerin hat gegen den Beklagten einen Anspruch auf Erstattung eines Teils des gezahlten Kaufpreises aus § 441 Abs. 2 BGB ...
[In den Entscheidungsgründen folgen rechtliche Erörterungen einschließlich Begründung der Nebenentscheidungen.]

Keine Rechtsmittelbelehrung

[Im Gegensatz zu den anderen Verfahrensordnungen VwGO, StPO, FGO, SGG und ArbGG sieht die ZPO eine allgemeine Pflicht zur Rechtsmittelbelehrung nicht vor.]

Schneidbrenner

Gerichtliche Instanzen   **BASISTEXT**

Ist eine Partei mit einer richterlichen Entscheidung nicht einverstanden, kann sie eine Überprüfung des Gerichts der ersten Instanz durch ein höheres Gericht (höhere Instanz) durchführen lassen, indem sie ein **Rechtsmittel** einlegt.

ÜBERSICHT 41

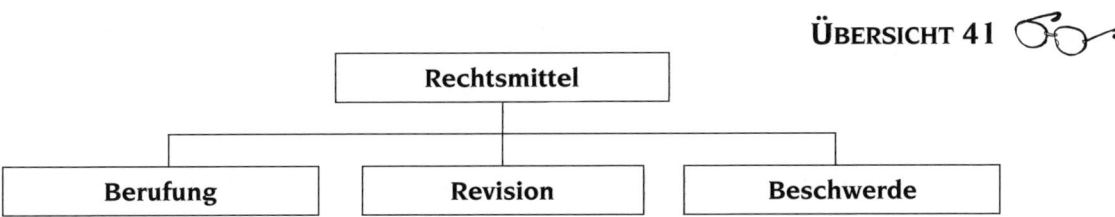

Die **Berufung** ist zulässig, wenn ein **Urteil der ersten Instanz** überprüft werden soll und die weiteren Voraussetzungen für eine Berufung gegeben sind, z. B. der Wert des Beschwerdegegenstandes 600,- EUR übersteigt, § 511 Abs. 2 Nr. 1 ZPO. Gericht der ersten Instanz ist das Gericht, bei dem ein Rechtsstreit das erste Mal anhängig gemacht wird.

Beispiel:

   Das Landgericht Welfenheim hat die Stadt Welfenheim zur Zahlung des Mietzinses für Büroräume in Höhe von insgesamt 8.500,- EUR an ihren Vermieter Thomas Berger verurteilt. Die Stadt Welfenheim ist mit der Entscheidung nicht einverstanden und legt Berufung vor dem Oberlandesgericht Weserberg ein.

Bei einem Berufungsverfahren verhandelt das Berufungsgericht den Rechtsstreit erneut. Die Parteien dürfen, seit der Reform der ZPO im Jahr 2002, allerdings nur unter bestimmten Voraussetzungen neue Beweismittel vorlegen oder einen anderen Sachverhalt vortragen bzw. den bekannten Sachverhalt ergänzen. Deshalb wird das Berufungsverfahren auch als **zweite Tatsacheninstanz** bezeichnet.

Die **Revision** ist zulässig gegen Berufungsurteile der Oberlandesgerichte, Landesarbeitsgerichte, Landesfinanzgerichte sowie Oberverwaltungsgerichte. Es müssen weitere Voraussetzungen erfüllt sein, damit die Revision zugelassen wird, §§ 542 ff. ZPO. Während bei der Berufung der Sachverhalt vom Gericht vollständig neu gewürdigt wird, überprüft das Revisionsgericht das Urteil nur in rechtlicher Hinsicht.

Bei der Revision dürfen von den Parteien **keine neuen Beweismittel oder Tatsachen** beigebracht werden, es wird von den Richtern nur festgestellt, ob das vorinstanzliche Gericht gegen eine gesetzliche Bestimmung verstoßen hat.

Beispiel:

   Das Berufungsverfahren vor dem Oberlandesgericht Weserberg ist für die Stadt Welfenheim erfolglos verlaufen. Das Oberlandesgericht hat das Urteil des Landgerichts bestätigt. Die Bürgermeisterin Sommer vertritt die Auffassung, die Entscheidung sei verfahrensfehlerhaft zustande gekommen, da die von ihr benannten Zeugen nicht angehört worden seien. Sie erhebt Revision vor dem Bundesgerichtshof.

Die **Beschwerde** als ein weiteres Rechtsmittel richtet sich gegen **richterliche Beschlüsse**, vgl. §§ 567 ff. ZPO.

Beispiel:
> Der zuständige Richter beim Oberlandesgericht Weserberg erlässt anlässlich des dort anhängigen Verfahrens einen Beweisbeschluss mit dem Inhalt, dass die Stadt Welfenheim ein Schreiben des Vermieters vorzulegen habe, wonach der Vermieter mit einer Mietminderung einverstanden sei. Der Vermieter möchte dies verhindern und erhebt gegen den Beschluss des Richters die Beschwerde.

Bei der „sonstigen" Gerichtsbarkeit gibt es (von Ausnahmen abgesehen) einen dreistufigen Aufbau.

 **ÜBERSICHT 42**

Aufbau der Gerichte	
Ordentliche Gerichtsbarkeit	Sonstige Gerichtsbarkeit am Beispiel der Verwaltungsgerichtsbarkeit
Bundesgerichtshof ↑ Oberlandesgericht ↑ Landgericht ↑ Amtsgericht	Bundesverwaltungsgericht ↑ Oberverwaltungsgericht/ Verwaltungsgerichtshof ↑ Verwaltungsgericht

 ÜBUNG 90

Ordnen Sie das Bundesverfassungsgericht und die folgenden obersten Gerichtshöfe des Bundes in nachstehende Tabelle ein:

Bundesarbeitsgericht/ Bundesfinanzhof/ Bundesgerichtshof in Strafsachen/ Bundesgerichtshof in Zivilsachen/ Bundessozialgericht/ Bundesverfassungsgericht/ Bundesverwaltungsgericht.

Sitz	Gericht
Karlsruhe	
Erfurt	
Kassel	
Leipzig	
München	

Beendigung eines Rechtsstreits durch Vergleich BASISTEXT

Ein Verfahren vor den Gerichten zu führen, kann sehr zeitaufwändig sein. So vergehen im Schnitt sechs bis acht Monate, bis Kläger/ Beklagter ein Urteil in den Händen haben, wobei dieser Zeitraum auch u. U. sehr viel länger sein kann. Des Weiteren ist für die Beteiligten oft ganz ungewiss, wie das Gericht letztlich entscheiden wird.

Daher gibt es die Möglichkeit, das Gericht nicht um ein Urteil zu ersuchen, sondern einen sog. **Vergleich** zu erwirken.

Vergleich

ist ein **Vertrag**, durch den der **Streit** oder die **Ungewissheit** der Parteien **über ein Rechtsverhältnis** im Wege **gegenseitigen Nachgebens** beseitigt wird (§ 779 Abs. 1 BGB).

Der Streit oder die Ungewissheit kann tatsächlicher oder rechtlicher Natur sein. Wichtig ist, dass die Parteien **gegenseitig nachgeben** müssen. Ein solches Entgegenkommen fehlt, wenn eine Partei ohne jede Gegenleistung anerkennt oder verzichtet.

Rechtsfolge eines Vergleichs ist, dass die in ihm festgehaltenen Leistungsverpflichtungen eine neue Rechtssicherheit schaffen, so dass die Parteien auf alte Regelungen, z. B. einen (fragwürdigen) Vertrag nicht mehr zurückgreifen können. Ein Vergleich ist ferner nur wirksam, wenn das Ausgangsverhältnis für die Parteien **disponibel** ist.
Zwingende gesetzliche Vorschriften sind zu beachten: Beispielsweise kann über gesetzliche Unterhaltsansprüche oder bestimmte arbeitsrechtliche Ansprüche (z. B. auf Erteilung eines Zeugnisses) nicht verfügt werden. Der Vergleich bedarf zu seiner Wirksamkeit der ordnungsgemäßen **Protokollierung** durch das Gericht. Er muss insbesondere **vorgelesen** und von beiden Beteiligten noch einmal **ausdrücklich genehmigt** werden – sonst ist der Vergleich prozessual unwirksam. Entgegen verbreiteter Meinung wird ein Vergleich aber **nicht vor** den beiden Streithähnen **unterschrieben**.

ÜBUNG 91

Welche Vorteile hat ein Vergleich gegenüber einem „normalen" Gerichtsverfahren?

Lösung:

PRAXISMUSTER 6   Vergleich

Die Firma Himmel-GmbH, Elzweg 4, 30113 Welfenheim,
vertreten durch den Geschäftsführer Erwin Schlupp

– Prozessbevollmächtigte: Rechtsanwältin Maren Bart, Leonstr. 5, 30115 Welfenheim –

und

Herr Bernd Brause, Lilienweg 5, 38100 Braunschweig

– Prozessbevollmächtigter: Rechtsanwalt Markus Lenz, Kirchengarten 3,
30111 Welfenheim –

schließen zur Erledigung des Rechtsstreits aus dem Kaufvertrag über einen Pkw Ford Kia,
Kennzeichen WEF-MP 58, folgenden

Vergleich:

1. Die Parteien sind sich darüber einig, dass der Kaufvertrag über den Pkw, Ford Kia, Kennzeichen WEF-MP 58, wirksam zustande gekommen ist und Bestand hat.

2. Herr Brause erklärt, dass er die Behauptung, der Geschäftsführer der Firma Himmel-GmbH habe ihn beim Vertrag des Pkw betrogen, nicht aufrecht hält.

3. Die Firma Himmel-GmbH verpflichtet sich, bis zum 01.07.2010 an Herrn Brause 5.000,- EUR zu zahlen. Ab dem 01.07.2010 ist der noch offene Betrag mit 12% zu verzinsen.

4. Die Firma Himmel-GmbH unterwirft sich hinsichtlich der unter Nr. 3 übernommenen Verpflichtung der sofortigen Zwangsvollstreckung.

5. Kommt die Firma Himmel-GmbH mit der Zahlung mehr als zwei Wochen in Verzug, kann Herr Brause von diesem Vergleich zurücktreten.

6. Mit der Zahlung sind alle Gewährleistungsansprüche wegen bekannter oder unbekannter Mängel des Fahrzeugs ausgeglichen.

7. Jede Partei trägt ihre Rechtsanwaltskosten einschließlich der Kosten dieses Vergleichs selbst.

Welfenheim, den 01.06.2010

Das Mahnverfahren

Setzen Sie folgende Worte in den Lückentext ein:
Amtsgericht/Anwaltszwang/Einspruch/Formalien/Hemmung der Verjährung/Klage/
Mahnverfahren/Rechtspfleger/Vollstreckungsbescheid/Vollstreckungstitel/Vorteil/
Widerspruch/Zwangsvollstreckung

Anstatt unmittelbar .... in einem Zivilprozess zu erheben, besteht nach den Vorschriften der ZPO auch die Möglichkeit, gegen den Schuldner ein Mahnverfahren einzuleiten (§§ 688 ff. ZPO). Zu diesem Zweck muss der Gläubiger einen entsprechenden Antrag beim Amtsgericht stellen. Bei einem .... besteht kein .... egal wie hoch die Forderung ist.

Sachlich und örtlich ist das Amtsgericht zuständig, in dessen Bezirk der Antragsteller seinen Wohnsitz hat. Die Höhe des Streitwertes ist dabei unbeachtlich, die Zuständigkeit des Amtsgerichts liegt in jedem Fall vor. Für den Erlass von Mahn- und Vollstreckungsbescheiden ist in Niedersachsen seit dem 1. April 2004 zentral das Amtsgericht Uelzen (ZeMa) zuständig.

Das Mahnverfahren ist grundsätzlich eine schnelle, einfache und kostengünstige Möglichkeit für den Gläubiger einer Geldforderung, sich einen .... zu verschaffen. Das Mahnverfahren ist gegenüber einer sofortigen Klage jedoch nur dann zweckmäßig, wenn zu erwarten ist, dass die Forderung vom Antragsgegner nicht bestritten wird. Wenn Einwendungen zu erwarten sind, führt das Mahnverfahren im Normalfall nur zu einer zeitlichen Verzögerung. Ein anderer .... des Mahnverfahrens liegt u. a. darin, die .... eines Anspruchs zu bewirken (§ 204 Abs. 1 Nr. 3 BGB).

Ist der Antrag auf Erlass eines Mahnbescheids gestellt worden, prüft der zuständige Rechtspfleger beim Amtsgericht u. a., ob das Mahnverfahren in der vorliegenden Angelegenheit zulässig ist und ob die .... des Antrags eingehalten sind.

Sodann erlässt der .... den Mahnbescheid ohne vorherige Anhörung des Schuldners auf die einseitige Darstellung des Antragstellers hin. Der Mahnbescheid ist eine Zahlungsaufforderung des Antragstellers, den das Gericht in Beschlussform vermittelt.

Ist der Antragsgegner mit dem Inhalt des Mahnbescheides, den das .... an ihn zustellt, nicht einverstanden, kann er dagegen Widerspruch erheben.

Erhebt der Antragsgegner den .... verfristet oder überhaupt nicht, ergeht gem. § 699 ZPO ein .... auf Antrag des Gläubigers. Der Vollstreckungsbescheid ist wie auch ein gerichtliches stattgebendes Urteil ein sog. „vollstreckbarer Titel", aus dem der Gläubiger die .... in das Vermögen des Schuldners betreiben kann. Nach Zustellung des Vollstreckungsbescheides im Mahnverfahren hat der Schuldner eine zweite Möglichkeit, sich gegen die Forderung des Gläubigers zur Wehr zu setzen, indem er gegen den Vollstreckungsbescheid innerhalb von zwei Wochen .... erhebt. Auch dann wird ein Gerichtsverfahren eröffnet. Es endet mit einem „normalen" Urteil.

ÜBUNG 92
Ordnen Sie die folgenden Begriffe in der richtigen Reihenfolge ein:
Einspruch/Mahnbescheid/Urteil/Vollstreckungsbescheid/Widerspruch.

——————— → ——————— → ——————— → ——————— → ———————

ÜBUNG 93
Gerrit Meier hat 15 Bücher aus der Stadtbibliothek Welfenheim entliehen und erst Monate nach dem festgelegten Rückgabetermin zurückgebracht. Die Benutzungsbedingungen der Stadtbibliothek sind privatrechtlich geregelt. Es ist ein Säumnisgeld in Höhe von 300,- EUR entstanden. Gerrit Meier weigert sich, zu zahlen. Die Stadt Welfenheim, bei der die Stadtbibliothek Welfenheim angesiedelt ist, stellt beim zuständigen Gericht einen Antrag auf Erlass eines Mahnbescheides.

Versetzen Sie sich in die Rolle des zuständigen Rechtspflegers beim Amtsgericht und füllen Sie das folgende Formular für den Mahnbescheid aus.

Mahnbescheid

PRAXISMUSTER 7

Der Antrag wird genchtet
an das

Amtsgericht
Plz, Ort

① _____

Geschäftsnummer des Gerichts
Bei Schreiben an das Gericht stets angeben

② **Antragsgegner/ges. Vertreter**

↓ Raum für Kostenmarken/Freistempler (falls nicht
ausreichend, unteres Viertel der Rückseite benutzen) →

– Graue Felder bitte nicht beschriften! –

Plz   Ort

Mahnbescheid
← Datum des Mahnbescheids

③ **Antragsteller,** ges. Vertreter, Prozeßbevollmächtigter; Bankverbindung

④ **macht gegen Sie**
☐ als Gesamt-
schuldner

⑤ **folgenden Anspruch geltend** (genaue Bezeichnung. insbes. mit Zeitangabe):
Geschäftszeichen
des Antragstellers: ....

⑥ Hauptforderung
EUR

⑦ Nebenforderung
EUR

Zinsen, Bezeichnung der Nebenforderung

⑧ Kosten dieses Verfahrens (Summe ① bis ⑤) EUR	1 Gerichtskosten EUR	2 Auslagen d. Antragst. EUR	3 Gebühr d. Prozeßbev. EUR	4 Auslagen d. Prozeßbev. EUR	5 MwSt. d. Prozeßbev. EUR

⑨ Gesamtbetrag
EUR

< zuzüglich der
laufenden Zinsen

Der Antragsteller hat erklärt, daß der Anspruch von einer Gegenleistung
☐ nicht abhänge, ☐ abhänge, diese aber erbracht sei.

Das Gericht hat nicht geprüft, ob dem Antragsteller der Anspruch zusteht.
Es fordert Sie hiermit auf, innerhalb von zwei Wochen seit der Zustellung dieses Bescheids entweder die vorstehend
bezeichneten Beträge, soweit Sie den geltend gemachten Anspruch als begründet ansehen, zu begleichen oder dem Gericht
auf dem beigefügten Vordruck mitzuteilen, ob und in welchem Umfang Sie dem Anspruch widersprechen.

Wenn Sie die geforderten Beträge nicht begleichen und wenn Sie auch nicht Widerspruch erheben, kann der Antragsteller nach Ablauf der
Frist einen **Vollstreckungsbescheid** erwirken und aus diesem die Zwangsvollstreckung betreiben.
Der Antragsteller hat angegeben, ein streitiges Verfahren sei durchzuführen vor dem

⑩

An dieses Gericht, dem eine Prüfung seiner Zuständigkeit vorbehalten bleibt, wird die Sache im Falle Ihres Widerspruchs abgegeben.

Rechtspfleger

Antrag
Ort, Datum

Anschrift des Antragstellers/Vertreters/Prozeßbevollmächtigten

⑪

Eingangsstempel des Gerichts

**Ich beantrage, aufgrund der vor-
stehenden Angaben einen Mahnbescheid zu erlassen.**

⑫ ☐ Im Falle des Widerspruchs beantrage ich die
Durchführung des streitigen Verfahrens.

⑬ ☐ Ordnungsgemäße
Bevollmächtigung
versichere ich.
Antragsteller ist
nicht zum Vorsteuer-
abzug berechtigt.

⑭ ☐ Hier die Zahl der ausgefüllten Vordrucke
angeben, falls sich der Antrag gegen
mehrere Antragsgegner richtet.

Plz   Ort

Unterschrift des Antragstellers/Vertreters/Prozeßbevollmächtigten

BASISTEXT   Verjährung von Ansprüchen

„Der Anspruch ist verjährt!" Diesen Satz haben viele schon einmal im Fernsehen gehört – aber die wenigsten wissen genau, was darunter zu verstehen ist.

Die Verjährung eines Anspruchs bedeutet nämlich nicht etwa, dass ein Anspruch untergegangen ist – vielmehr besteht der Anspruch nach wie vor, er ist aber so „in die Jahre gekommen", dass er vor Gericht **nicht mehr mit Erfolg geltend gemacht**, durchgesetzt werden kann.

Klagt ein Gläubiger nach Eintritt der Verjährung einen Anspruch dennoch ein, so kann der Schuldner wohl, wenn er möchte, noch leisten (der Anspruch besteht ja noch), er <u>muss</u> es aber nicht mehr.

Verjährung

ist der **Zeitablauf**, der dem Schuldner das Recht gibt, die **Leistung zu verweigern** (§ 214 Abs. 1 BGB).

Sollte sich der Schuldner in einem Rechtsstreit auf den Eintritt der Verjährung berufen wollen, muss er dies ausdrücklich erklären, d. h. die **Einrede der Verjährung** erheben.

„Einrede" bedeutet, dass der Schuldner selbst „reden" muss und die Verjährung nicht von Amts wegen vom Gericht geprüft wird.

Beispiel:

Anja Bader hat einen Schreibtischstuhl gekauft. Unmittelbar nach der Lieferung bemerkt sie, dass sich die Sitzhöhe nicht einstellen lässt, obwohl dies vom Verkäufer Leo Misch versprochen wurde. Anja lässt die Angelegenheit auf sich beruhen und begehrt erst zwei Jahre nach der Lieferung des Möbelstücks Gewährleistungsansprüche wegen des Mangels.

Der Anspruch ist nunmehr verjährt. Anjas Klageverfahren wäre erfolglos, wenn Leo den Eintritt der Verjährung geltend macht.

Der Sinn der Verjährung liegt darin, den Parteien gegenüber klarzustellen, wie lange sie damit rechnen müssen oder können, dass ein Anspruch durch gerichtliche Unterstützung erfolgreich geltend gemacht werden kann. Diese zeitliche Begrenzung der Durchsetzbarkeit von Ansprüchen dient dem **Rechtsfrieden** und der **Rechtssicherheit**, denn ist ein Schuldner über lange Zeit säumig, was der Gläubiger zuvor im Einzelfall oft nicht wissen kann, so ist es schwierig für den Gläubiger, seine Forderung beweisen zu können.

Die **Verjährungsfristen** im BGB sind so gestaltet, dass der Anspruchsberechtigte genügend Zeit hat, den Anspruch geltend zu machen, indem er das Bestehen einer Forderung erkennen und die dafür erforderlichen Beweismittel sammeln kann.

Auf der anderen Seite hat der Gesetzgeber bei der Regelung der Verjährungsfristen auch die Interessen des Schuldners dahingehend berücksichtigt, dass dieser Ansprüche des Gläubigers angemessen abwehren kann. Für den Schuldner wäre es von Nachteil, für einen unbegrenzten Zeitraum wirtschaftlich leistungsbereit sein zu müssen; hier setzen die Verjährungsfristen Grenzen.

Im Übrigen besteht ein weiterer Vorteil der Verjährung darin, die Gerichte im Hinblick auf Klagen mit veralteten Ansprüchen zu entlasten.

Verjährungsfristen und ihre Berechnung BASISTEXT

Die Dauer der Verjährung bzw. der Zeitraum der Verjährungsfrist richtet sich nach dem geltend gemachten Anspruch. Besteht für den jeweiligen Fall eine **Spezialregelung** für die Verjährung, dann ist die Spezialregelung anwendbar.

Ist eine Spezialregelung nicht gegeben, sind die **allgemeinen Verjährungsvorschriften** der §§ 195 ff. BGB zu beachten.

Beispiel:
> Carola Fiek hat einen neuen Tisch gekauft, der ihr schadhaft geliefert wird. Sollte Carola Schadensersatz (Mängelhaftung) verlangen, richtet sich die Verjährung nach der Spezialvorschrift des § 438 BGB (zwei Jahre). Der Anspruch des Verkäufers auf die Kaufpreiszahlung verjährt demgegenüber gem. § 195 BGB (drei Jahre).

Da der Grundsatz der Vertragsfreiheit auch im Verjährungsrecht gilt, sind Vereinbarungen von Schuldner und Gläubiger über eine **Verkürzung** und **Verlängerung** der gesetzlichen Verjährungsfrist bis auf Ausnahmen, vgl. etwa § 202 BGB, grundsätzlich zulässig.

ÜBERSICHT 43

Tragen Sie die Dauer der Verjährungsfristen ein.

Verjährungsfristen		
Regelmäßige Verjährungsfrist § 195 BGB	Verjährungsfrist bei Rechten an einem Grundstück § 196 BGB	Verjährungsfrist bei übrigen Sachverhalten gem. § 197 BGB
Verjährungsfrist bei Lieferung mangelhafter Kaufsache § 438 Abs. 1 Nr. 3 BGB	Verjährungsfrist bei mangelhafter Planung eines Bauwerkes § 634 a Abs. 1 Nr. 2 BGB	Verjährungsfrist bei Vereinbarungen § 202 BGB

ÜBUNG 94

Stellen Sie die Dauer der Verjährungszeit für folgende Fälle fest.

Beispiel	Rechtsgrundlage und Verjährungszeit
1. Charlotte hat mit Carsten einen Kaufvertrag über ein antikes Buch zu einem Kaufpreis von 100,- EUR geschlossen. Charlotte begehrt Zahlung des Kaufpreises.	
2. Des Weiteren hat Charlotte dem Michael ein Lehrbuch der Chemie geliehen. Da Michael nach Ablauf der Leihfrist das Buch nicht zurückgibt, fordert Charlotte als Eigentümerin die Herausgabe des Buchs.	
3. Vom Tischler Bartling hat Charlotte sich eine neue Schrankwand anfertigen lassen. Bei der Abnahme der Schrankwand stellt sie fest, dass die Einlegeböden des Schranks z. T. beschädigt sind und verlangt von Bartling, dass sie durch mangelfreie Böden ersetzt werden.	
4. Die Stadt Welfenheim hat beim Autohaus Kramer einen neuen Dienstwagen bestellt. Der Pkw wird durch Verschulden des Autohauses nicht pünktlich geliefert. Für eine wichtige Dienstreise der Bürgermeisterin muss ein anderer Pkw gemietet werden. Den Mietpreis von 180,- EUR verlangt die Stadt von Kramer als Schadensersatz.	
5. Charlotte hat sich schließlich ein neu errichtetes Haus gekauft. Sie stellt fest, dass das Treppenhaus nicht ordnungsgemäß gemauert wurde und die Treppenstufen einen unterschiedlichen Abstand voneinander haben.	

ÜBUNG 95

Berechnen Sie die Verjährungsfrist, indem Sie die Lücken ausfüllen.

Beispiel	Lösung
1. Bei einer Geburtstagsfeier am 28. Juni 2007 lässt Janina versehentlich eine Salatschüssel fallen. Die Schüssel fällt auf Gerrys Trinkgläser, die zerbrechen. Gerry begehrt von Janina Schadensersatz aus unerlaubter Handlung.	Anspruchsgrundlage: Verjährungsfrist: Dauer: Beginn der Verjährungsfrist: Ende der Verjährungsfrist:
2. Die Stadt Welfenheim kauft 200 Tassen für die Kantine. Als die Tassen am 19.10.2008 vom Haushaltswarenhändler Gerry geliefert werden, stellt sich beim Auspacken der Ware heraus, dass es sich um eine vom Verkäufer ausgesonderte Mangelware, die zum halben Preis verkauft werden sollte, handelt. Die Behörde begehrt von Gerry Lieferung ordnungsgemäßer Tassen.	Anspruchsgrundlage: Verjährungsfrist: Dauer: Beginn der Verjährungsfrist: Ende der Verjährungsfrist:

BASISTEXT   **Hemmung und Neubeginn der Verjährung**

Die Dauer der Verjährungsfrist kann sich im Einzelfall verändern, wenn ein Fall der **Hemmung** der Verjährung oder ein Fall des **Neubeginns** der Verjährung (§§ 203 ff. BGB) vorliegt.

Sind die Voraussetzungen für eine Hemmung der Verjährung erfüllt (§§ 203 ff. BGB), wird der Zeitraum, während dessen die Verjährung gehemmt ist, in die Verjährung nicht eingerechnet (§ 209 BGB). Die Verjährungsfrist läuft nach dem Wegfall der Hemmung weiter und verlängert sich um den Zeitraum der Hemmung.

Die Verjährung ist gehemmt in Fällen der Rechtsverfolgung (§ 204 BGB), bei Leistungsverweigerungsrecht (§ 205 BGB), bei höherer Gewalt (§ 206 BGB), aus familiären oder ähnlichen Gründen (§ 297 BGB) und bei Ansprüchen wegen Verletzung der sexuellen Selbstbestimmung (§ 208 BGB). Besondere Fälle der Hemmung der Verjährung sind die Ablaufhemmung der Verjährung bei nicht voll Geschäftsfähigen (§ 210 BGB) und die Ablaufhemmung in Nachlassfällen (§ 210 BGB).

Beispiel:

> Die Stadt Welfenheim hat an die Firma Glasbau-Systeme Büroräume vermietet. Die Firma ist seit dem 01.11.2007 mit der Zahlung des Mietzinses von insgesamt 1.500,- EUR säumig. Die Verjährungsfrist beträgt drei Jahre gem. § 195 BGB und würde regulär am 31.12.2010 ablaufen. Die Stadt Welfenheim beantragt den Erlass eines Mahnbescheides, der der Firma am 01.03.2008 zugestellt wird. Die Zustellung des Mahnbescheides hemmt die Verjährung gem. § 204 Abs. 1 Nr. 3 BGB.

Der Neubeginn der Verjährung (§ 212 BGB) übt eine stärkere rechtliche Wirkung aus als die Hemmung der Verjährung. Folge des Neubeginns ist, dass die bis zur Unterbrechung verstrichene Zeit nicht berücksichtigt wird. Nach Beendigung der Unterbrechung beginnt die Verjährungsfrist **neu zu laufen**. Der Neubeginn der Verjährung kommt in den Fällen in Betracht, in denen der Schuldner dem Gläubiger gegenüber den Anspruch durch Abschlagszahlung, Zinszahlung, Sicherheitsleistung oder in anderer Weise anerkennt (§ 212 Abs. 1 Nr. 1 BGB) oder eine gerichtliche oder behördliche Vollstreckungshandlung vorgenommen oder beantragt wird (§ 212 Abs. 1 Nr. 2 BGB).

Beispiel:

> Conny hat gegen Marietta eine Forderung aus einem Kaufvertrag in Höhe von 850,- EUR vom 01.11.2009. Marietta leistet eine Abschlagszahlung in Höhe von 100,- EUR am 01.02.2010. Dadurch erkennt sie Connys Anspruch an. Die Verjährung beginnt dadurch gem. § 212 Abs. 1 Nr. 1 BGB neu.

ÜBUNG 96

Kurt Habermann kauft für eine Silvesterfeier beim Lebensmittelhändler Sauerwein am 30.12.2006 Lebensmittel ein. Er hat noch nicht gezahlt. Der Lebensmittelhändler Sauerwein hat eine Forderung aus einem Kaufvertrag über Lebensmittel gegen Kurt Habermann in Höhe von 350,- EUR. Die Zahlung hätte am 30.12.2006 geleistet werden müssen. Am 03.01.2007 meldet sich Habermann bei Sauerwein fernmündlich und bittet ihn um Stundung des Betrages um drei Monate. Sauerwein willigt ein.

Tragen Sie auf dem Zeitstrahl zu den folgenden Ereignissen die zutreffenden Termine ein.
1. Zeitpunkt der Fälligkeit der Zahlung des Kaufpreises
2. Beginn der Verjährungsfrist (drei Jahre)
3. Beginn und Ende des Zeitraums der Stundung
4. Ablauf der Verjährungsfrist im Normalfall
5. Ablauf der Verjährungsfrist unter Berücksichtigung der Stundung.

Lösung:

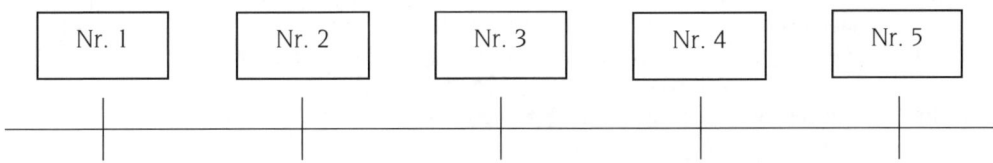

09 Anspruchsgrundlagen und Aufbaumuster

ÜBERSICHT 44   Die (in einer Klausur) denkbaren Anspruchsgrundlagen[1]
Kommen mehrere Anspruchsgrundlagen in Betracht, so sind (aus Gründen der Beweis-
führung im Zivilprozess – Beibringungsgrundsatz) grundsätzlich alle und einzeln nacheinander in folgender **Reihenfolge** zu prüfen:

Ansprüche aus Rechtsgeschäft

1.   Vertragliche Ansprüche
1.1 Primärleistungspflichten, z. B. auf
  • Erfüllung, z. B. § 433, § 535, § 611, §631 BGB
  • Nacherfüllung § 437 Nr. 1, § 634 Nr. 1 BGB
1.2 Sekundärleistungspflichten, z. B. wegen
  • Pflichtverletzung vor Vertragsschluss § 280 Abs. 1, § 311 Abs. 2,
    § 241 Abs. 2 BGB
  • Pflichtverletzung aus bestehendem Schuldverhältnis § 280 Abs. 1 BGB
  • Leistungsbezogener Nebenpflichtverletzung § 280 Abs. 1, § 282, §241 Abs. 2 BGB
  • Nicht leistungsbezogener Nebenpflichtverletzung § 280 Abs. 1, § 241 Abs. 2 BGB
  • Anfänglicher Unmöglichkeit § 311 a Abs. 2, § 275 Abs. 4 BGB
  • Nachträglicher Unmöglichkeit § 280 Abs. 1 und 3, § 283, §275 Abs. 4 BGB
  • Schuldnerverzug § 280 Abs. 1, § 281 Abs. 1 S. 1 BGB
  • Gewährleistung z. B. § 437 Nr. 3, Alt. 1, § 536 a, § 634 Nr. 4 Alt. 1 BGB
1.3 Rückgabe, z. B. § 346 Abs. 1, § 546, § 604, § 695 BGB
1.4. Erstattung des Mehrbetrags, z. B. § 441 Abs. 4, § 638 Abs. 4 BGB

2.   Vertragsähnliche Ansprüche, z. B. § 179 Abs. 1, § 122 Abs. 1, § 683 BGB

3.   Ansprüche aus Gesetz
3.1 Sachenrechtliche Ansprüche
  • Auf Herausgabe, z. B. § 985, § 1007 BGB
  • Wegen Besitzentziehung und -störung § 861 Abs. 1, § 862 Abs. 1 BGB
  • Auf Beseitigung oder Unterlassung von Störung z. B. § 1004 BGB
  • Auf Grundbuchberichtigung § 894 BGB
3.2 Ansprüche aus Gefährdung und Delikt
  • Gefährdungshaftung z. B. § 833 S. 1 BGB, § 7 StVG
  • Verschuldenshaftung §§ 823 ff. BGB

4.   Ansprüche aus ungerechtfertigter Bereichung §§ 812 ff. BGB

---

[1] Wir danken Frau Dozentin Elke Scheske, Fachkoordinatorin Privatrecht beim Nds. Studieninstitut
für kommunale Verwaltung Hannover e. V., für die kollegiale Zusammenarbeit bei der Erarbeitung
der Entwürfe ebenso wie für die Überlassung ihrer Vorlage, die wir bei den Übersichten 44 bis 46
zu Grunde legen.

Aufbaumuster für die Bearbeitung privatrechtlicher Fälle ÜBERSICHT 45

Dieses Aufbaumuster soll Ihnen bei der Bearbeitung privatrechtlicher Fälle helfen. Es stellt nur eine von mehreren Möglichkeiten zur Prüfung einzelner Anspruchsgrundlagen dar. Die Reihenfolge der dargestellten Anspruchsgrundlagen orientiert sich an ihrer Hierarchie und entspricht nummerisch der **Übersicht 44** über die denkbaren Anspruchsgrundlagen.

Ansprüche aus Rechtsgeschäft

1.   Vertragliche Ansprüche

1.1   Primärleistungspflichten
- Erfüllungsansprüche, z. B. aus § 433, § 535, §611, §631 BGB
- Nacherfüllungsansprüche aus § 437 Nr. 1, § 634 Nr. 1 BGB

1.2   Sekundärleistungspflichten aufgrund von Pflichtverletzungen

1.2.1 Anspruch auf Schadensersatz wegen Pflichtverletzung gem. § 280 Abs. 1 BGB
Voraussetzungen:
1. Wirksames Schuldverhältnis i. S. d. § 311 BGB (§ 280 Abs. 1 S. 1 BGB)
2. Pflichtverletzung des Schuldners
   (§ 280 Abs. 1 S. 1 BGB, soweit nicht von Spezialregelungen erfasst)
3. Verschuldensvermutung
   (§ 280 Abs. 1 S. 2 BGB, soweit nicht von Spezialregelungen erfasst)
Rechtsfolge:
Ersatz des hierdurch entstehenden Schadens (§ 280 Abs. 1 S. 1 BGB)
oder
Schadensersatz wegen Verzögerung der Leistung
(§ 280 Abs. 2 i. V. m. § 286 BGB, siehe auch Aufbau zum Verzug)
oder
Schadensersatz statt der Leistung nach den in § 280 Abs. 3 BGB genannten Vorschriften, jeweils i. V. m. §§ 249 ff. BGB

1.2.2 Anspruch auf Schadensersatz bei anfänglicher Unmöglichkeit gem. § 311 a Abs. 2 BGB
Voraussetzungen:
1. Wirksames Schuldverhältnis (§ 311 a Abs. 1 BGB)
2. Ausschluss der (Primär-)Leistungspflicht des Schuldners
   nach § 275 Abs. 1–3 BGB (§ 311 a Abs. 1 BGB)
3. Bestehen eines Leistungshindernisses bei Vertragsschluss
   (§ 311 a Abs. 1 Hs. 1 BGB)
4. Kenntnis vom Leistungshindernis bei Vertragsschluss oder Vertreten müssen
   seiner diesbezüglichen Unkenntnis (§ 311 a Abs. 2 S. 2 BGB)

Rechtsfolgen:
Anspruch auf Schadensersatz statt der Leistung
oder
Ersatz der Aufwendungen des Gläubigers in dem in § 284 BGB bestimmten Umfang

1.2.3 Anspruch auf Schadensersatz statt der Leistung bei nachträglicher Unmöglichkeit gem. § 280 Abs. 1, 3 i. V. m. § 283 BGB

Voraussetzungen:
1. Wirksames Schuldverhältnis (§ 280 Abs. 1 S. 1 BGB)
2. Leistungsbefreiung des Schuldners gem. § 275 BGB:
   a) § 275 Abs. 1 BGB: Leistung ist objektiv oder subjektiv unmöglich
   b) § 275 Abs. 2 und 3 BGB: Erfüllungsverweigerungsrecht des Schuldners
3. Pflichtverletzung des Schuldners: geschuldete Leistung wird nicht erbracht (Eintritt der Unmöglichkeit nach Vertragsschluss)
4. Verschuldensvermutung (§ 280 Abs. 1 S. 2 BGB)

Rechtsfolge:
Anspruch auf Schadensersatz statt der Leistung

1.2.4 Anspruch auf Ersatz des Verzögerungsschadens gem. § 280 Abs. 1, 2 i. V. m. § 286 BGB

Voraussetzungen:
1. Wirksames Schuldverhältnis (§ 280 Abs. 1 S. 1 BGB)
2. Pflichtverletzung des Schuldners durch Verzögerung der Leistung (§§ 280 Abs. 1 und 2, 286 BGB)
   Voraussetzungen des Verzugs:
   - Fällige, noch mögliche Leistung (§ 271 BGB)
   - Durchsetzbarkeit des Anspruchs
   - Mahnung (Klage auf Leistung oder Zustellung des Mahnbescheides stehen gleich, § 286 Abs. 1 BGB, Leistungsaufforderung evtl. entbehrlich gem. § 286 Abs. 2 BGB)
   - Nichtleistung des Schuldners
   - Verschuldensvermutung (§ 286 Abs. 4 BGB)

Rechtsfolge:
Ersatz des Verzögerungsschadens (Leistungsverpflichtung besteht weiter)
Bei Geldschuld: Verzugszinsen gem. § 282 BGB

1.2.5 Anspruch auf Schadensersatz statt der Leistung (bei Schuldnerverzug) gem. § 280 Abs. 1, 3 i. V. m. § 281 Abs. 1 S. 1

Voraussetzungen:
1. Wirksames Schuldverhältnis (§ 280 Abs. 1 S. 1 BGB)
2. Fällige, noch mögliche Leistung des Schuldners (§ 281 Abs. 1 S. 1 BGB)
3. Pflichtverletzung des Schuldners durch Nichterbringung der fälligen Leistung (§ 280 Abs. 1 S. 1 BGB)
4. Leistungsaufforderung mit angemessener Fristsetzung (§ 281 Abs. 1 S. 1 BGB, evtl. entbehrlich gem. § 281 Abs. 2 BGB)
5. Erfolgloser Fristablauf (§ 281 Abs. 1 S. 1 BGB)
6. Verschuldensvermutung (§ 280 Abs. 1 S. 2 BGB)

Rechtsfolgen:
Anspruch auf Schadensersatz statt der Leistung; Umfang: §§ 249 ff. BGB
Alternativ: Aufwendungsersatz gem. § 284 BGB
Erlöschen des Erfüllungsanspruchs gem. § 281 Abs. 4 BGB
Rückforderung des bereits Geleisteten (§ 281 Abs. 5 i. V. m. §§ 346 ff. BGB)

1.2.6 Anspruch auf Nacherfüllung gem. § 437 Nr. 1 i. V. m. § 439 BGB

Voraussetzungen:
1. Wirksamer Kaufvertrag (§ 433 BGB)
2. Pflichtverletzung des Verkäufers: Lieferung mangelhafter Kaufsache i. S. v. § 434 BGB (Pflicht aus § 433 Abs. 1 S. 2 BGB)
3. Mangel bei Gefahrübergang (§ 446, § 447 BGB)
4. Kein Haftungsausschluss (§ 444 oder § 442, § 445 BGB oder § 377 HGB)

Rechtsfolge:
Wahlrecht des Käufers: Nachbesserung (§ 439 Abs. 1 Var. 1 BGB)
oder Ersatzlieferung (§ 439 Abs. 1 Var. 2 BGB)

1.2.7 Anspruch auf Rückgabe des Kaufgegenstandes gegen Rückgabe des Geldbetrages gem. § 346 Abs. 1 i. V. m. § 437 Nr. 2, § 326 Abs. 5 BGB

Voraussetzungen:
1. Wirksamer Kaufvertrag (§ 433 BGB)
2. Pflichtverletzung des Verkäufers: Lieferung mangelhafter Kaufsache i. S. v. § 434 BGB (Pflicht aus § 433 Abs. 1 S. 2 BGB)
3. Keine Unerheblichkeit der Pflichtverletzung (§ 323 Abs. 5 S. 2 BGB)
4. Mangel bei Gefahrübergang (§ 446, § 447 BGB)
5. Angemessene Fristsetzung zur Nacherfüllung und erfolgloser Fristablauf (§ 323 Abs. 1 BGB), falls nicht Fristsetzung entbehrlich (§ 440 S. 1, § 323 Abs. 2, § 326 Abs. 5 BGB)
6. Kein Haftungsausschluss (§ 444 oder § 442, § 445 BGB oder § 377 HGB)
7. Kein Ausschluss gem. § 323 Abs. 5 oder Abs. 6 BGB
8. Erklärung des Rücktritts gem. § 349 BGB
9. Erfüllung: Zahlung des Kaufpreises oder Eigentumsverschaffung

Rechtsfolge:
Herausgabe der empfangenen Leistungen und ggf. gezogenen Nutzungen, evtl. Wertersatz gem. § 346 Abs. 2 BGB, falls nicht § 346 Abs. 3 BGB

1.2.8 Anspruch auf Erstattung des Mehrbetrages bei Minderung des Kaufpreises gem. § 441 Abs. 4 i. V. m. § 437 Nr. 2, § 441 BGB

Voraussetzungen:
1. Wirksamer Kaufvertrag (§ 433 BGB)
2. Pflichtverletzung des Verkäufers: Lieferung mangelhafter Kaufsache i. S. v. § 434 BGB (Pflicht aus § 433 Abs. 1 S. 2 BGB)
3. Mangel bei Gefahrübergang (§ 446, § 447 BGB)
4. Angemessene Fristsetzung zur Nacherfüllung und erfolgloser Fristablauf (§ 323 Abs. 1 BGB), falls nicht Fristsetzung entbehrlich (§ 440 S. 1, § 323 Abs. 2, § 326 Abs. 5 BGB)
5. Kein Haftungsausschluss (§ 444, § 442, § 445 BGB oder § 377 HGB)
6. Kein Ausschluss gem. § 323 Abs. 6 BGB
7. Erklärung der Minderung gem. § 441 Abs. 1 S. 1 BGB
8. Zahlung des Kaufpreises

Rechtsfolge:
Erstattung des Mehrbetrages vom Verkäufer gem. § 441 Abs. 4 S. 1 BGB

1.2.9 Schadensersatz neben der Leistung gem. § 437 Nr. 3 Alt. 1 i. V. m. § 280 Abs. 1 BGB

Voraussetzungen:
1. Wirksamer Kaufvertrag (§ 433 BGB)
2. Pflichtverletzung des Verkäufers: Lieferung mangelhafter Kaufsache i. S. v. § 434 BGB (Pflicht aus § 433 Abs. 1 S. 2 BGB)
3. Mangel bei Gefahrübergang (§ 446, § 447 BGB)
4. Kein Haftungsausschluss (§ 444, § 442, § 445 BGB oder § 377 HGB)
5. Verschuldensvermutung (§ 280 Abs. 1 S. 2 BGB)

Rechtsfolge:
Anspruch auf Ersatz des Begleitschadens d. h. Verletzung von anderen Rechtsgütern und Kostenersatz für deren Wiederherstellung (sog. Mangelfolgeschaden)

1.2.10 Schadensersatz statt der Leistung gem. § 437 Nr. 3 Alt. 1 i. V. m. § 280 Abs. 1 und 3, § 281 Abs. 1 S. 1 BGB (kleiner Schadensersatz)

Voraussetzungen:
1. Wirksamer Kaufvertrag (§ 433 BGB)
2. Pflichtverletzung des Verkäufers: Lieferung mangelhafter Kaufsache i. S. v. § 434 BGB (Pflicht aus § 433 Abs. 1 S. 2 BGB)
3. Mangel bei Gefahrübergang (§ 446, § 447 BGB)
4. Kein Haftungsausschluss (§ 444, § 442, § 445 BGB oder § 377 HGB)

5. Angemessene Fristsetzung zur Nacherfüllung und erfolgloser Fristablauf (§ 280 Abs. 3, § 281 Abs. 1 S. 1 BGB), falls nicht Fristsetzung entbehrlich (§ 440 S. 1 oder § 281 Abs. 2 BGB)
6. Verschuldensvermutung (§ 280 Abs. 1 S. 2 BGB)

Rechtsfolge:

Anspruch auf Ersatz des kleinen Mangelschadens, d. h. Käufer behält die Sache und erhält Ersatz der Wertdifferenz

1.2.11 Schadensersatz statt der Leistung gem. § 437 Nr. 3 Alt. 1 i. V. m. § 280 Abs. 1 und 3, § 281 Abs. 1 S. 3 BGB (großer Schadensersatz)

Voraussetzungen:

1. Wirksamer Kaufvertrag (§ 433 BGB)
2. Pflichtverletzung des Verkäufers: Lieferung mangelhafter Kaufsache i. S. v. § 434 BGB (Pflicht aus § 433 Abs. 1 S. 2 BGB)
3. keine Unerheblichkeit der Pflichtverletzung (281 Abs. 1 S. 3 BGB)
4. Mangel bei Gefahrübergang (§ 446, § 447 BGB)
5. Kein Haftungsausschluss (§ 444, § 442, § 445 BGB oder § 377 HGB)
6. Angemessene Fristsetzung zur Nacherfüllung und erfolgloser Fristablauf (§ 280 Abs. 3, § 281 Abs. 1 S. 1 BGB), falls nicht Fristsetzung entbehrlich (§ 440 S. 1 oder § 281 Abs. 2 BGB)
7. Verschuldensvermutung (§ 280 Abs. 1 S. 2 BGB)

Rechtsfolge:

Anspruch auf Ersatz des großen Mangelschadens, d. h. Rückabwicklung des Kaufvertrages und Ersatz der Wertdifferenz

1.2.12 Aufwendungsersatz statt der Leistung gem. § 437 Nr. 3 Alt. 2 i. V. m. § 284 BGB

Voraussetzungen:

1. Wirksamer Kaufvertrag (§ 433 BGB)
2. Pflichtverletzung des Verkäufers: Lieferung mangelhafter Kaufsache i. S. v. § 434 BGB (Pflicht aus § 433 Abs. 1 S. 2 BGB)
3. Mangel bei Gefahrübergang (§ 446, § 447 BGB)
4. Kein Haftungsausschluss (§ 444, § 442, § 445 BGB oder § 377 HGB)
5. Angemessene Fristsetzung zur Nacherfüllung und erfolgloser Fristablauf (§ 280 Abs. 3, § 281 Abs. 1 S. 1 BGB), falls nicht Fristsetzung entbehrlich (§ 440 S. 1 oder § 281 Abs. 2 BGB)
6. Verschuldensvermutung (§ 280 Abs. 1 S. 2 BGB)

Rechtsfolge:

Anspruch auf Aufwendungsersatz im Rahmen des § 284 BGB

Ansprüche aus Gesetz

3.1 Sachenrechtliche Ansprüche

3.1.1 Anspruch des Eigentümers auf Herausgabe der Sache gem. § 985 BGB

Voraussetzungen:
1. Gläubiger noch Eigentümer der Sache
   Anwendung der historischen Methode:
   a) Eigentumsvermutung gem. §1006 Abs. 1 S. 1 BGB
   b) Eigentumsverlust bei beweglichen Sachen gem. § 929 S. 1 BGB
      oder
   c) Eigentumsverlust bei unbeweglichen Sachen
      gem. § 873 Abs. 1, § 925 Abs. 1 S. 1 BGB
2. Schuldner Besitzer der Sache gem. § 854 BGB
3. Kein Besitzrecht des Besitzers

Rechtsfolge:
Herausgabe der Sache

3.1.2 Anspruch des früheren Besitzers auf Herausgabe der Sache gem. § 1007 Abs. 1 BGB

Voraussetzungen:
1. Gläubiger war Besitzer der Sache
   (mittelbarer Besitz i. S. d. § 868 BGB reicht aus)
2. Schuldner ist Besitzer der Sache
3. Kein guter Glaube des Schuldners beim Besitzerwerb

Rechtsfolge:
Herausgabe der Sache

3.1.3 Anspruch des früheren Besitzers auf Herausgabe der Sache gem. § 1007 Abs. 2 BGB

Voraussetzungen:
1. Gläubiger war Besitzer der Sache (mittelbarer Besitz
   i. S. d. § 868 BGB reicht aus)
2. Schuldner ist Besitzer der Sache
3. Sache ist früherem Besitzer abhanden gekommen

Rechtsfolge:
Herausgabe der Sache

3.2 Ansprüche aus Gefährdung und Delikt

3.2.1 Anspruch auf Schadensersatz wegen einer unerlaubten Handlung gem. § 823 Abs. 1 BGB

Voraussetzungen:
1. Verletzung eines absoluten Rechtsguts i. S. d. Abs. 1 oder sonstiger absoluter Rechte
2. Verletzungshandlung (Tun oder Unterlassen)
3. haftungsbegründende Kausalität zwischen Rechtsgutverletzung und Verletzungshandlung
4. Rechtswidrigkeit
5. Verschulden i. S. d. § 276 BGB

Rechtsfolge:
Ersatz des kausalen Schadens

3.2.2 Anspruch auf Schadensersatz wegen einer unerlaubten Handlung gem. § 823 Abs. 2 BGB

Voraussetzungen:
1. Bestehen eines Schutzgesetzes
2. Verstoß gegen dieses Schutzgesetz

Rechtsfolge:
Ersatz des kausalen Schadens

3.2.3 Anspruch auf Schadensersatz wegen einer unerlaubten Handlung des Verrichtungsgehilfen gem. § 831 Abs. 1 BGB

Voraussetzungen:
1. Bestellung eines Verrichtungsgehilfen
2. Begehung einer unerlaubten Handlung durch den Verrichtungsgehilfen
3. Handeln des Verrichtungsgehilfen in Ausführung der Verrichtung
4. Verschuldensvermutung beim Geschäftsherrn,
   aber Exkulpationsmöglichkeit nach § 831 Abs. 1 S. 2 BGB

Rechtsfolge:
Ersatz des kausalen Schadens

4.   Ansprüche aus ungerechtfertigter Bereicherung

4.1   Anspruch auf Herausgabe der Sache wegen ungerechtfertigter Bereichung gem. § 812 Abs. 1 S. 1 BGB

Voraussetzungen:

1. Schuldner hat etwas erlangt
2. Durch Leistung des Gläubigers oder in sonstiger Weise auf Kosten des Gläubigers
3. Ohne Rechtsgrund

Rechtsfolge:

Herausgabe des Erlangten, Umfang gem. § 818 BGB

4.2   Anspruch auf Herausgabe des Erlangten wegen Verfügung eines Nichtberechtigten gem. § 816 Abs. 1 S. 1 BGB

Voraussetzungen:

1. Verfügung über einen Gegenstand durch den Nichtberechtigten
2. Wirksamkeit dieser Verfügung gegenüber dem Berechtigten
    a)   nach Rechtsscheinvorschriften wie § 892, §§ 932 ff. BGB
    b)   nach § 185 Abs. 2 BGB

Rechtsfolge:

Herausgabe des durch die Verfügung Erlangten vom Nichtberechtigten

Die wichtigsten Einwendungen ÜBERSICHT 46

Einwendungen sind **Gegenrechte**, also Rechte, die dem Anspruch entgegenstehen können. Sie unterscheiden sich nach ihrer Rechtswirkung und sind in der nachfolgenden Reihenfolge zu prüfen:

1. Rechtshindernde Einwendungen

- Formmangel nach § 125 BGB
- Geschäftsunfähigkeit nach §§ 104 ff. BGB
- Verstoß gegen die guten Sitten nach § 138 BGB
- Verstoß gegen ein gesetzliches Verbot nach § 134 BGB

Rechtsfolge: Anspruch ist nicht wirksam entstanden

2. Rechtsvernichtende Einwendungen

- Anfechtung nach § 142 Abs. 1 BGB (str.)
- Unmöglichkeit nach § 275 Abs. 1 BGB
- Erfüllung nach § 362 BGB
- Aufrechnung nach § 389 BGB
- Erlass nach § 397 BGB
- Abtretung nach § 398 BGB
- Ausübung von Gestaltungsrechten
  - Rücktritt z. B. nach § 346 Abs. 1 Alt 1, § 437 Nr. 2 Alt. 1, § 634 Nr. 3 Alt 1 BGB
  - Minderung nach § 437 Nr. 2 Alt. 2, § 634 Nr. 3 Alt. 2 BGB
  - Kündigung nach § 542 Abs. 1, § 620 Abs. 2 BGB

Rechtsfolge: Anspruch ist untergegangen oder erloschen

3. Rechtshemmende Einwendungen (Einreden)

- Verjährung nach § 214 BGB
- Zurückbehaltungsrecht nach § 273 BGB
- Unmöglichkeit nach § 275 Abs. 2 und 3 BGB
- Verweigerung der Nacherfüllung nach § 439 Abs. 3 S. 1, § 635 Abs. 3 BGB

Rechtsfolge: Anspruch besteht, ist aber vor Gericht nicht durchsetzbar

10 Aufgabenstellungen aus Übungs- und Prüfungsaufgaben

Im Folgenden finden sich Original-Aufgabenstellungen aus schriftlichen Prüfungen der Verwaltungsfachangestellten im Fach Privatrecht bzw. im Prüfungsbereich Nr. 4 (Wirtschafts- und Sozialkunde). Sie ermöglichen eine Übersicht über prüfungsrelevante Themengebiete und Art und Umfang von Prüfungsaufträgen.

1. Kann K von V die Rückzahlung der bereits geleisteten 2.500,- EUR verlangen?

2. Kann V von K die Zahlung der restlichen 2.500,- EUR beanspruchen?

3. Silke möchte das Kleid zurückgeben und ihr Geld wiederbekommen. Zu Recht?

4. Wer ist Eigentümer/Eigentümerin des Ringes?

5. Hat G einen Anspruch gegen H auf Lieferung von mangelfreier Ware, ohne erneut zahlen zu müssen?

6. Könnte G stattdessen die Rückzahlung von 5.200,- EUR verlangen?

7. Hat die Stadt S. einen Anspruch auf Übergabe der Zeichnung gegen Konstantin Lobau?

8. Hat die Stadt S. einen Anspruch auf Ersatz der Fahrtkosten in Höhe von 15,- EUR gegen Franz Frobel?

9. Prüfen Sie gutachtlich, ob der Landkreis Lamme (L) gegen Masemann (M) einen Anspruch auf Lieferung der Deckenleuchte zum Kaufpreis von 300,- EUR hat.

10. Prüfen Sie bitte gutachtlich, ob
    a) die Firma „Fundgrube – Jürgen Meier GmbH" (F) von der Gemeinde Allertal (A) die Zahlung von 625,- EUR zu Recht verlangen kann;

    b) die F die gelieferte Ware von der A herausverlangen kann – sachenrechtliche Ansprüche sind dabei hier nicht prüfungsbedürftig.

    c) Wie wäre der Fall im Verhältnis F zu A rechtlich zu beurteilen, wenn die Verwaltungsfachangestellte Clever (C) nach der Dienstanweisung der A für die Vergabe von Aufträgen nur bis zu einer Auftragssumme von 500,- EUR unterschriftsbefugt wäre, sie aber dennoch die Bestellung vom 01.12.2000 unterzeichnet hätte, ohne das Einverständnis des Herrn Bürgermeister Klausen (K) hierzu vorab einzuholen?

11. Prüfen Sie bitte gutachtlich, ob der Landkreis L gegen Gustav Meyer einen Anspruch auf Zahlung des Kaufpreises für 10 Aktenschränke in Höhe von insgesamt 300,- EUR hat. Stellvertretungsfragen, die den Landkreis L betreffen, sind nicht zu prüfen.

12. Prüfen Sie außerdem gutachtlich, ob der Landkreis L gegen Michael Pasemann einen Anspruch auf Zahlung des Kaufpreises für 10 Aktenschränke in Höhe von insgesamt 300,- EUR (Erfüllungsanspruch) hat.

13. Prüfen Sie gutachtlich, ob der Landkreis Brunshausen (B) gegen Kirchner (K) einen Anspruch auf Ersatzlieferung von drei mangelfreien Kommentaren, Verfasser Marius Meier, hat.

14. Unterstellen Sie, dass ein Anspruch auf Ersatzlieferung besteht.
    Prüfen Sie gutachtlich, ob – wie Kirchner behauptet – tatsächlich 14 Tage nach Lieferung (Lieferung am 18.10.2002) Verjährung des Anspruchs eingetreten ist. Berechnen Sie dabei auch die Verjährungsfrist.

15. Prüfen Sie gutachtlich, ob die Stadt Emsbüttel (E) gegen Kurt Brandt (B) einen vertraglichen Anspruch auf Ersatz der Mietwagenkosten in Höhe von 300,- EUR hat.

16. Prüfen Sie gutachtlich nur unter dem Aspekt einer ungerechtfertigten Bereicherung, ob die Stadt Emsbüttel (E) gegen Arnold Schlüter (S) einen Anspruch auf Herausgabe der bereits angewiesenen 1.200,- EUR als Kaufpreis für die Kübelpflanzen hat.

17. Untersuchen Sie gutachtlich, ob der Gemeinde H Ansprüche gegen T zustehen. Beachten Sie dabei insbesondere die Wünsche des Bürgermeisters. Schließen Sie Ihre Bearbeitung mit einem konkreten Vorschlag ab.

18. Bitte prüfen Sie, ob die Gemeinde H in einem solchen Fall einen Anspruch auf Ersatz des erlittenen Schadens am Mercedes hat.

19. Wie ist die Rechtslage?

20. Beraten Sie die Stadt Allerbüttel!

Bearbeitungshinweise für einige Aufgaben:

1. Stellvertretungsfragen sind nicht zu erörtern.

2. Prüfen Sie bei der Abwandlung nur Ansprüche aus Delikt.

3. Zitieren Sie sorgfältig, achten Sie auf eine saubere Subsumtionstechnik sowie auf eine sinnvolle Schwerpunktsetzung.

4. Rücktrittsvorschriften sind <u>nicht</u> Gegenstand der Prüfung

5. Setzen Sie voraus, dass der Landkreis Brunshausen bei Lieferung der Bücher nicht die Pflicht hatte, die Bücher auf eventuelle Mängel zu untersuchen.

6. A ist eine sonstige kreisangehörige Gemeinde im Landkreis Aller, Land Niedersachsen, Bundesrepublik Deutschland.

7. Haushalts- und VOL-rechtlich bestehen keine Probleme.

8. Auch die §§ 154, 155 BGB (Dissens) sind <u>nicht</u> Gegenstand der Prüfung.

9. Ein Eigentumsvorbehalt ist <u>nicht</u> vereinbart worden.

10. C ist laut Verwaltungsvorschrift (Dienstanweisung der A für die Vergabe von Aufträgen) berechtigt, im Rahmen ihres Aufgabenbereichs für die A Bestellungen bis zum Wert von 750,- EUR selbst zu unterschreiben.

Glossar

Abgabe einer Willenserklärung
ist gegeben, wenn der Erklärende alles getan hat, damit die Willenserklärung zugehen kann, d. h. Abgabe ist die endgültige, willentliche Entäußerung.

Abnahme
ist die körperliche Entgegennahme eines Werkes mit der Erklärung, dass das Werk vertragsgemäß hergestellt ist (§ 640 BGB) bzw. die Übernahme des Kaufgegenstandes (§ 433 Abs.2 BGB).

Abschlussfreiheit
beschreibt die Freiheit eines jeden, selbst darüber zu entscheiden, ob und mit wem eine Person rechtsgeschäftliche Bindungen eingehen will (auch: Privatautonomie).

Abstraktionsprinzip
beschreibt die Trennung rechtlicher Vorgänge in Verpflichtungs- und Verfügungsgeschäfte.

Abtretung
ist ein Vertrag, durch den der bisherige Gläubiger eine Forderung auf einen neuen Gläubiger überträgt (vgl. § 398 BGB).

Anfechtung
beschreibt die rückwirkende Vernichtung eines fehlerhaften Rechtsgeschäfts durch einseitige Willenserklärung, § 142 Abs. 1 BGB. Erforderlich ist das Vorliegen eines Anfechtungsgrundes i. S. v. § 119, § 120 oder § 123 BGB. Die Anfechtung muss ferner erklärt werden (§ 143 Abs. 1 BGB) und dies innerhalb der in § 121, § 124 BGB vorgeschriebenen Anfechtungsfrist.

Angebot/Antrag
stellt eine einseitige, empfangsbedürftige Willenserklärung dar, durch die einem anderen der Abschluss eines Vertrages mit Rechtsbindungswillen angeboten wird, § 145 BGB.

Annahme
ist eine einseitige Willenserklärung, durch die ein Antrag (§ 145 BGB) vorbehaltslos bejaht wird und die zum Zustandekommen eines Vertrages führt (§§ 147 ff. BGB).

Anscheinsvollmacht
ist eine Vertretungsmacht durch Rechtsschein, wenn der Vertretene von der Stellvertretung nichts weiß, dies aber unter Würdigung aller Umstände hätte wissen können.

Arglistige Täuschung
ist die vorsätzliche Irreführung eines anderen bei der Abgabe von Willenserklärungen (§ 123 BGB).

Aufklärungspflicht
ist die Pflicht, über gewisse Umstände oder Gefahren aufzuklären. Bei Verletzung dieser Pflicht besteht ein Anspruch auf Ersatz des daraus entstandenen Schadens aus (§ 280 Abs. 1 BGB oder ggfs. §§ 823 ff. BGB).

Auflassung
ist die notariell beurkundete Einigung über den Eigentumsübergang eines Grundstücks (§ 873, § 925 BGB).

Aufrechnung
ist ein Rechtsgeschäft, bei dem zwei sich gegenüberstehende Forderungen wechselseitig getilgt werden (§§ 387 ff. BGB).

Besitz
beschreibt die tatsächliche Herrschaft einer Person über eine Sache (vgl. § 854 BGB), im Gegensatz zur rechtlichen Herrschaft; hierbei handelt es sich dann um das Eigentum. Besitzformen sind unmittelbarer und mittelbarer Besitz. Bei einer Beeinträchtigung des Besitzes gibt es Ansprüche auf Unterlassung, Beseitigung der Störung und ggfs. Ersatz des entstandenen Schadens.

Bösgläubigkeit
Bösgläubig ist, wer weiß oder groß fahrlässig nicht weiß, dass der Veräußerer nicht der Berechtigte ist und daher eigentlich das Eigentum an der Sache nicht verschaffen kann (vgl. §§ 932 ff. BGB).

Bote
ist eine Hilfsperson, die für einen anderen eine Willenserklärung entgegennimmt oder weiterleitet.

Bringschuld
ist eine Schuld, die der Schuldner nur am Wohn- oder Geschäftssitz des Gläubigers erfüllen kann (§ 269 BGB).

Deliktsfähigkeit
definiert, wann jemand für eine unerlaubte Handlung (§§ 823 ff. BGB) verantwortlich ist und für einen angerichteten Schaden selbst Ersatz leisten muss.

Duldungsvollmacht
ist eine Vertretungsmacht aufgrund der Duldung der Vertretung durch den Vertretenen.

Eigentum
ist das umfassende Recht zur rechtlichen und tatsächlichen Nutzung einer Sache (§ 903 BGB). Eigentum an beweglichen Sachen wird meist durch Übereignung (Einigung und Übergabe) gem. § 929 BGB übertragen, für einen Eigentumserwerb an Grundstücken ist eine notariell beurkundete Einigung (sog. Auflassung, § 925 BGB) und eine Eintragung in das Grundbuch erforderlich, § 873 BGB. Bei Störungen des Eigentumsrechts stehen dem Eigentümer ein Recht auf Herausgabe (§ 985 BGB), auf Unterlassung der Störung (§ 1004 BGB) sowie ggfs. auf Schadensersatz zu (§§ 823 ff. BGB).

Einigung

ist die Übereinstimmung von mindestens zwei Willenserklärungen i. S. v. §§ 145 ff. BGB.

Einrede

ist ein Gegenrecht, das die Durchsetzbarkeit des Rechts hindert, das Recht aber nicht beseitigt. Ein Beispiel ist die Einrede der Verjährung, § 222 BGB, mit welcher nach einem bestimmten Zeitablauf ein bestehendes Recht nicht mehr erfolgreich vor Gericht eingeklagt werden kann.

Einwilligung

ist die vorherige Zustimmung zu einem Rechtsgeschäft (§ 183 BGB).

Erfüllung, an Erfüllungs Statt

ist die Tilgung einer Verbindlichkeit durch richtiges Bewirken der geschuldeten Leistung, d. h. zur rechten Zeit, am rechten Ort, in der rechten Art und Weise und durch den richtigen Schuldner (§ 362 BGB).
Leistung an Erfüllungs Statt bedeutet, dass eine andere als die ursprünglich vereinbarte Leistung erbracht wird, dies aber dennoch Erfüllungswirkung hat (§ 364 BGB).

Erfüllungsgehilfe

ist eine Person (z. B. ein Angestellter), derer sich der Schuldner zur Erfüllung seiner Verpflichtung bedient. Sein Verschulden wird dem Schuldner zugerechnet (§ 278 BGB).

Erfüllungsort

ist der Leistungsort, an dem der Schuldner die Leistungshandlung zu erbringen hat (§ 269 BGB).

Erklärungsirrtum

ist ein Irrtum beim Artikulieren einer Willenserklärung, z. B. ein Versprechen, Verschreiben, Vergreifen (§ 119 Abs. 1 Alt. 2 BGB).

Erlass

ist ein Vertrag, bei dem Gläubiger und Schuldner vereinbaren, dass der Gläubiger auf seinen Erfüllungsanspruch verzichtet (§ 397 Abs. 1 BGB).

Erlöschen

einer Schuld erfolgt grundsätzlich durch Erfüllung (§ 362 BGB). Mitunter führen auch Erfüllungssurrogate zum Erlöschen des Anspruchs.

Exkulpation, auch Exculpation

ist die Möglichkeit für den Geschäftsherrn, sich für eine schädigende Handlung seines Verrichtungsgehilfen zu „entschuldigen" (sich zu exkulpieren). Dafür muss er geltend machen, bei der Auswahl und Überwachung seines Verrichtungsgehilfen die denkbar mögliche Sorgfalt aufgewendet zu haben. Ist dies der Fall, haftet der Geschäftsherr nicht (vgl. § 831 BGB).

Fälligkeit

beschreibt den Zeitpunkt, von dem an der Gläubiger vom Schuldner die Erbringung der geschuldeten Leistung verlangen darf (§ 271 Abs. 1 BGB).

Forderung
ist das aus einem Schuldverhältnis herrührende Recht des Gläubigers gegen den Schuldner auf Erbringung der geschuldeten Leistung.

Form
Während Rechtsgeschäfte grundsätzlich ohne Einhaltung einer bestimmten Form wirksam sind, gibt es demgegenüber auch einige, die nur dann rechtlichen Bestand haben, wenn sie schriftlich, unter notarieller Beurkundung oder in anderen, speziellen Formen vorgenommen werden (vgl. §§ 126 ff. BGB). Die Missachtung hat die Nichtigkeit des Rechtsgeschäfts zur Folge (§ 125 BGB.)

Frist
ist ein bestimmter Zeitraum, der durch Gesetz oder Vertrag festgelegt wird, damit mit seinem Ablauf eine bestimmte Rechtswirkung eintritt (§§ 187 ff. BGB).

Gattungssache/ Gattungsschuld
Zu einer jeweiligen Gattung gehören alle Sachen, die durch gemeinschaftliche Merkmale (gleicher Typ, gleiche Sorte) gekennzeichnet sind, § 243 Abs. 1 BGB. Eine Gattungssache ist eine Sache der betreffenden Gattung von mittlerer Art und Güte. Die Gattungsschuld umfasst sodann die Verpflichtung zur Leistung eines nicht nach individuellen Merkmalen, sondern nur der Gattung nach bestimmten Gegenstandes.

Gefährdungshaftung
begründet für den Schädiger weitgehende Pflichten: Er muss für alle eingetretenen Schäden Ersatz leisten, die im Zusammenhang mit der Gefahr begründenden Handlung stehen, unabhängig davon, ob er den Schaden auch verschuldet hat oder nicht.

Geheimer Vorbehalt
Ein Rechtsgeschäft ist nicht nichtig, weil der Erklärende das Erklärte insgeheim nicht wollte (§ 116 S. 1 BGB). Ausnahme: Der andere kannte den geheimen Vorbehalt (§ 116 S. 2 BGB).

Genehmigung
ist die nachträgliche Zustimmung zu einem Rechtsgeschäft (§ 184 BGB).

Geschäft für den, den es angeht
Nach diesem umgeschriebenem Rechtsgrundsatz wird bei der Vertretung auf die Offenkundigkeit verzichtet, wenn es sich um ein Bargeschäft des täglichen Lebens handelt.

Geschäftsfähigkeit
ist die Fähigkeit, wirksame Willenserklärungen abzugeben und entgegenzunehmen, §§ 104 f. BGB. Die Willenserklärung eines Geschäftsunfähigen ist nach § 105 BGB nichtig, wobei es gem. § 105 a BGB bei volljährigen Geschäftsunfähigen Ausnahmen gibt. Die Willenserklärung eines beschränkt Geschäftsfähigen ist grds., d. h. von Ausnahmen abgesehen, schwebend unwirksam.

Geschäftsherr
ist derjenige, der die Tätigkeit des Handelnden jederzeit beschränken, entziehen oder konkretisieren kann, gegenüber dem Handelnden also Weisungsbefugter ist (§ 831 BGB).

Geschäftswille
ist das Bewusstsein, eine bestimmte Rechtsfolge durch sein Handeln zu bewirken. Fehlt es, liegt dennoch eine Willenserklärung vor, diese ist aber gem. § 119, § 142 BGB anfechtbar.

Gesetzliches Verbot
Ein Verstoß gegen ein gesetzliches Verbot macht ein Rechtsgeschäft nichtig (§ 134 BGB).

Gewährleistung
umschreibt die gesetzliche Verpflichtung eines Schuldners, für die Mangelfreiheit einer Sache oder eines Werkes einzustehen (§§ 434 ff. BGB Kauf; §§ 536 ff. BGB Miete; §§ 634 ff. Werk).

Gläubigerverzug (auch Annahmeverzug genannt)
liegt vor, wenn der Gläubiger die ihm ordnungsgemäß angebotene Leistung nicht annimmt (§ 293 BGB). Der Gläubigerverzug führt nicht zu einer Schadensersatzpflicht des Gläubigers, aber evtl. zu bestimmten Nachteilen.

Grundstück
ist ein räumlich abgegrenzter Teil der Erdoberfläche, der im Grundbuch unter einer eigenen laufenden Nummer eingetragen ist.

Gutgläubiger Erwerb
Der Geschäftspartner, der redlicherweise auf einen äußeren Rechtsschein vertraut, kann auch vom Nichtberechtigten das Eigentum bzw. ein sonstiges Recht erwerben (§ 892, §§ 932 ff. BGB).

Haftung
beschreibt das Einstehen müssen für eine Pflichtverletzung. Bei eigenem Handeln haftet man grundsätzlich für Vorsatz und jede Form von fahrlässigem Handeln. Darüber hinaus haftet eine juristische Person für das Handeln ihrer Organe (§ 31 BGB), Eltern für das Handeln ihrer Kinder (§ 832 BGB) und ein Geschäftsherr für das Handeln seiner Verrichtungsgehilfen (§ 831 BGB).

Handlungswille
ist das Bewusstsein, etwas zu tun; der Handlungswille ist zwingender Bestandteil einer Willenserklärung.

Heilung
ist das Wirksamwerden eines nichtigen Rechtsgeschäfts durch eine bestimmte Handlung, z. B. § 311 b S. 2 BGB.

Hinterlegung
In bestimmten Fällen gestattet es das Gesetz, eine Leistung auch (schon) durch Hinterlegung von Geld zu erfüllen, z. B. wenn der Gläubiger im Gläubigerverzug ist (§ 372 BGB).

Holschuld
Die Vereinbarung einer Holschuld führt dazu, dass die Leistung vom Gläubiger abzuholen ist. Leistungsort ist damit beim Schuldner (§ 269 BGB).

Inhaltsirrtum
Beim Inhaltsirrtum weiß der Erklärende, was er sagt oder schreibt, er irrt aber über die Bedeutung des Erklärten. Das objektiv Erklärte stimmt nicht mit dem subjektiv Erklärten überein.

Innenvollmacht
liegt vor, wenn der Vertretene diese dem Vertreter selbst erteilt (§ 167 BGB).

Invitatio ad offerendum
ist eine Aufforderung, einen Antrag nach § 145 BGB zu machen; selbst jedoch noch kein Antrag.

Irrtum
ist das unbewusste Auseinanderfallen von geäußerter Erklärung und wirklich Gewolltem. Er berechtigt zur Anfechtung, bedeutet aber auch, dass der Irrende dem anderen den Schaden zu ersetzen hat, den dieser dadurch erleidet, dass das Rechtsgeschäft nun doch nicht zu Stande kommt (§ 122 BGB).

Juristische Person
sind Vereinigungen von Menschen und/oder Vermögensmassen, die eigene Rechtspersönlichkeit haben, z. B. ein Verein, eine Stiftung, eine GmbH, eine AG.

Kaufvertrag
ist ein schuldrechtlicher, gegenseitiger Vertrag, bei dem die Übereignung einer Sache gegen Zahlung des Kaufpreises geschuldet wird (§ 433 BGB).

Kausalität
liegt vor, wenn eine Handlung nicht hinweggedacht werden kann, ohne dass mit ihr auch der Erfolg entfällt.

Kündigung
ist eine einseitige Willenserklärung, durch die ein Dauerschuldverhältnis beendet wird.

Leistungskondiktion
ist ein Anspruch auf Herausgabe eines durch Leistung des Gläubigers erlangten Vermögensvorteils (§ 812 Abs. 1 S. 1 BGB).

Leistungsort
ist der Ort, an dem der Schuldner die Leistung zu erbringen hat (§ 269 BGB.)

Leistungsstörungen
sind Umstände, die die vereinbarte Leistung verzögern oder unmöglich machen (§§ 275 ff., 323 ff. BGB).

Mahnung
ist die Aufforderung des Gläubigers an den Schuldner, die geschuldete Leistung unverzüglich zu erbringen; sie ist u. a. Voraussetzung für den Eintritt des Schuldnerverzuges (§ 286 BGB), sofern sie nicht ausnahmsweise entbehrlich ist. Wichtigster Fall ist, dass die Leistung ohnehin schon auf einen bestimmten Tag festgelegt war.

Mangel

ist die Beeinträchtigung eines Rechts oder der Beschaffenheit einer Sache bzw. eines Werkes, die zu Ansprüchen des Gläubigers führt.

Minderjährigkeit

ist das Alter eines Menschen zwischen seiner Geburt und der Vollendung des achtzehnten Lebensjahres (§ 2 BGB).

Minderung

ist das Herabsetzen des Kaufpreises wegen eines Sachmangels der Kaufsache (vgl. § 441 BGB).

Nachbesserung, Nacherfüllung

Bei mangelhafter Lieferung (z. B. Fehler, zu wenig oder etwas anderes geliefert) hat der Gläubiger zunächst (nur) einen Anspruch auf Nacherfüllung (§ 439, § 635 BGB).

Naturalrestitution

ist die Herstellung des Zustands, wie er bestehen würde, wenn der zum Schadensersatz verpflichtende Umstand nicht eingetreten wäre (§ 249 BGB).

Natürliche Person

ist jeder lebende Mensch, unabhängig von seinem Alter und Gesundheitszustand. Jede natürliche Person ist gem. § 1 BGB rechtsfähig, kann also Träger von Rechten und Pflichten sein.

Nichtberechtigter

ist eine Person, die ohne Verfügungsmacht über ein fremdes Recht verfügt.

Nichtigkeit

Ein nichtiges Rechtsgeschäft bzw. eine nichtige Willenserklärung ist unwirksam, d. h. es gehen hiervon keinerlei Rechtswirkungen aus.

Organe

einer juristischen Person sind immer natürliche Personen, die eine tragende Funktion innehaben und für die juristische Person handeln. Die juristische Person haftet daher auch für deren Verschulden (§ 31 BGB).

Pflichtverletzung

ist die Nichterfüllung einer vertraglichen oder gesetzlichen Haupt- oder Nebenpflicht.

Privatautonomie

ist das das gesamte bürgerliche Recht beherrschende Prinzip, wonach die Parteien grundsätzlich vereinbaren können, was sie wollen.

Rechtfertigungsgrund

ist ein Umstand, aufgrund dessen einem an sich rechtswidrigen Verhalten die Rechtswidrigkeit genommen wird. Häufige Beispiele sind Notwehr und Selbsthilfe.

Rechtsfähigkeit
beschreibt die Fähigkeit einer (natürlichen oder juristischen) Person, Träger von Rechten und Pflichten zu sein (§ 1, § 21 BGB).

Rechtsgeschäft
ist ein Tatbestand, bei dem eine Rechtsfolge durch eine oder mehrere zweckgerichtete Willenserklärungen sowie durch sonstige Wirksamkeitsvoraussetzungen (Realakte) herbeigeführt wird.

Rücktritt
ist die Rückgängigmachung eines Vertrages durch einseitige Erklärung (§§ 346 ff. BGB).

Sache
ist nach der Legaldefinition des § 90 BGB jeder körperliche Gegenstand.

Sachmangel
ist ein Fehler der Kaufsache, der den Wert oder die Tauglichkeit zu dem gewöhnlichen oder dem nach dem Vertrag vorausgesetzten Gebrauch aufhebt oder mindert.

Schadensersatz
Schaden ist jeder unfreiwillige Nachteil, den jemand an den eigenen, rechtlich geschützten Gütern erleidet. Er begründet unter bestimmten Voraussetzungen den Anspruch auf Ersatz, sofern eine vertragliche Pflicht nicht möglich, zu spät oder schlecht erfüllt wird (§ 281, § 440, § 636 BGB).

Schein- und Scherzgeschäft
Bei einem Scheingeschäft sind sich beide Vertragsteile darüber einig, dass es nur zum Schein abgeschlossen wird (§ 117 Abs. 1 BGB). Ein Scherzgeschäft ist eine Willenserklärung, die der Erklärende in der Absicht abgegeben hat, der andere werde sie als Scherz verstehen (§ 118 S. 1 BGB). In beiden Fällen ordnet das Gesetz als Rechtsfolge die Nichtigkeit an. Wird speziell beim Scheingeschäft jedoch ein anderes Rechtsgeschäft nach dem Willen beider Vertragspartner verdeckt, so soll dies gelten (§ 117 Abs. 2 BGB).

Schickschuld
ist die Verpflichtung des Schuldners, an seinem Geschäftssitz (Wohnsitz) zu leisten, wobei er die zusätzliche Verpflichtung übernommen hat, die Ware an einen anderen Ort auf seine Gefahr übersenden zu lassen (§ 269 BGB).

Schlechterfüllung
ist die mangelhafte Erfüllung einer vertraglichen Pflicht.

Schuldnerverzug
ist der Fall der Leistungsstörung, bei dem der Schuldner eine ihm noch mögliche Leistung aus einem von ihm zu vertretenden Grunde (also Verschulden) nicht erbringt (§ 286, §§ 280 ff., § 323 BGB).

Schuldverhältnis
ist die rechtliche Beziehung zweier oder mehrerer Personen, die dem Gläubiger das Recht gibt, vom Schuldner eine Leistung zu verlangen. Es entsteht entweder durch Vertrag (z. B. Kauf) oder durch Gesetz (z. B. unerlaubte Handlung).

Sittenwidrigkeit
Sittenwidrig ist ein Rechtsgeschäft, dass gegen die herrschende Rechts- und Sozialmoral (früher: gegen das Anstandsgefühl aller gerecht und billig Denkenden) verstößt.

Schwebend unwirksam
Ein schwebend unwirksames Rechtsgeschäft ist zur Erlangung voller Wirksamkeit abhängig von der Zustimmung eines Dritten (z. B. § 108 Abs. 1 BGB).

Sorgfaltspflicht
ist eine Verhaltenspflicht, vorhersehbare und vermeidbare Schäden beim anderen (Vertragspartner) zu verhindern. Ihre Verletzung löst die Pflicht zum Schadensersatz gem. § 280 Abs. 1 BGB bzw. §§ 823 ff. BGB aus.

Speziesschuld (auch Stückschuld)
ist eine Schuld, bei der ein bestimmter und nicht nur irgendein, aus einer bestimmten Gattung stammender, Gegenstand geschuldet wird (§ 243 Abs. 2 BGB).

Stellvertretung
ist ein rechtsgeschäftliches Handeln, bei der die eigene Willenserklärung des Vertreters im Namen des Vertretenen für und gegen den Vertretenen wirkt (§§ 164 ff. BGB).

Stundung
ist das auf einer rechtsgeschäftlichen Vereinbarung beruhende Hinausschieben der Fälligkeit einer Forderung (§ 205 StGB).

Taschengeldparagraph
Ein von einem Minderjährigen ohne Zustimmung des gesetzlichen Vertreters geschlossener Vertrag ist von Anfang an wirksam, wenn das Geschäft mit Taschengeld bestritten wird (§ 110 BGB).

Termin
ist ein bestimmter Zeitpunkt, zu dem ein bestimmtes, rechtlich bedeutsames Ereignis eintreten soll (§ 187 BGB).

Tier
ist jedes Lebewesen außer Menschen und Pflanzen. Es ist keine Sache, wird aber wie eine Sache behandelt (§ 90 a BGB).

Treu und Glauben
ist der tragende Grundsatz des BGB, der besagt, dass möglichst immer ein gerechter Ausgleich der verschiedenen Interessen gefunden werden soll und niemand sein Recht missbrauchen darf (§ 242 BGB).

Übereignung

ist die Übertragung des Eigentums an einer beweglichen Sache durch Einigung und Übergabe (§ 929 BGB).

Übergabe

ist die durch Übertragung der tatsächlichen Herrschaftsgewalt erfolgende Verschaffung des unmittelbaren Besitzes.

Unerlaubte Handlung

ist jeder rechtswidrige, verschuldete Eingriff in ein geschütztes Rechtsgut, der einen Schaden verursacht hat und zu einer Ersatzpflicht führt (§§ 823 ff. BGB).

Ungerechtfertigte Bereicherung

ist eine Vermögensmehrung, die ohne rechtlichen Grund eingetreten ist (z. B. Zahlung des Kaufpreises, obwohl der Kaufvertrag unwirksam ist); sie verpflichtet den Bereicherten zur Herausgabe des Erlangten nach den §§ 812 ff. BGB.

Unmöglichkeit

ist eine Leistungsstörung, die vorliegt, wenn die geschuldete Leistung endgültig nicht mehr erbracht werden kann.

Unternehmer

ist entweder der Hersteller des Werkes beim Werkvertrag (§ 631 BGB) oder eine Person, die ein Rechtsgeschäft zu beruflichen Zwecken abschließt (§ 14 BGB).

Verbraucher

ist eine natürliche Person, die ein Rechtsgeschäft nicht zu beruflichen Zwecken abschließt (§ 13 BGB).

Verjährung

ist die durch Zeitablauf entstehende Möglichkeit, die Erfüllung einer Leistung zu verweigern (sog. Einrede der Verjährung, § 214 Abs. 1 BGB). Die Erhebung dieser Einrede ist erst nach Ablauf der sog. Verjährungsfrist möglich, die unterschiedlich ist. Regelmäßig beträgt die Frist gem. § 195 BGB drei Jahre.

Verpflichtungs-/Verfügungsgeschäft

Verpflichtungsgeschäft ist ein Rechtsgeschäft, durch das die Beteiligten zu Leistungen verpflichtet werden. Erst durch das Verfügungsgeschäft wird sodann ein Recht übertragen, inhaltlich geändert, belastet oder aufgehoben.

Verrichtungsgehilfe

ist eine Person, die für den Geschäftsherrn tätig ist und in einem sozialen Abhängigkeitsverhältnis zu diesem steht, ferner weisungsgebunden ist. Der Geschäftsherr haftet für die vom Verrichtungsgehilfen verursachten Schäden (vgl. § 831 BGB).

Vertrag

ist ein Rechtsgeschäft, das durch Übereinstimmung von Antrag (der einen Partei, § 145 BGB) und Annahme (durch die andere Partei § 147 BGB) zustande kommt.

Verzug

ist die Nichtvornahme einer Handlung trotz Fälligkeit. Es gibt zwei Formen, die sich darin unterscheiden, welche Partei sich im Verzug befindet: den Schuldnerverzug und den Gläubigerverzug.

Vorvertragliches Schuldverhältnis

ist ein Schuldverhältnis, das schon vor Vertragsschluss entsteht (§ 311 BGB).

Widerrechtliche Drohung

führt zur Anfechtbarkeit einer Willenserklärung (§ 123 Abs. 1 BGB). Drohung ist das In-Aussicht-Stellen eines empfindlichen Übels, um jemand zur Abgabe einer Willenserklärung zu bewegen. Widerrechtlich ist die Drohung bei der Verletzung von rechtlichen Pflichten, es sei denn, es liegt ein Rechtfertigungsgrund vor.

Willenserklärung

ist die Äußerung eines auf die Herbeiführung einer bestimmten Rechtswirkung gerichteten Willens.

Wucher

ist ein sittenwidriges Rechtsgeschäft, bei dem der eine die Zwangslage oder die Unerfahrenheit des anderen dadurch ausnützt, dass er sich eine unverhältnismäßig Gegenleistung versprechen lässt (§ 138 Abs. 2 BGB).

Zubehör

ist eine bewegliche Sache, die, ohne Bestandteil der Hauptsache zu sein, dem wirtschaftlichen Zweck der Hauptsache zu dienen bestimmt ist (§ 97 BGB).

Zugang einer Willenserklärung

ist gegeben, wenn eine Willenserklärung in den Machtbereich des Empfängers gelangt ist und dieser die Möglichkeit hat, von ihrem Inhalt Kenntnis zu nehmen.

Zurückbehaltungsrecht

ist das Recht des Schuldners, die von ihm geschuldete Leistung so lange zu verweigern, bis er die ihm vom Gläubiger gebührende Leistung erhält (§ 273 BGB).

Zustimmung

ist die Einverständniserklärung mit einem von einer anderen Person geschlossenen Rechtsgeschäft (§ 182 BGB). Zustimmung ist der Oberbegriff zu Einwilligung (vor der Vornahme des Rechtsgeschäfts erteilt) und Genehmigung (nach Vornahme des Rechtsgeschäfts erteilt).

Stichwortverzeichnis

Gesellschaft für angewandte Personalwissenschaften e. V.

G^aP

G^aP-Vertrieb Birkholz
Hühnerberg 18
29229 Celle

Telefon:	05086 955636
Telefax:	05086 955638
E-Mail:	birkholz@gap-verlag.de
Infos:	www.gap-verlag.de

Bestellung: Lehrgangsstärke (Studiengruppe) – mind. 15 Exemplare

Ich bestelle gegen Rechnung folgende Titel:

Anzahl	Buch	Einzelpreis [1]
	Arbeitsrecht, Birkholz/Pinski/Ropeter 4. Auflage 2008	16,80 EUR
	Verwaltungsrecht, Barthel/Ropeter/Weidemann 2. Auflage 2004	16,80 EUR
	Rechtsanwendung, Niederlag/Ropeter 2. Auflage 2006	18,80 EUR
	Privatrecht, Pinski 4. Auflage 2010	18,80 EUR
	Sozialrecht, von Ostrowski/Prieß 1. Auflage 2009	18,80 EUR
	Staats- und Europarecht, Pinski/Malbrich/Seybold 1. Auflage 2010	18,80 EUR
	Wissenschaftliches Arbeiten, Niederlag/Ropeter 3. Auflage 2007 (auch Einzelbestellung möglich)	14,80 EUR
	Gesamtpreis	

Alle Preise incl. Porto und Verpackung
Für Besteller ein Lernbuch und ein Materialband kostenfrei.

Vorname, Name   ....

Straße, Haus-Nr.   ....

PLZ, Ort   ....

Telefon/ Telefax   ....

E-Mail   ....

Datum/ Unterschrift   ....

Bankverbindung: Konto 711 54 300, Volksbank Solling eG (BLZ 262 616 93)
[1] Mengenpreise ab 40 Ex, siehe www.gap-verlag.de

271

Gesellschaft für angewandte Personalwissenschaften e. V.

G^aP

Am Herrenberg 11
37181 Hardegsen
Telefon: 05505 99 99 65
Infos: www.gap-verlag.de

Die praktische Prüfung der Verwaltungsfachangestellten

Mit der Neuordnung des Ausbildungsberufes der Verwaltungsfachangestellten wurde an Stelle der mündlichen Prüfung als neue Prüfungsform die **praktische Prüfung** eingeführt. Das Praxishandbuch enthält **zahlreiche Anregungen, Illustrationen und Beispiele** für die **Gestaltung der praktischen Prüfung** und gibt Antworten auf Fragen, die mit ihrer Durchführung und mit der **Vorbereitung der Prüfer und Prüflinge** verbunden sind.

Aus dem Inhalt:

➢ Einführung in die Grundlagen – Prüflingsziele

➢ Aufgabenerstellung – Prüfungsgespräch

➢ Aktiver Prüfer – Prüfling – Beurteilung

➢ Vorbereitung der Prüfer und Prüflinge

➢ Prüfungsorganisation

➢ Prüfungsaufgaben mit Lösungen

➢ Beurteilungsbogen mit Erläuterungen

Fax-Bestellschein – 05505 999966

Bitte liefern Sie mir folgende Bücher:

Anzahl	Titel	Einzelpreis
	Gerhard Ropeter, Die praktische Prüfung der Verwaltungs-fachangestellten – Praxishandbuch für Ausbilder, Lehrer, Prüfer und Prüflinge 1. Auflage 2002	**24,00 EUR** [1]
	Gerhard Ropeter, Die berufspraktische Ausbildung der Verwaltungsfachangestellten – Ein neues Konzept und seine Umsetzung, Tagungsband 2001	**20,00 EUR**
	(jeweils zzgl. Versandkosten) **Gesamtpreis**	

Absender ....

....

....

Fax/ E-Mail ....

Datum/ Unterschrift ....

273

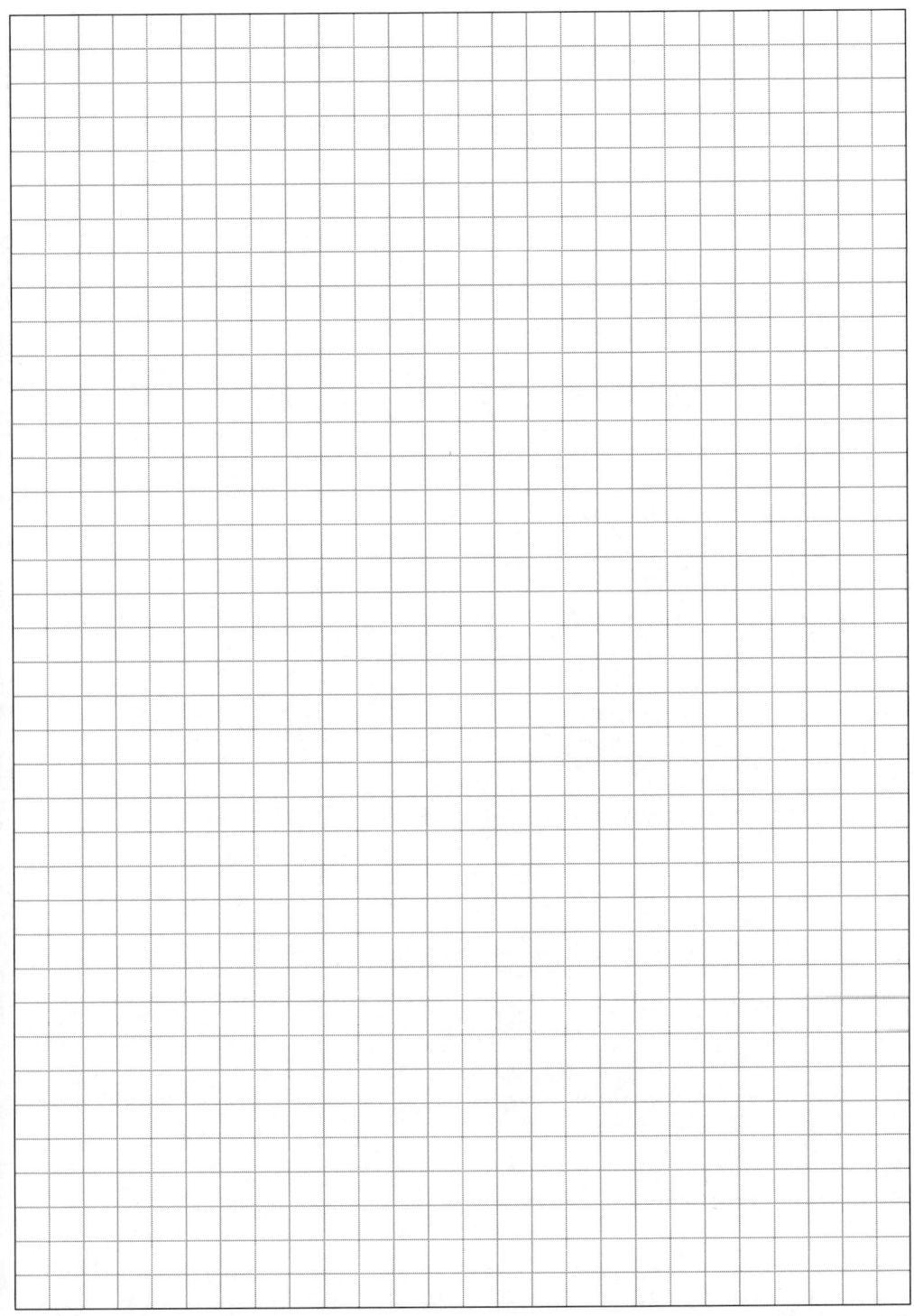

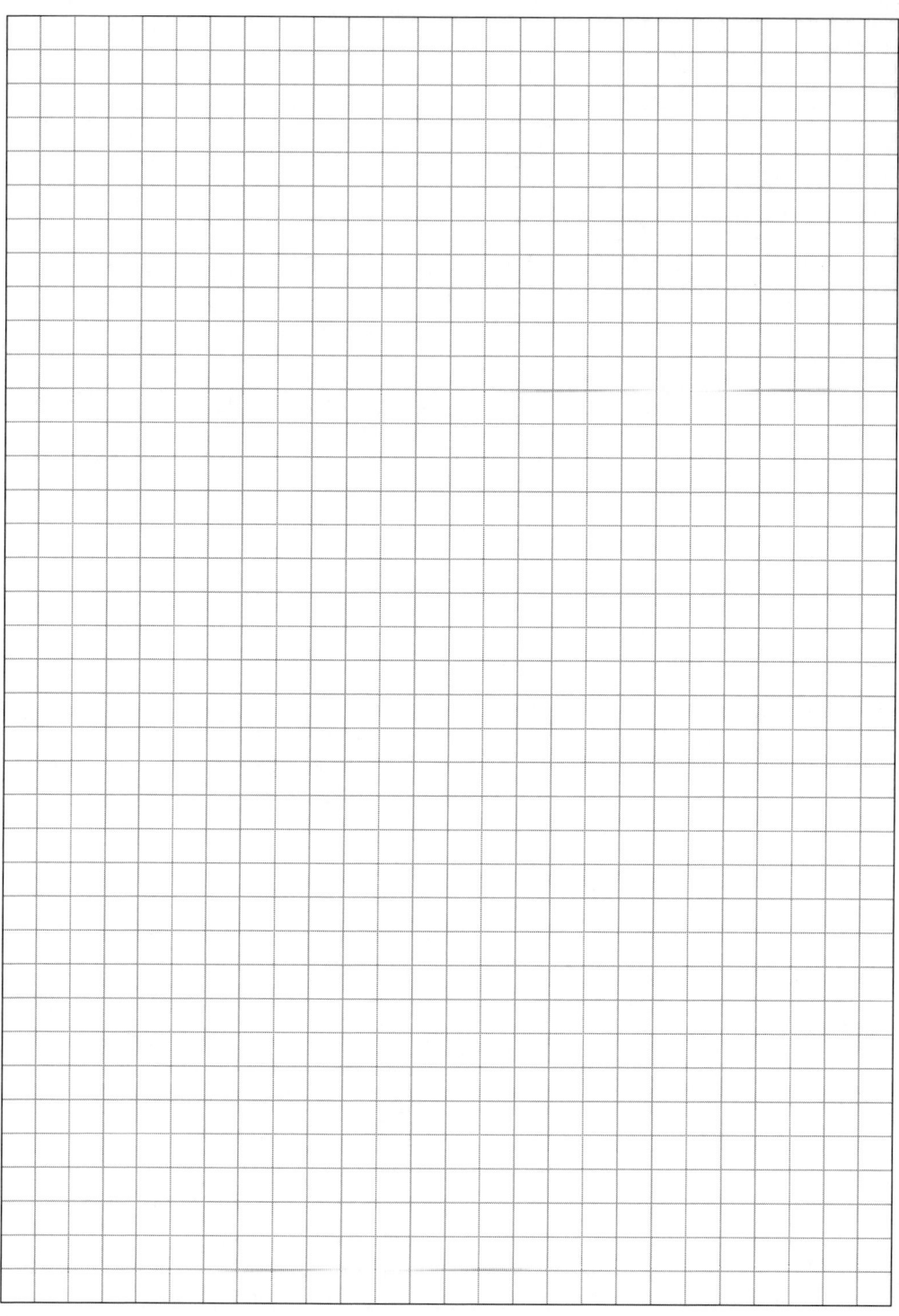

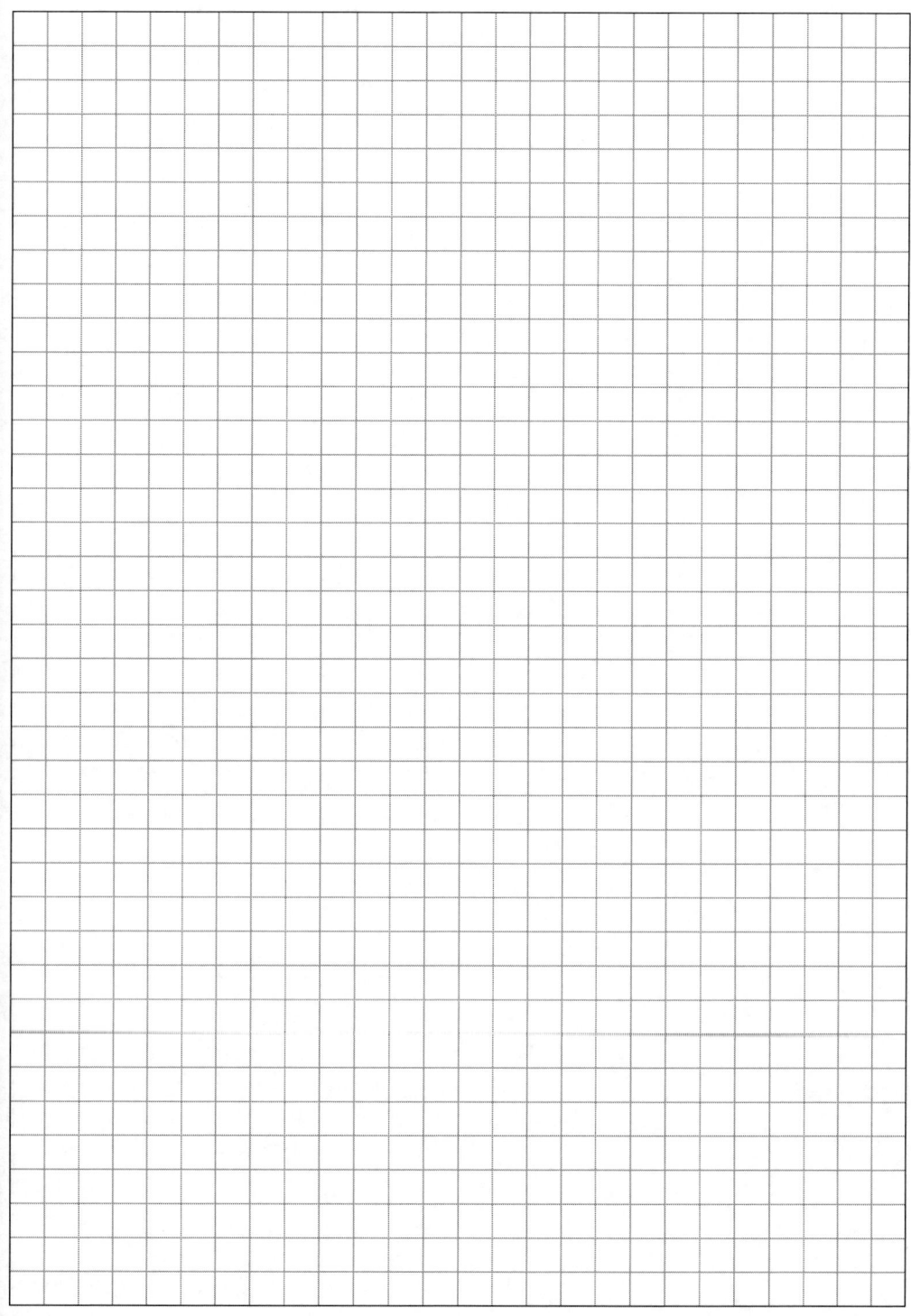

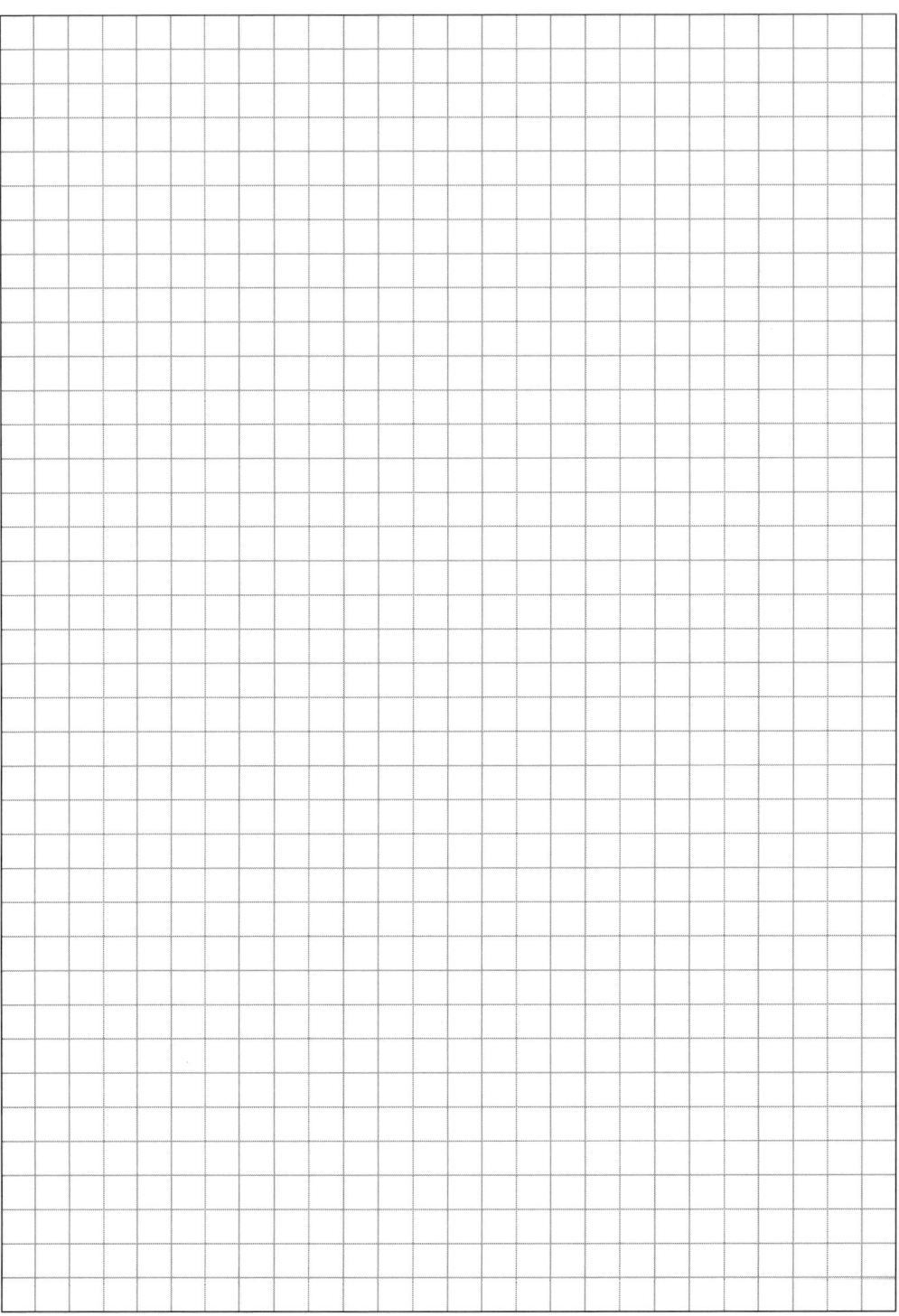

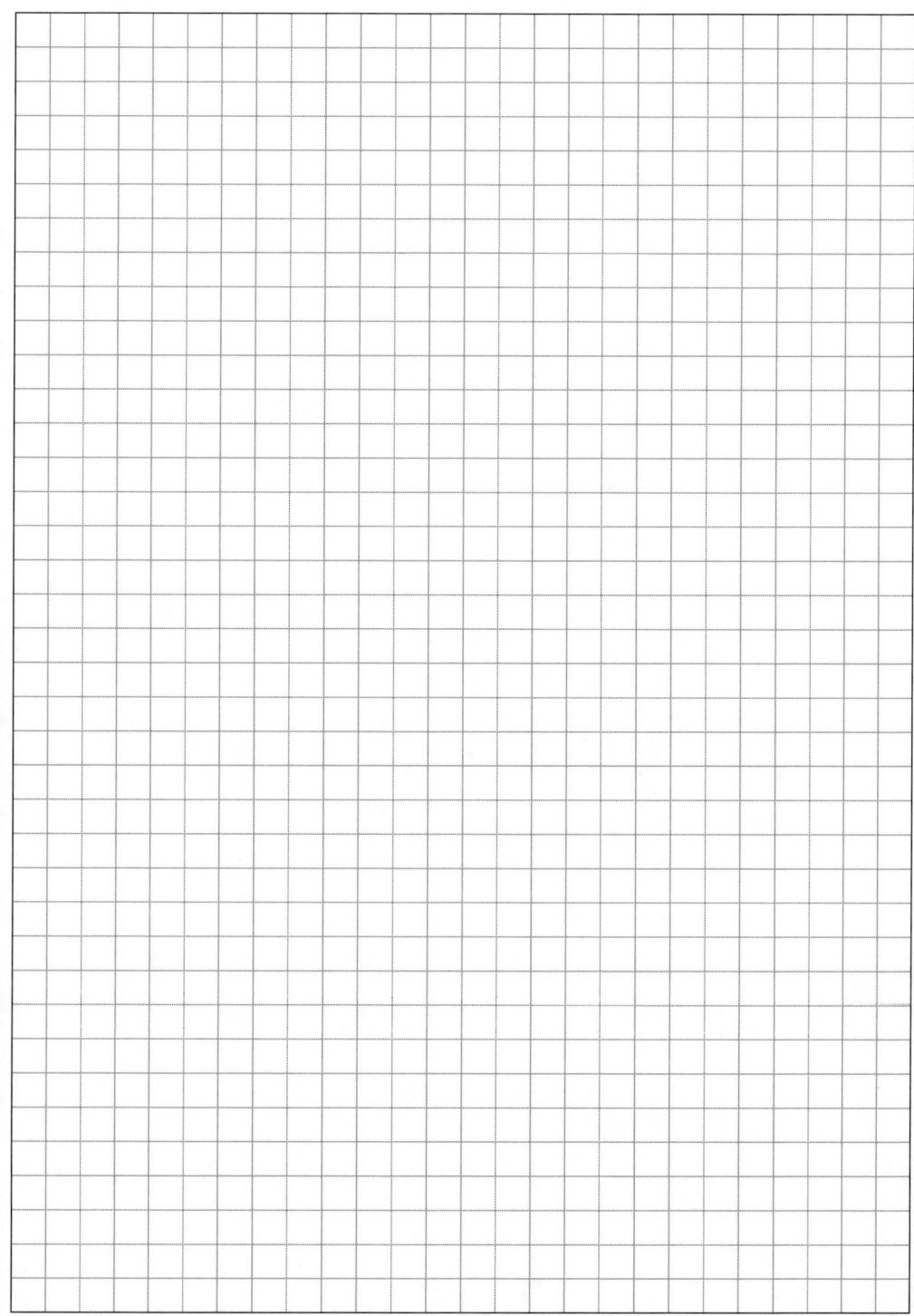

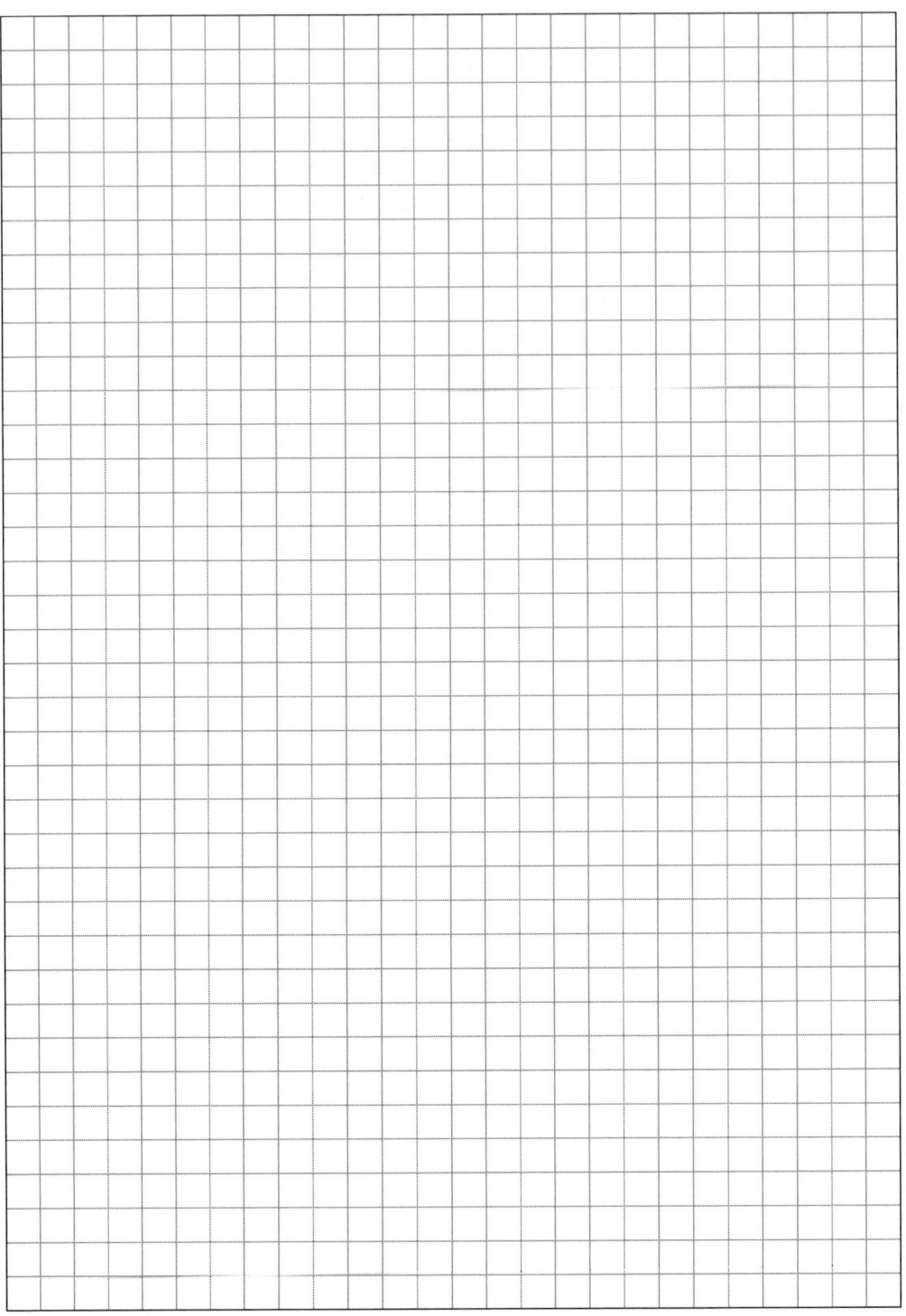

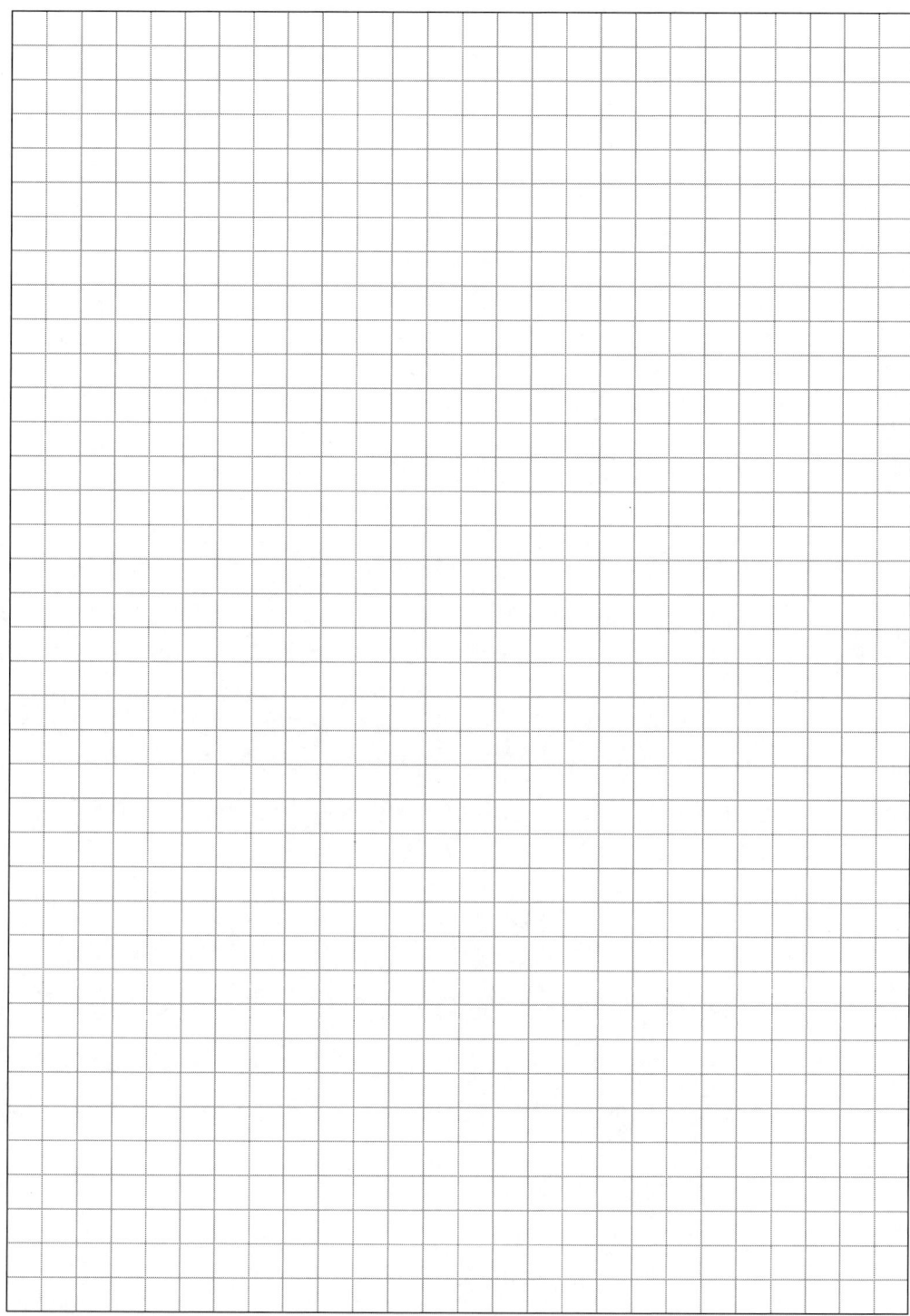